北京文史历史文化专辑

定都北京系列

元大都

北京市文史研究馆 编著

王岗 著

北京出版集团
北京出版社

元大都城垣遗址公园大都建典景区　　刘明月　摄影

图书在版编目（CIP）数据

元大都 / 北京市文史研究馆编著；王岗著. — 北京：北京出版社，2023.12
（北京文史历史文化专辑. 定都北京系列）
ISBN 978-7-200-18522-5

Ⅰ．①元… Ⅱ．①北… ②王… Ⅲ．①大都—研究—中国—元代 Ⅳ．①K928.647

中国国家版本馆CIP数据核字（2024）第023051号

顾　问：戴　逸
出品人：李　昕
主　编：王　岗
执行主编：陈　维
编　委：王　岗　　尹钧科　　李宝臣　　吴建雍　　唐晓峰
编辑部主任：赵书月
执 行 编 辑：蒋颖洁
封 面 题 字：刘宗汉
书 籍 设 计：报晓文化传媒（北京）中心　毕　爽
责 任 编 辑：赵　宁
助 理 编 辑：班克武
责 任 印 制：彭军芳

北京文史历史文化专辑　定都北京系列

元大都
YUAN DADU
北京市文史研究馆　编著
王岗　著

出　版　北京出版集团
　　　　北京出版社
地　址　北京北三环中路6号
邮　编　100120
网　址　www.bph.com.cn
总发行　北京出版集团
印　刷　北京华联印刷有限公司
版印次　2023年12月第1版第1次印刷
开　本　787毫米×1092毫米　1/16
印　张　18.625
字　数　320千字
书　号　ISBN 978-7-200-18522-5
定　价　128.00元
如有印装质量问题，由本社负责调换
质量监督电话　010-58572393

Contents 目录

Preface 序言

元大都，产生在一个特定的朝代——元代，产生在一个特定的区域——北京地区，占据过一个重要的历史地位——全国的政治和文化中心，产生了一座伟大的城市——大都城。在这个朝代，在这个区域，这座城市成为整个世界文明发展的辉煌之一，见证中华民族对全人类做出过巨大贡献。

在中国古代的统一王朝中，元朝存在的时间并不是很长，仅超过秦朝和隋朝，而且是第一个由少数民族建立的统一王朝。在此前，有一些由少数民族建立的王朝，如北魏、辽朝和金朝，其中有些统治者曾经希望统一全国，并且做出了努力，但是都没有成功。只有元朝做到了这一点。有些学者和民众认为，这是因为元朝的武力极为强大，才造成了这种局面。其实，这一次的统一全国，军事力量的强大只是其中的一个因素，而政治、经济、文化等其他方面的因素也在发挥着重要的作用。

在中国古代，许多地方都曾经成为过大大小小的王朝都城，由此而产生了四大古都、五大古都、六大古都……的说法，而在诸多的王朝都城中，影响最大的，当数北京、西安和洛阳，而西安和洛阳又有着极为密切的关系，曾经并称"两都"，发挥着互补的作用。随着"两都"的衰落，北京取而代之，成为新的全国统治中心。这个过程，当然是历史的选择，而在北京地区第一个成为全国统治中心的，就是元大都。它在整个中国古代都城发展史上，占有里程碑式的重要地位，而它所产生的巨大影响，则一直延续到今天。

一、民族融合的进一步加强

在中国古代，统一王朝的形成始于夏代，而在那时已经有天下分为九州的政区概念，王朝的统治中心主要是在全国的中心位置。九州之中，豫州居中，故而又被称为"中州"，在今河南一带。因此，夏朝和商

蒙古高原　耿大鹏 摄影

在中国北方的大草原上，自古以来就生活着一代又一代的牧民，他们"逐水草而居"，四处游牧，大草原就是他们的天堂。这些牧民组成不同的部落，除了游牧生活，他们与大草原南面农耕地区的民众有着千丝万缕的联系，既有经济上的相互交易，也有文化上的相互交流。自隋唐时期开始，这种联系在不断加强，到了唐末五代时期，北方游牧民族契丹人的势力进一步向南扩张，占据了长城沿线的燕云十六州，出现了辽朝与北宋的对峙。此后，女真人崛起，建立金朝，攻灭辽朝与北宋，占据半壁江山，与南宋对峙。

金朝末年，大草原上的蒙古部落再次崛起，在首领铁木真（即元太祖，又称成吉思汗）的带领下，统一大草原，建立大蒙古国。随后即挥师南下，经过几次大规模的军事行动，消灭了金军的主力，攻占了金中都（今北京），这是蒙古草原上的游牧民族进入中原地区的第一步。此后，大蒙古国逐渐巩固并扩大了在中原地区的统治，进而与南宋联手攻灭金朝，再挥师南下，攻灭南宋，一统天下，建立元朝。这一切煌煌功绩的取得，都是从大蒙古国的建立开始的。

内蒙古草原　傅忠庆　摄影

一 蒙古族的形成与大蒙古国的崛起

在中国古代，北方辽阔的大草原上一代又一代地生活着众多游牧部落。这些部落大多是以血缘关系建立起来的社会组织，进行生产和贸易活动。他们的组织结构比较简单，相对松散，却有着较强的攻击能力。因此，从匈奴到鲜卑，从突厥到契丹，一直给中原王朝带来较大威胁。特别是当这些草原上的部落联合在一起之后，对中原王朝的威胁足以影响到它的安危存亡。

金朝末年，草原东部的蒙古部落，在杰出首领铁木真的率领下，迅速崛起，经过多年征战，终于统一了草原上的各大部落，建立了大蒙古国。这个草原帝国的崛起，给它南面的金朝带来毁灭性的后果。此后，又给它西面的花剌子模国也带来了毁灭性的灾难。一个横跨亚欧大陆的庞大帝国出现了，并且还在进一步扩张，在大草原西面先后创立了一些汗国，而在中原及江南地区，则建立了规模宏大的元王朝。

（一）蒙古族的族源

在铁木真建立大蒙古国之前，大草原上生活着成百上千的部落，这些部落或大或小，都有着自己的部落名称。而铁木真生活的部落，只是这成百上千部落中的一个。及至铁木真统一了大草原上的各个部落之后，蒙古才成为众多部落的统一名称。随着大蒙古国的建立及影响的不断扩大，引起人们越来越多的关注，才开始有了一些对蒙古族历史发展脉络的梳理与记载，形成最早的是用旧蒙文撰写的《脱卜赤颜》（即《蒙古秘史》）。这部著作中的许多内容是从古老的传说中获得，与严格意义上的史书无法相比，只能作为重要的参考读物之一。

而《元史》是由官方纂修的"正史"，在这部书中的第一卷《太祖纪》中，用了相当多的篇幅介绍了元太祖铁木真祖上十世的事迹，如果以一世为二十年计，则记载了铁木真祖上二百年左右的简要历史。这一部分的内容，当是明代初年的史官们参考了《脱卜赤颜》的相关内容而撰写的。从相关内容可以看出，《脱卜赤颜》的记载中，有许多是后人对前事的追忆和记录。这种口耳相传的追忆，是中国古代许多少数民族的统治者在编写本民族历史时常用的做法。

在元代，《脱卜赤颜》一书因为记载的是元朝祖先们的事迹，被收藏在官府之中，就连主持纂修史籍的汉族文官都不能翻阅，故而很少流传在外。到了明代初年，在纂修《元史》的同时，原来用旧蒙文撰写的《脱卜赤颜》不再是秘密的，开始被译为汉文，在社会上得以流传，被称为《元朝秘史》（又作《蒙古秘史》），一直流传到今天，而用旧蒙文撰写的《脱卜赤颜》却佚失了。当代学者又将汉文的《元朝秘史》再恢复为蒙文的原作。

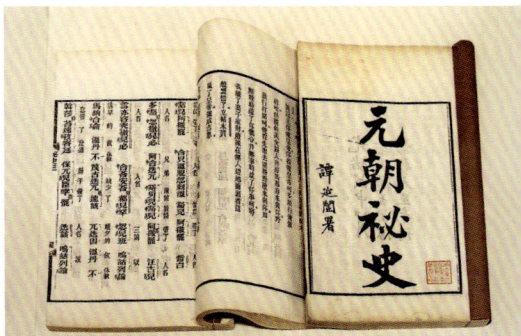

《元朝秘史》，清光绪叶氏观古堂据影抄元足本刊，原名《蒙古秘史》，是蒙古族第一部历史和文学著作，记载蒙古族自起源直至1240年间的历史，成书于13世纪中叶。中国国家博物馆藏 FOTOE 供图

通过对《元史·太祖纪》和《元朝秘史》的对比，可以看出，其中的主要内容大致相同，由此可见，二者皆源自今已佚失的《脱卜赤颜》。也就是说，即使是已经佚失了，《脱卜赤颜》仍然有着重要的学术价值。甚至有学者认为，记载元太祖铁木真征伐四方的《圣武亲征录》（元佚名）一书，也是从《脱卜赤颜》中辑录出来的。不论是《元史·太祖纪》，还是《元朝秘史》，或者是《圣武亲征录》（元佚名），皆是后人对以往史事的追忆，但是都对我们了解蒙古族的早期历史提供了珍贵的资料，具有极大的学术价值。

和所有古老传说一样，蒙古族的祖先也有着传奇的故事。据《元朝秘史》称，蒙古族的祖先源自公苍狼和母白鹿。这个故事给我们今天的解读，则是苍狼、白鹿应该曾经作为蒙古部落的祖先图腾崇拜物。在古代萨满教的宗教观念中，任何生物都是有神灵的，苍狼在大草原上应该是常见的，而白鹿应该是较为罕见的，这是两个不同部落的图腾神灵，而这两个部落的结合，形成了最初的蒙古部落。

《元史·太祖纪》把铁木真的祖先事迹加以压缩，从《元朝秘史》中的二十二世祖先压缩到十世祖先，当然也把苍狼和白鹿的传说压缩没了。从这个压缩可以看出作为史官对历史的理解与把握，因为从十世祖开始，蒙古部落已经形成了，史官开始了对蒙古部落发展壮大的描述。从描述十世祖孛端叉儿（《元朝秘史》作"孛端察儿"）的出生开始，其母阿兰果火，"既而夫亡，阿兰寡居，夜寝帐中，梦白光自天窗中入，化为金色神人，来趋卧榻。阿兰惊觉，遂有娠，

[1][2]《元史》卷一《太祖纪》。

产一子，即孛端叉儿也。孛端叉儿状貌奇异，沉默寡言，家人谓之痴，独阿兰语人曰：'此儿非痴，后世子孙必有大贵者。'"[1] 这段描述已经失去了古老部落对图腾崇拜的尊敬，而是一种后世的吹捧。

在《元史·太祖纪》中，对太祖铁木真祖先的描述文字并不多，却包含着丰富的信息量。十世祖孛端叉儿是依靠兼并游散牧民（即"临之以兵"）而扩大部落势力的。九世祖之妻莫拿伦则在护卫草场使用权的问题上与相邻部落爆发冲突，连同六子一起被杀，仅有长孙海都幸存。这就生动描述出当时部落之间为争夺草场而展开拼死争斗的实况。而蒙古部落几经起落，直到铁木真之父也速该当了部落首领，才开始"并吞诸部落，势愈盛大"[2]。这个时期的蒙古部落，已经在众多草原游牧部落中占有了一席之地，也为此后太祖铁木真统一大草原奠定了较为坚实的基础。

梳理相关的历史文献记载可知，在元太祖铁木真出生前的四百多年前，这个部落还是一个草原上的普通部落，靠血缘维系，生活在斡难河畔（今鄂嫩河畔）。到了二百多年前，这个部落开始通过兼并游散的牧民和争夺放牧的草场，有了一定规模的发展，而到了铁木真的父亲也速该的时候，有了进一步的发展壮大，开始可以和草原上的其他较大部落一起互争雄长。至于蒙古族的族源，学界一般认为蒙古的祖先出自属于东胡系统的室韦族系，室韦则是隋唐时期分部于契丹以北、靺鞨以西、突厥以东地区的各个部落的泛称。其中蒙兀室韦是构成蒙古族核心的原始部落。

（二）元太祖铁木真的奋斗经历

铁木真出生在蒙古族乞颜部首领的家庭，但是，幼年很不幸，父亲也速该被仇人毒死，原来的部落联盟泰赤乌部又与乞颜部分裂，使乞颜部的许多部众纷纷投靠泰赤乌部，乞颜部的势力受到很大打击。所幸铁木真之母月伦十分能干，经过一番努力，追回了一部分族人。因此，在铁木真的人生历程中的第一个阶段，是为统一草原东部的各个部落而奋斗。

铁木真的第一个强劲对手是他同族的好伙伴（称"安答"）札木合。两人因为部下争夺牧地而反目成仇，"札木合以为怨，遂与泰赤乌诸部合谋，以众三万来战。帝时驻军答阑版朱思之野，闻变，

成吉思汗像
FOTOE 供图

大集诸部兵,分十有三翼以俟。已而札木合至,帝与大战,破走之。"[1]
史称"十三翼之战"。这一战,其实是铁木真战败了,而不是"破
走之"。这是铁木真经历的第一次规模较大的战役。铁木真虽然战
败了,但是,却因为他的"仁慈",得到许多部落民众的支持,进
一步发展了自己的力量。

铁木真经过这次战役,总结出两条重要的经验。第一,要借
助外部第三方的力量打击对手。第二,要寻找强大的盟友来攻击共
同的敌人。他很快就找到了实践这两条经验的机会。与蒙古部落为
邻的有强大的塔塔儿部,经常因为放牧的时候发生冲突,而蒙古部
落又没有实力攻灭塔塔儿部。"会塔塔儿部长蔑兀真笑里徒背金约,
金主遣丞相完颜襄帅兵逐之北走。帝闻之,发近兵自斡难河迎击……
帝自与战,杀蔑兀真笑里徒,尽虏其辎重。"[2]金朝是蒙古草原之
外的第三方,在当时有着强大的军事力量,铁木真正是借助金朝的
力量,才得以顺利攻灭塔塔儿部的蔑兀真笑里徒这个强大的对手,
进一步扩展了自己的势力。

铁木真在实践第二条经验时,寻找的盟友是草原中部最强盛的
克烈部首领汪罕(又作"王罕")脱里。早在铁木真的父亲也速该
活着的时候,就与汪罕建立了盟友关系,互相支持,共同发展。铁
木真抓住这条人脉,与汪罕结成同盟,"尊汪罕为父",开始进一步

成吉思汗陵内的 "铁马金帐"群雕 刘明月 摄影

[1][2]《元史》卷一《太祖纪》。

着手统一草原东部各部落的兼并战争。由于铁木真与汪罕的联手，兼并战争得以顺利进行。

在铁木真与汪罕的联手之下，几乎所向无敌。先是二人联手向草原西面的强大部落乃蛮部发动进攻，经过激战，打败乃蛮部的不欲鲁罕。"已而与皇弟哈撒儿再伐乃蛮，拒斗于忽兰盏侧山，大败之，尽杀其诸将族众，积尸以为京观，乃蛮之势遂弱。"[1]随后又向泰赤乌部发动进攻，并进而击败泰赤乌部与哈答斤部、塔塔儿部、弘吉剌部等部落的联军，使铁木真的势力有了进一步的发展，变得越来越强大。

铁木真势力的不断扩大，给草原东部的各个部落带来越来越大的威胁，"于是弘吉剌归札木合部，与朵鲁班、亦乞剌思、哈答斤、火鲁剌思、塔塔儿、散只兀诸部，会于犍河，共立札木合为局儿罕（又作菊儿罕），盟于秃律别儿河岸"，[2]很多部落联手向铁木真发动进攻。但是，这时的铁木真已经足够强大，一举击败由札木合率领的联军，随后又攻灭了相邻的按赤塔塔儿和察罕塔塔儿二部。放眼整个草原东部，铁木真已经没有敌手。铁木真人生历程的第一个阶段，画上了一个完满的句号。

由于铁木真势力的发展壮大，使得原来的盟友汪罕也感受到威胁，于是，双方的关系发生变化，开始从盟友变成敌手。而铁木真原来的敌手札木合则取得汪罕的信任，结为联盟。癸亥岁（1203年，金泰和三年），铁木真与汪罕双方公开分裂，史称："太祖与克烈汪罕有隙。一夕，汪罕潜兵来，仓卒不为备，众军大溃。太祖遽引去，从行者仅十九人，札八儿与焉。至班朱尼河，糇粮俱尽，荒远无所得食。会一野马北来，诸王哈札儿射之，毙。遂刳革为釜，出火于石，汲河水煮而啖之。太祖举手仰天而誓曰：'使我克定大业，当与诸人同甘苦，苟渝此言，有如河水。'将士莫不感泣。"[3]这个时候，是铁木真自起兵征战大草原以来最为危急的时候。但是，四十二岁的铁木真并没有丧失斗志，趁汪罕大胜之后放松警惕的机会，迅速发动反击，一举击杀汪罕。从此，奠定了他统一大草原的局面。

翌年，铁木真在帖麦该川召集大会，并且决定了攻伐大草原西部霸主乃蛮部太阳罕的战略，后向乃蛮发动进攻。由于乃蛮部太阳罕的轻敌，双方在激战之后，铁木真获胜。"是日，帝与乃蛮军大战至晡，禽杀太阳罕。诸部军一时皆溃，夜走绝险，坠崖死者不可

[1][2]《元史》卷一《太祖纪》。
[3]《元史》卷一百二十《札八儿火者传》。

胜计。明日，余众悉降。于是朵鲁班、塔塔儿、哈答斤、散只兀四部亦来降。"[1]经过此战，大草原上的各个部落全都臣服在铁木真的脚下。

丙寅岁（1206年，元太祖元年），铁木真再次召集大会，"元年丙寅，帝大会诸王群臣，建九斿白旗，即皇帝位于斡难河之源，诸王群臣共上尊号曰成吉思皇帝。"[2]此后，铁木真又出兵再伐乃蛮部及西夏王朝，擒杀乃蛮部卜欲鲁罕，西夏亦"纳女请和"。铁木真在人生旅途中的第二个阶段也圆满结束。第三个阶段，则是要挥师南下，攻打金朝，以报宿仇。

（三）大蒙古国的建立

铁木真在从一个部落首领走向统一大草原的过程中，经过多年的浴血拼杀，逐渐完成了从部落首领向国家帝王的转变，成为整个大草原的统治者，号称"成吉思汗"。在多年的奋战中，铁木真建立了一支贴身的侍卫军队（称"怯薛军"或是"质子军"），组建了一套军政合一的较为完备的万户、千户组织，实行了对亲属和功臣的分封制度，创立了选择和确定大汗接班人的忽里台大会制度，并确立了大蒙古国的初步法律体系（即大札撒制度）。经过这一整套国家基本制度的建立，大蒙古国开始对大草原及周边地区产生越来越重要的影响。

关于元太祖铁木真创立的大蒙古国军事制度，史称："元制，宿卫诸军在内，而镇戍诸军在外，内外相维，以制轻重之势，亦一代之良法哉。方太祖时，以木华黎、赤老温、博尔忽、博尔术为四怯薛，领怯薛歹分番宿卫。"[3]这里所说的"内外相维，以制轻重"的军事制度，确实体现了当时大蒙古国的实际情况。

铁木真最初创立这个体制时，规模是很小的。他"将自己军马数了，立千、百户牌子头，设立等扎儿必官，都委付了；又设八十个做宿卫的人，七十个做散班。其选护卫时，于千、百户并白身人内子弟，有技能身材好者充之；又教阿儿孩合撒儿选一千勇士管着，如厮杀则教在前，平时则做护卫。斡歌列扎儿必与忽都思合勒潺将七十个散班，一同管了。"[4]据此可知，当时的宿卫诸军只有一千一百五十人，包括八十个宿卫，七十个散班，一千个勇士，这

[1][2]《元史》卷一《太祖纪》。
[3]《元史》卷九十九《兵志》。
[4]元佚名：《元朝秘史》卷八。

成吉思汗庙中的成吉思汗坐像　　傅忠庆　摄影

是在内的军事力量；而在外的镇戍诸军，则被编为千户、百户等单位。

　　这种军事体系，在铁木真统一大草原之后有了极大扩充。宿卫亲军被扩充到一万人，分别由木华黎、赤老温、博尔忽、博尔术统领，又被称为"四怯薛"，轮流承担护卫任务。"凡宿卫，每三日而一更。申、酉、戌日，博尔忽领之，为第一怯薛，即也可怯薛。博尔忽早绝，太祖命以别速部代之，而非四杰功臣之类，故太祖以自名领之。其云也可者，言天子自领之故也。亥、子、丑日，博尔术领之，为第二怯薛。寅、卯、辰日，木华黎领之，为第三怯薛。巳、午、未日，赤老温领之，为第四怯薛。赤老温后绝，其后怯薛常以右丞相领之。"[1] 这些宿卫军的统领是铁木真最信任的人，职务也是世袭的。而宿卫军中的士兵也不是普通人，而是由各个大部落首领的嫡子和众多千户、百户的子弟担任。

　　在大蒙古国建立之时，铁木真把大草原上的各个臣服部落组成了九十五个千户，千户下面又设置若干百户，而千户之上则设立有左、右手两个万户，分别由木华黎和博尔术担任。此后，到元太宗时，进一步占有中原地区，攻灭金朝，陆续又设置有汉军八万户，分别由严实、张柔、史天泽等人担任。由此可见，这时在大蒙古国的军队中，汉军的数量已经占了大多数，成为"镇戍诸军"的主力。这种千户、百户的制度上承金朝的猛安、谋克制度，一直行用到元朝的灭亡。

[1]《元史》卷九十九《兵志》。

　　元太祖铁木真在建立大蒙古国之后，实行了分封制度。这个制度早在先秦时期就已经创立并广泛实行，大致可分为同姓分封和异姓分封两大类。如在西周初年的大分封之时，晋国、鲁国、燕国等皆为同姓封王，这些诸侯王皆是周朝天子的亲属。而如齐国的分封，则为异姓分封，分封的诸侯王主要是周朝的功臣。又有一些特例，如分封黄帝后裔为蓟国，则是承认这些地方势力的存在。而大蒙古国的分封制也沿袭了这种古老的制度。

　　铁木真在实行分封制的时候，也是分为两大部分。一部分是自己的亲属，另一部分则是功臣。被分封的亲属又可分为三部分，以蒙古部落崛起之初原有的地盘为中心，这个中心的地盘留给幼子拖雷。在拖雷封地往西，则为铁木真其他儿子的封国，包括长子术赤、次子察合台、三子窝阔台的封国。在拖雷封地往东，则分封给了铁木真的弟兄和他们的子侄。此外，则是铁木真的后妃及其家族，如弘吉剌部、亦乞列思部、汪古部等，这些部落以前在大草原上就占有一些地盘，只是得到了铁木真的认可，而有些部落则增加了一些地盘。

　　除了分给亲属之外，另一部分被分封的是铁木真创业时期跟随左右、立下汗马功劳的武将，也是同打天下的弟兄。这些得到封地（又被称为"投下"）的功臣与铁木真的亲属是有所不同的，他们没有对封地内百姓的管辖权，只是定期接受类似于赋税的财富。由此

成吉思汗陵牌楼　　刘明月　摄影

可见，同样是分封制，其内容是有差别的，亲疏不同，贵贱不同，在得到分封之后的结果也就不同。

在大草原上，新建立的大蒙古国共同推举铁木真为大汗（即成吉思汗），也就是成吉思皇帝。但是，对于皇帝的继承制度，却没有像中原王朝一样，采用嫡长子继承皇位的制度，而是采用了游牧民族的惯用方法，举行"忽里台"大会，即各部落的贵族首领聚在一起，召开大会，共同推举大汗的继承人。即使在位的大汗指定了皇位的继承人，也要通过召开"忽里台"大会，继承人才能够得到众多部落贵族首领的承认。这个制度，是大草原上原始部落的习惯遗存，却得到传承，一直沿用到元朝末年。

在铁木真建立大蒙古国时，并没有制定出一部较为完备的法律，只是用一种"祖训"的方法进行流传。到元太宗窝阔台即位后，"始立朝仪，皇族尊属皆拜。颁大札撒"。[1] 进一步完善了大蒙古国的各项制度。而以"祖训"形式颁布的大札撒，并没有留下相关的文字著述，应该只是元太祖铁木真及游牧民族的传统习惯法。这个法律体系在进入中原地区以后就不适用了，逐渐被金朝的旧法律和元朝新制定的法律所取代。

㊁ 蒙金矛盾与成吉思汗南伐

金朝崛起，在攻灭辽朝和北宋的过程中，对大草原上的各个部落也有了比较深入的了解，而在占有整个中原地区之后，与草原上的各部落有了更多接触和交往。金朝立国之初的军事力量是很强大的，他们有足够的力量对草原各部落采取压迫政策；而草原各部落之间处于一盘散沙的状态，没有办法仅依靠一个部落的力量来对抗整个金朝的压迫。

及元太祖铁木真统一草原各部落之后，整体力量有极大提高，具备了与金朝抗衡的条件。而此时的金朝已经从金世宗、金章宗的盛世中开始走向衰落，镇压蒙古草原各部落的力量也有了极大衰落。在双方此长彼消的变化之下，大蒙古国的势力逐渐进入中原，给金朝统治带来极大威胁，很快就迫使金朝统治者南逃，从金中都迁移到汴京（今河南开封），大蒙古国的势力得以进入中原地区，并有了进一步的发展。

[1]《元史》卷二《太宗纪》。

内蒙古正蓝旗元上都遗址　叶周才　摄影

Territorial Map of the Yuan Dynasty

元太祖铁木真建立大蒙古国之后，势力迅速向外扩张，主要是向南和向西两个方面。先是向南的扩张，基本消灭了金朝军队的主力，迫使金宣宗南迁并占有了金中都，报了多年来受金朝欺压的宿仇。对这个方面扩张是有目的、有计划的军事行动。然后是向西的扩张，基本上横扫了从西亚向东欧的各个国家，并在这一大片疆域内先后建立了几个汗国。对这个方面的扩张是一个偶然的历史事件引发的，却对整个世界的历史进程都产生了巨大影响。可以说，铁木真的一生是骑马征战的一生。

元太宗窝阔台即位之后，大蒙古国向外扩张的趋势并没有停止，铁木真留下了许多

描绘窝阔台即位的绘画　　FOTOE 供图

尚未解决的问题，窝阔台必须要加以解决。可以说，有些问题他处理得不错，也有些问题他处理得不好，应该是一个有功有过的历史人物。他的功劳是促进了大蒙古国的进一步发展，如此后的元定宗、元宪宗等大致继承了他的传统；而他的过错则是他导致了遗留问题的进一步恶化，由此付出了很大的代价。

元世祖忽必烈在大蒙古国的发展进程中是一位非常重要的人物。他在参与对大蒙古国的治理过程中非常敏锐地觉察到儒家政治学说对于国家的治理和发展有着不可估量的巨大作用。因此，当他夺得大汗之位以后，不顾众多蒙古贵族的反对，大力推行一整套儒家的政治体制和礼仪制度，顺利完成从大蒙古国向元王朝的转变，又最终完成了全国的统一。在这个历史进程中，两都之制的确立，是一项重大的政治举措，不仅在当时产生了巨大社会影响，而且在后世也产生了极为深远的历史影响。

◯ 一 大蒙古国第一座都城的设立

在元太祖铁木真的戎马一生中，消灭了无数的敌人，为大蒙古国的建立和进一步发展奠定了坚实的基础。同时，也留下了一些尚未解决的重要问题。元太宗窝阔台即位之后，开始着手解决这些问

题。要初步解决的重要问题之一，即大蒙古国统治中心的设置问题。都城和林的创建，基本上解决了这个问题。

据相关文献记载，窝阔台在临死前曾经对他执政十余年的政绩做了一个大致的自我评价，概括为四功、四过。他认为四功是：一、攻灭金国；二、设置驿站系统；三、开挖水井；四、设置探马等官。在窝阔台自称的四功中，并没有建立都城和林这一项，但其实从政治史的角度来看，设立都城的重要程度，应该是与攻灭金朝相提并论的。

在窝阔台对自己的评价中，还有两个重要的举措没有提到，一个是朝仪制度的确立，另一个就是赋税制度的设立。对于第一个举措，史称："始立朝仪，皇族尊属皆拜。"虽然只有短短一句话，却使得蒙古贵族之间有了尊卑等级的差别。对于第二个举措，是分为三部分实行的，史称："敕蒙古民有马百者输牝马一，牛百者输牸牛一，羊百者粉羊一，为永制。"这是在大草原上实行的一项赋税制度。"命河北汉民以户计，出赋调，耶律楚材主之；西域人以丁计，出赋调，麻合没的滑剌西迷主之。"[1] 这是在中原地区和西域地区分别实行的两项赋税制度。

窝阔台在大蒙古国建立以后，发挥了十分重要的作用，为大蒙古国的进一步发展立下了卓越功绩。在大蒙古国建立到元朝建立的历史进程中，功劳是大于过错的，特别是都城的创建，对大蒙古国此后一段时期的发展有着重要的促进作用。

（一）窝阔台的即位与重用耶律楚材

在元太祖铁木真创立大蒙古国之初，他还没有考虑到接班人的问题，但是随着日渐年迈，这个问题也就摆在了他的面前，不得不加以解决。但是，要想解决这个问题，有两个很难克服的困难是必须面对的。一个困难是大草原上通行的蒙古贵族集体推举大汗的"忽里台"制度，这个制度流传了很多年，是很难更改的。就算铁木真在蒙古贵族中已经树立了绝对权威，也无法更改这个制度。

另一个困难也是大草原上通行已久的财产继承制度。与中原地区惯行的嫡长子继承制度恰恰相反，在大草原上实行的是诸子中年长者另立门户，而财产由幼子继承的制度。这个制度也不是铁木真

耶律楚材像
FOTOE 供图

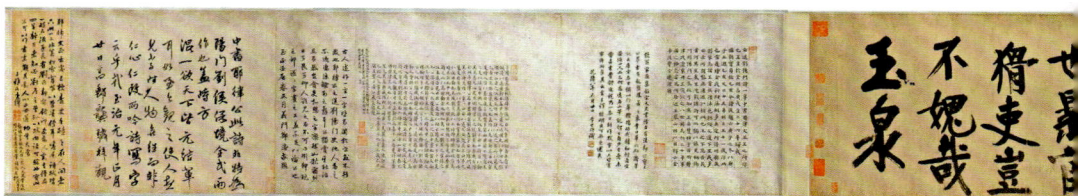

耶律楚材墨迹《送刘满诗卷》

需要征求耶律楚材的意见。如时人称："己卯夏六月，大军征西，祃旗之际，雨雪三尺，上恶之，公曰：'此克敌之象也。'"[1] 铁木真西征，恰逢六月大雨雪，他认为不吉祥。耶律楚材则称"此克敌之象也"，坚定了铁木真西征的信念，并最终取得了西征的胜利。

另一方面，是在铁木真遇到不知道的事情，而耶律楚材能够给出较为详细的解释。如时人称："国初未有历学，而回鹘人奏五月望夕月蚀，公言不蚀，及期果不蚀。明年，公奏十月望夜月蚀，回鹘人言不蚀，其夜月蚀八分。上大异之曰：'汝于天上事尚无不知，况人间事乎！'"[2] 草原上的人们对天文历法知识比较缺乏，只知"草儿青，草儿黄"为一年四季的变化，而对于日食、月食等天象变化是不了解的。耶律楚材杰出的天文历法知识使得铁木真对他极为佩服，也就产生了言听计从的效果。

颐和园昆明湖东岸、文昌院西侧的耶律楚材祠　　左普 摄影

[1] 元人苏天爵：《国朝文类》卷五十七载宋子贞《中书令耶律公神道碑》。

[2] 元人苏天爵：《国朝名臣事略》卷五《中书耶律文正王》。

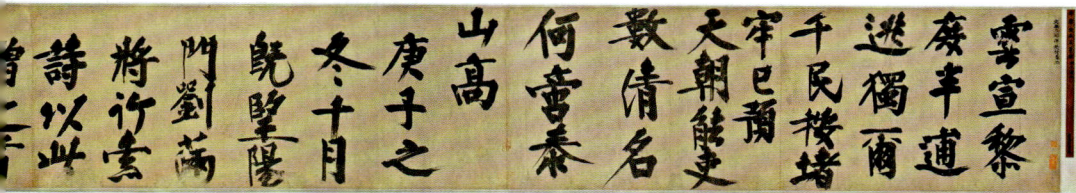

及元太祖铁木真死，窝阔台在耶律楚材的辅佐下得到皇权，开始进一步发挥其政治作用。时人称："当太宗皇帝临御之时，耶律楚材为相，定税赋，立造作，榷宣课，分郡县，籍户口，理狱讼，别军民，设科举，推恩肆赦，方有志于天下，而一二不逞之人投隙抵罅，相与排摈，百计攻讦，乘宫闱违豫之际，恣为矫诬，卒使楚材愤悒以死。"[1] 在此举出了耶律楚材提出的九项重要举措，并对耶律楚材的评价也是比较客观的。

元太宗窝阔台即位之时，对耶律楚材也是十分信任的，正是由于得到窝阔台的信任，耶律楚材施行了一系列极为必要的政治举措。上文中所谓的"为相"，就是被任命为中书令。所谓的"定税赋""榷宣课"，是指制定租赋和商税的制度。史称：元太宗二年正月，"定诸路课税，酒课验实息十取一，杂税三十取一。"[2] 这时，耶律楚材尚未任中书令一职，却已受命主持中原地区的政务。

所谓的"分郡县""籍户口"，是与"定税赋""榷宣课"密切相关的。要征收赋税和商税，必须以户口为依据，民户征赋税，工商户征商税。而户口的管理又必须以设置郡县为依据。在大蒙古国时期，许多蒙古贵族和将领在中原地区强占百姓为奴隶，或者授封大量百姓，从而肆意掠夺百姓财物，民不聊生。耶律楚材在编定户口时，把许多被占、被封为蒙古贵族的百姓归入郡县户籍之下，以减少这些百姓的负担。

所谓的"理狱讼""别军民"则是另一项重要举措。大蒙古国立国之初，各项政治制度皆不完备，政府官员把政务、军事、财政大权集于一身，没有区别，从而造成一些贪官污吏横行霸道而无人可管的局面。时人称："先是，诸路长吏兼领军民钱谷，往往恃其富强，肆为不法。公奏：'长吏专理民事，万户府总军政，课税所掌钱谷，各不相统摄。'遂为定制，权贵不能平。"[3] 后来把民事、军政、财务分别加以管理的举措，是对大蒙古国政治体制的重大改革。

[1] 元人苏天爵：《国朝文类》卷十四《奏议》引郝经《立政议》。
[2]《元史》卷二《太宗纪》。
[3] 元人苏天爵：《国朝名臣事略》卷五《中书耶律文正王》。

耶律楚材的政治才干得到充分发挥，使大蒙古国不断进步，也由此而得罪了许多蒙古权贵。这些权贵不断向窝阔台进谗言，攻击耶律楚材，使窝阔台对耶律楚材日渐疏远。及窝阔台病死，乃马真皇后执政，导致耶律楚材失去政治地位，甚至被诬告，死后遭到抄家的结局。史称："后有谮楚材者，言其在相位日久，天下贡赋，半入其家。后命近臣麻里紫覆视之，唯琴阮十余及古今书画、金石、遗文数千卷。"[1]

耶律楚材的一生际遇，有幸与不幸相交。有幸的是得到了元太祖和元太宗的赏识，可以发挥自己的政治才干，并为推动大蒙古国历史的向前发展做出自己的巨大贡献。不幸的是，他所推行的诸项政治改革虽然给中原地区的百姓带来了更多生活保障，稳定了中原的政局，但是，却因此得罪了一大批反对政治改革的蒙古权贵，最后受到不公正的待遇。

（三）窝阔台伐金与拖雷之死

窝阔台在继承大汗之位后要做的最大一件事就是攻灭金朝，以完成元太祖铁木真的夙愿。而要攻灭金朝，必须要有足够的兵力，对于这一点，窝阔台是有难言的苦衷的，这就是元太祖铁木真死后留下的最主要问题。因为按照蒙古族的习俗，家长的主要财产是留给幼子的，"所以成吉思汗以其诸斡耳朵、其最贵重之衣物、自乘之马匹、其大部分军队，质言之，其所统治之诸部落，悉付拖雷。"[2]这里其他财产倒是无所谓，关键是控制国家和出外征伐的军队。

据称："成吉思汗死时，遗有军队十二万九千人。以十万一千人付拖雷，分为三军：曰中军、曰右手军、曰左手军。……所余者二万八千人，成吉思汗分给术赤、察合台、窝阔台三子各四千人。其第五子阔列坚亦得四千人。其幼弟斡赤斤分得五千人。其弟合赤温之子分得三千人。其母月伦分得三千人。其弟拙赤合撒儿之子分得千人。"[3]通过对以上军队数量的继承可以看出，蒙古精锐部队的绝大部分都掌握在拖雷手上，大蒙古国的所有重大军事行动必须得到拖雷的同意和支持，才有可能付诸实施。

幸好在攻灭金朝的总战略上，拖雷与窝阔台的目标是一致的。窝阔台在即位后的第二年秋天，开始亲征金朝。"帝自将南伐，皇

[1]《元史》卷一百四十六《耶律楚材传》。
[2][3] 冯承钧译：《多桑蒙古史》第二卷第一章。

弟拖雷、皇侄蒙哥率师从，拔天成等堡，遂渡河，攻凤翔。"[1] 文中"皇侄蒙哥"是拖雷的长子。也就是说，窝阔台在伐金战争中身为大蒙古国的帝王，但是伐金战争的主角却是拖雷、蒙哥父子。由于有了拖雷父子的支持，窝阔台初步的伐金行动得以顺利展开。

元太宗三年（1231 年），窝阔台兵分三路，向金朝发动猛攻。"太宗以中军自碗子城南下，渡河，由洛阳进；斡陈那颜以左军由济南进；而拖雷总右军自凤翔渡渭水，过宝鸡，入小潼关，涉宋人之境，沿汉水而下。期以明年春，俱会于汴。"[2] 窝阔台的中路军和斡陈那颜的左路军都没有压力，只有拖雷的右路军最为困难，因为金朝军队的精锐都部署在这一带。

拖雷的右路军确实发挥了极强的战斗力，"前锋三千人破金兵十余万于武当山，趋钧州。乘骑浮渡汉水，遣夔曲涅率千骑驰白太宗。……拖雷既渡汉，金大将合达设伏二十余万于邓州之西，据隘待之。时拖雷兵不满四万，及得谍报，乃悉留辎重，轻骑以进。十二月丙子，及金人战于禹山，佯北以诱之，金人不动。拖雷举火夜行，金合达闻其且至，退保邓州，攻之，三日不下。遂将而北，以三千骑命札剌等率之为殿。明旦，大雾迷道，为金人所袭，杀伤相当。"[3] 拖雷以不满四万的军队，先是破金兵十余万于武当山，渡过汉水，又与金军二十万精锐战于禹山，互有胜负。

翌年初，金将合达率金军精锐十五万向拖雷部发动进攻，适逢"天大雨雪，金人僵冻无人色，几不能军"，拖雷抓住战机，"遂奋击于三峰山，大破之，追奔数十里，流血被道，资仗委积，金之精锐尽于此矣"。拖雷率军队乘胜进击，连克钧州、许州，"遂从太宗收定河南诸郡。"[4] 经过三峰山决战，金朝败亡的大局已定，只是时间早晚而已。

此后却发生了一件大事。同年四月，元太宗窝阔台与拖雷等回师休养，"夏四月，出居庸，避暑官山。""九月，拖雷薨。帝还龙庭。"[5] 从四月到九月，将近半年的时间，拖雷从指挥大军取得决战的胜利到突然死亡，似乎有着一个神秘的过程，而这个过程却与窝阔台有着十分密切的关系，只是我们从《元史·太宗纪》里面没有找到任何表述文字。

有历史文献称：这一年"五月，太宗不豫。六月，疾甚。拖雷祷于天地，请以身代之，又取巫觋祓除衅涤之水饮焉。居数日，太

[1][5]《元史》卷二《太宗纪》。
[2][3][4]《元史》卷一百一十五《睿宗传》。

故宣抚司一无所坐。"[1] 虽然有赵良弼等大臣的据理力争，忽必烈的危机并没有解除。甚至有人传言，忽必烈要占据中原，与蒙哥对抗。

又是谋臣姚枢在关键时刻发挥作用。他劝忽必烈说，你远离漠北都城，派人回去解释是没用的。只有赶快回到都城和林，才能够解决这次危机。在姚枢的指导下，忽必烈日夜兼程，赶回都城和林，"及世祖见宪宗，皆泣下，竟不令有所白而止，因罢钩考局。"[2] 兄弟相见，所有的诬蔑都被消除了，忽必烈度过了一次重大的政治危机。

三 忽必烈与阿里不哥的皇位争夺

在拖雷的诸子之中，出了两位帝王，准确地说是三位帝王。一位是蒙哥，他是拖雷的长子，曾经参加了攻灭金朝的战争，即位后史称元宪宗。另一位是忽必烈，是拖雷的第四子，在元宪宗时开始发挥政治才干。第三位是拖雷的幼子阿里不哥，他在忽必烈即位不久，也在都城和林附近称帝，并与忽必烈展开激烈争夺，最后战败投降，失去皇位。

许多史学家都认为，忽必烈与阿里不哥之间的皇位争夺，不仅仅是两人之间的权力之争，而且是两种治理国家的不同道路的斗争。忽必烈的胜利，使大蒙古国的发展进入了一个新的阶段，并最终取得建立元朝、一统天下的巨大成就，使中国古代的历史发展更加辉煌。忽必烈之所以取得胜利，是与他坚定推行"汉法"的政治道路密切相关的，也是顺应了历史发展的大潮流。

（一）蒙哥伐宋与钓鱼城阵亡

元宪宗蒙哥在从元太宗窝阔台一系贵族的手中夺得皇位之后，得以施展其政治才干，他继承了元太宗灭金伐宋的基本国策，开始对南宋发动猛攻。自元太宗与南宋联手攻灭金朝之后，蒙古军队就开始与南宋发生冲突，虽然蒙古军队在实力上占有优势，但是宋军凭借长江天险，足以与蒙军对抗，使得大蒙古国攻灭南宋的计划一直没有进展。

元宪宗为了完成攻灭南宋的目标，再次发挥了蒙古军队机动性

[1]《元史》卷一百五十九《赵良弼传》。
[2]《元史》卷一百五十八《姚枢传》。

重庆合川古钓鱼城练兵场　靖艾屏 摄影　FOTOE 供图

强的优势，企图绕过长江天险，然后向南宋发动进攻。这次重要军事行动的重担落在了皇弟忽必烈的肩上。元宪宗即位后的第二年六月，就命忽必烈南征，这次进攻的目标，是从青藏高原南下，直达云南大理，然后从大理反攻南宋西南一带防守薄弱的地方。这个设想很有创造性，也落实得很顺利。

史载：忽必烈于元宪宗三年（1253 年）"九月壬寅，师次忒剌，分三道以进：大将兀良合带率西道兵，由晏当路；诸王抄合、也只烈帅东道兵，由白蛮；帝由中道"。[1] 经过一路转战，忽必烈在同年十二月顺利到达大理城下，大理国主段氏出降。但是，当忽必烈到了云南才得知，从云南前往江南的道路十分险阻，并不适宜蒙古骑兵的迂回包抄，驰骋拼杀，于是只得返回大草原。

这一次伐宋行动的失败，并没有改变元宪宗进攻南宋的整体设想，他仍然坚持迂回包抄的进攻战略。只是这次迂回的范围有所调整，从出军青藏高原改为进攻蜀中，同样是为了绕开长江天险，只是包抄路线有所缩小。而且为了保证这次进攻有更大的成功概率，元宪宗蒙哥采取亲征的办法，举全国之力准备毕其功于一役。但是，历史的发展却给了蒙哥一次意外，这个意外改变了整个大蒙古国的发展进程。

据相关史料记载，元宪宗七年（1257 年）春，蒙哥"诏诸王出师征宋"。同年九月，"出师南征"。翌年二月，"帝自将伐宋，由

[1]《元史》卷四《世祖纪》。

西蜀以入。命张柔从忽必烈征鄂，趋杭州。命塔察攻荆山，分宋兵 [1][2][3]《元史》卷三《宪宗纪
力"。随后，蒙哥率军渡过黄河，四月，驻军六盘山，"秋七月，留
辎重于六盘山，率兵由宝鸡攻重贵山，所至辄平"。九月，"驻跸汉
中"，十月，"帝渡嘉陵江，至白水江"。随后，至剑门，攻苦竹隘，
克之。十一月，进占鹅顶堡。十二月，攻占大获山。虽然是一路向
前推进，但是却困难重重，苦不堪言。

元宪宗九年（1259年）的"元旦"（今春节），蒙哥就是在蜀
中度过的，这时他已经有了退军的意思。"九年己未春正月乙巳朔，
驻跸重贵山北，置酒大会，因问诸王、驸马、百官曰：'今在宋境，
夏暑且至，汝等其谓可居否乎？'"[1]刚刚年初，蒙哥即曰"夏暑
且至"，显然有退回草原的意思。但如果真的退军，对蒙哥真是好事，
就算没有达到攻过长江的目的，也堪称全身而退。但是，蒙哥却选
择了继续留在蜀中苦战的路，而这条路则是他的不归路。

史称：这年四月，"大雷雨，凡二十日。乙未，攻护国门。丁酉，
夜登外城，杀宋兵甚众。五月，屡攻不克。六月丁巳，汪田哥复选
兵夜登外城马军寨，杀寨主及守城者。王坚率兵来战。迟明，遇雨，
梯折，后军不克进而止。是月，帝不豫"。[2]这里所说的"帝不豫"，
就是元宪宗蒙哥被守城的宋军石炮击成重伤。同年七月，蒙哥因伤
重身亡。蒙古军队被迫中止进攻南宋的军事行动。

元宪宗蒙哥在蜀中阵亡，确实是一次意外。因为蒙哥没有想到
自己这次出征会是阵亡的结果，故而也没有预先确定接班人的人选，
当他突然死去，大汗之位由谁来继承也就成为一个未知数。后人对
蒙哥的评价是比较客观的，指出了他的
优点："帝刚明雄毅，沉断而寡言，不
乐宴饮，不好侈靡，虽后妃不许之过制。
初，太宗朝，群臣擅权，政出多门。至是，
凡有诏旨，帝必亲起草，更易数四，然
后行之。"同时也指出了他的不足："性
喜畋猎，自谓遵祖宗之法，不蹈袭他国
所为。然酷信巫觋卜筮之术，凡行事必
谨叩之，殆无虚日，终不自厌也。"[3]
显然，当蒙哥想退军回草原的时候，他
会征求蒙古萨满巫师的意见，但是这些

钓鱼城范家堰遗址出土的13世纪蒙宋战争时期的炮弹
FOTOE 供图

巫师却没人支持他退军的意见，而是让他继续留在蜀中，最终造成了无法挽回的巨大损失。

（二）忽必烈与阿里不哥的较量

在元宪宗亲征南宋之时，也做了一些安排。一方面，他让皇弟忽必烈率偏师进攻鄂州（今湖北武汉），牵制宋军主力，不让他们支援蜀中，以减少自己的军事压力；另一方面，则是让另一位皇弟阿里不哥留守都城和林，处理大蒙古国的日常政务，号称"监国"。由此可见，忽必烈与阿里不哥是元宪宗最信任的两个弟弟。但是，这两个弟弟之间的关系却并不融洽。

忽必烈是坚决推行"汉法"的政治家，而阿里不哥则是坚决保留蒙古族旧俗的代表。在这个问题上，兄弟两人是没有调和余地的。因此，元宪宗在世时反对忽必烈在中原地区推行"汉法"的蒙古贵族中，就有阿里不哥。这种究竟走什么样的政治道路，是大是大非问题，也是关系到大蒙古国今后发展方向的重大问题。元宪宗的阵亡，加速了忽必烈与阿里不哥之间的政治斗争进度。

面对元宪宗突然阵亡，忽必烈与阿里不哥都很快有了反应。忽必烈因为正在率军进攻鄂州（今湖北武汉），一时犹豫是否班师回朝。而这时留守都城和林的阿里不哥却一方面下令肆赦，另一方面派出亲信大臣四处征兵，以增强自己的势力。在这个关键时刻，忽必烈手下谋臣不断劝他迅速回师，留驻在燕京的察必皇后也派来密使脱欢等人请他速还。在这种情况下，忽必烈一面声言要进攻南宋都城临安（今浙江杭州），一面迅速回到燕京。兄弟之间的争夺战由此展开。

元中统元年（1260年）三月，忽必烈回到开平府，召集蒙古贵族开会。"亲王合丹、阿只吉率西道诸王，塔察儿、也先哥、忽剌忽儿、爪都率东道诸王，皆来会，与诸大臣劝进。"同年四月，"以即位诏天下"[1]，史称元世祖。在此后不久，阿里不哥也在都城和林即位称帝，兄弟之间的皇位争夺战由此公开化，大蒙古国也第一次出现了两位帝王并立的局面。

元世祖忽必烈与阿里不哥展开争夺战的第一个阶段，是在中原地区。在这场争夺中，忽必烈占有明显的优势。因为都城和林远离

[1]《元史》卷四《世祖纪》。

阳发动猛攻。攻灭南宋的战役,在刘整的策划下,有了正确的突破口。

至元七年(1270年)三月,刘整又提出:"我精兵突骑,所当者破,惟水战不如宋耳。夺彼所长,造战舰,习水军,则事济矣。"[1]这个重要的建议,再次得到忽必烈的支持。于是,刘整造战舰五千艘,训练水军七万人。这个举措,进一步缩小了蒙、宋水军之间的差距,为忽必烈统一江南又向前迈进了一大步。

在长江之上,襄阳与樊城隔江而建,互为掎角,元军(这时忽必烈已改大蒙古国为元朝)遂同时发动对樊城的猛攻。"十年正月,遂破樊城,屠之。遣唐永坚入襄阳,谕吕文焕,乃以城降。"[2]襄阳与樊城的攻坚战以元军的胜利而告结束,由此宋军失去长江天险,元军沿长江水、陆并进,势如破竹,浩浩荡荡向南宋都城临安(今浙江杭州)挺进。而一旦攻破长江天险,攻灭南宋只是时间的早晚而已。

至元十三年(1276年)正月,元军统帅伯颜率大军攻到临安城下,南宋小皇帝投降。"宋主遣其保康军承宣使尹甫、和州防御使吉甫等,赍传国玉玺及降表诣军前。""宋陈宜中、张世杰、苏刘义、刘师勇等挟益、广二王出嘉会门,渡浙江遁去,惟太皇太后、嗣君在宫。"[3]忽必烈指挥的伐宋战争取得决定性胜利。

忽必烈在伯颜攻占临安之后,一方面,命元军把投降的南宋小皇帝和太皇太后等一大批人押送北上,到大都,又前往上都。另一方面,派遣元朝大军继续南下,剿灭由陈宜中等人率领的南宋残余势力,又经过几年围剿,到至元十六年(1279年)正月,"张弘范将兵追宋二王至崖山寨,张世杰来拒战,败之,世杰遁去,广王昺偕其官属俱赴海死,获其金宝以献"[4]。至此南宋灭亡。虽然还有一些南宋残部在活动,但已经无关大局。

元世祖忽必烈攻灭南宋,结束了自唐朝灭亡之后的长期分裂割据局面,全国再次归于统一。分裂时期造成的种种弊病,到此全部解决,中国历史发展进入了一个新的阶段。而新建造的大都城,这时也成为全国的统治中心,开始发挥出越来越重要的作用。

[1][2]《元史》卷一百六十一《
整传》。
[3][4]《元史》卷九《世祖纪

第三章

一代帝都　恢宏壮丽

——元大都的规划与建设

琼华岛与太液池　立新 摄影

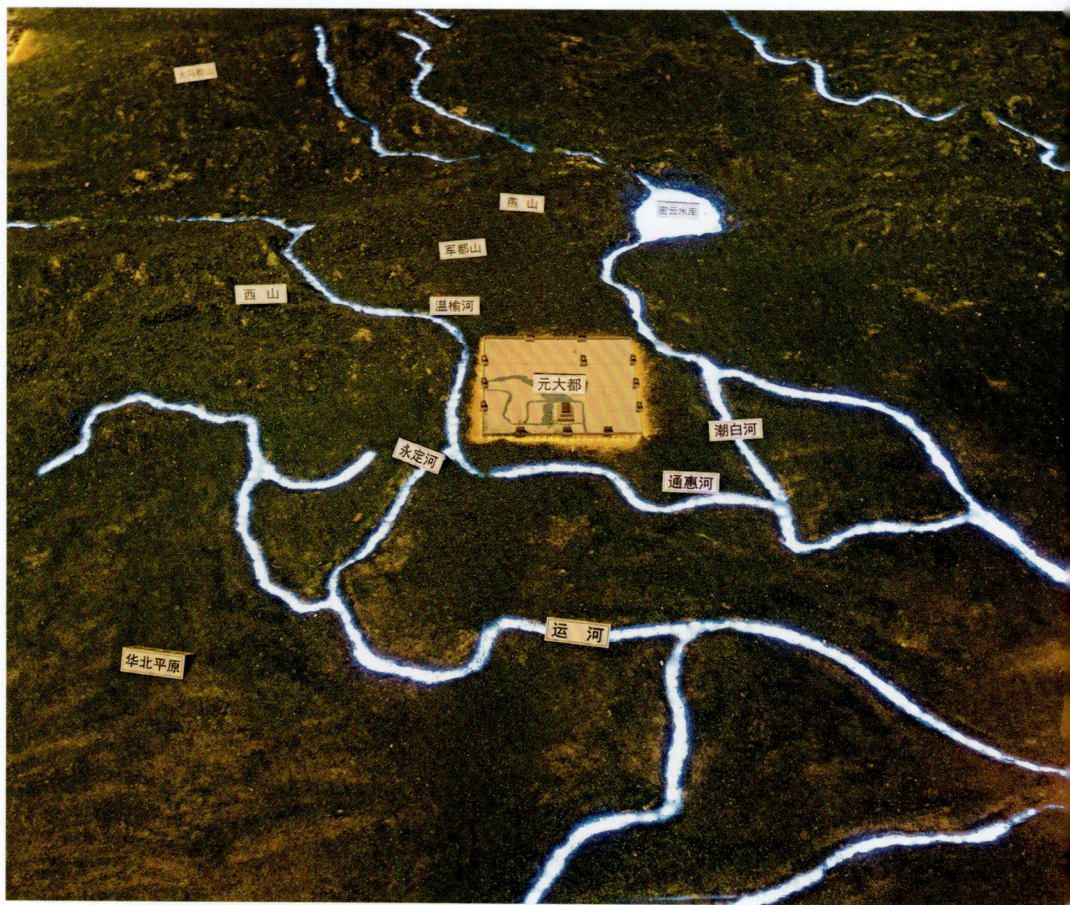

元大都地理位置及周边水系示意沙盘　　FOTOE 供图

　　大都城的规划与建设，是在一个特定的历史时期出现的重大历史事件，直接影响了整个中国历史发展的进程。这个时期，是中国北方游牧民族与中原及江南地区农耕民族之间的大融合时期。这个融合过程，始于元太祖铁木真建立大蒙古国，而完成于元世祖建立元朝、统一全国之后。这次的民族大融合，不论是在范围之广泛，还是在内容之深入，都达到了空前的程度。

　　也正是在这个历史时期，从大蒙古国向元朝的转变过程在都城制度的变化上有着显著的表现。在大蒙古国时期，从元太祖没有建造都城，到元太宗建立第一座都城和林，是都城制度初创时期；再到元世祖取消都城和林，另立上都开平府，是都城南移的变化时期；最后，元世祖创建大都城，形成两都并立的格局，是元朝都城制度进一步完善和定型时期。

大都城的创建，在北京的城市发展进程中也有着特别重要的地位。自先秦时期开始，到金朝扩建中都城为止，蓟城一直都是整个华北地区最重要的城市。城市的规模不断扩大，城市的影响逐渐增加，最终成为北半个中国的统治中心。而大都城的创建，完全脱离了金中都城的城市主体范围，在其东北的平原之上，另外建造了一座都城，又没有仿照金中都的模式，而是有着全新的规划模式，虽追《周礼·考工记》的理想都城模式，但又增添了新的文化内涵。这个都城模式，在此后的明清时期虽然略加改变，但是主体框架却被全面继承下来。

大都城的规划与建设，是中国古代社会后期都城建设的典范。就建造模式而言，这种都城模式集中了此前历代古都建造中的优点，并加以进一步的发展，而达到近乎完美的程度。就城市内涵而言，这座都城包容了农耕文化、游牧文化及域外文化的丰富内涵，充分体现了元代多元文化的时代特色，是当时世界上最伟大的国际大都会之一。

● 一 新统治中心的确立

作为一个城市，需要具备怎样的条件才能够成为一个王朝的统治中心（即都城），对于这一点，人们已经有所关注并加以探讨。在中国古代几千年的文明发展历程中，曾经出现过许多著名的都城，这些都城在形成和发展的时候是否都有着共同的条件，或者是有着几个主要的共同条件，笔者认为答案是肯定的。

作为都城的主要条件有三项：第一项，政治上的安全可靠，包括政局的稳定、防守的牢固，以及回旋的空间范围足够充裕。在中国古代，都城主要是供统治者居住，故而保障他们的安全是放在第一位的。第二项，经济上的发展繁荣，包括物产的丰富、贸易的发达，以及便利的交通环境。作为古代中国的首都，一定是人口超多的城市，因此必须要有足够的物资供应，才能维持城市经济的正常运转。第三项，便于对全国进行管理，包括政令的颁布、巡示的便利，等等。

不同朝代的统治者，对于后两项条件的认识是大致相同的，但是对第一项条件的认识是因人而异的，故而带来了朝代更迭影响到都城的变迁。大蒙古国崛起之初，政治和经济重心是在大草原上，而这里又是最安全的地方，故而元太宗将大蒙古国的第一座都城设置在了和林。

而当忽必烈夺得皇权之后，情况发生巨大变化，政治和经济重心已经向大草原南面的中原地区转移，因此在忽必烈看来，最安全的地方是开平府，故而将这里定为都城。此后不久，为了向江南地区拓展，特别是古幽燕地区的经济条件要比元上都优越很多，于是忽必烈决定在此营建大都城，形成一个新的全国统治中心。

（一）大都城的自然环境

在金元时期的古幽燕地区，有着较为良好的自然环境。这里的地势为西北高而东南低，西面和北面群山环抱，较为著名的有西山、香山、玉泉山、卢师山、平坡山、五华山、石经山、翠峰山、仰山、百花山、百望山、军都山、积粟山、狼山、银山、红螺山、丫髻山、黍谷山、雾灵山、白檀山、大房山、六聘山、马鞍山、妙峰山，等等。这些山上大多树木葱郁，山泉喷涌，有着十分茂密的植被，且在这些树木中又有着许多果树，较为著名的有栗树、枣树、柿树、梨树、山楂树等。

东南一带一片平原，河流纵横，湖泊遍布，为人们的日常生活提供了丰富的水资源。较为著名的有卢沟河（古称灢水、浑河，今称永定河）、清河、榆河、高粱河、白河、琉璃河、泃河、潮河（鲍丘河）、泃河、沙河，等等。这些河流除了供人们灌溉农田，有些又成为漕运渠道（如通惠河、坝河等）的主要水源，为保证城市经济的发展和繁荣提供了很大帮助。

在北京地区，元代的物产是十分丰富的。仅据在《析津志辑佚》一书中所记载的，即多达上百种。如矿产，在西山斋堂一带出产的，除金、银、铜、铁、锡，又有画眉石，"其石烧锅、铫、盘，虽百年亦不损坏，得名。"[1] 又如蔬菜的种类也很多，萝卜类有红萝卜、白萝卜；瓜类有王瓜、青瓜、冬瓜、梢瓜等；茄子类有白茄、紫茄和青茄；菜类则有白菜、甜菜、菠菜等。这些都是农民在菜地中种植的品种。

这里的水果种类也很多。如桃子，即有络丝桃、麦熟桃、大拳桃、山红桃、鹦嘴桃、御桃、九月桃和冬桃等。由此可见，在这里

[1] 元人熊梦祥：《析津志辑佚》中的"物产门"（北京图书馆善本部辑录本）。

的文化内涵。

记载大都城坊名最全的，也是最权威的文献为《元一统志》。这部书与《析津志》一样，久已佚失，乃是后人从各种其他历史文献中辑佚而成。在《元一统志》中记载的大都新城坊名共有四十九个，这些坊名或是取材于儒家的经典著作，如明时坊、文德坊、泰亨坊等；或是取材于北京历史上的掌故，如灵椿坊、金台坊、甘棠坊等；或是与坊中的特色建筑有关，如福田坊，系因坊中建造有寺庙；又如日中坊，系因坊中设置有商市的关系；等等。

这些坊的名称，在几十年的历史发展变化中，有些一直没有发生变化，从元代初年一直沿用到元代末年；有些则发生了变化，改变了坊名。关于这一点，我们通过对比元代前期《元一统志》中记载的坊名和元代后期《析津志》中记载的坊名有很多不同之处，即可了然。另外，在《元一统志》中出现的坊名，是由当时翰林院官员所拟定的；而在《析津志》中出现的坊名，则被认为是名士虞集所拟定。由此亦可见，大都新城的坊名在不同时期是有过较大变化的。

（三）中轴线的文化内涵

在新建的大都城里，一个最重要的文化现象，就是形成了一条新的城市中轴线。这条中轴线的跨度并不长，南起都城正南门的丽正门，北抵全城中心位置的钟鼓楼，全长约 3900 米，比后来的明清北京城中轴线短了近一半。但是，它所包含的重要文化内涵，却奠定了此后北京中轴线的发展基础，确定了整个都城的基本格局。

在中国古代，都城建设一直是全国城市建设中的重中之重，不论是西周的镐京与洛邑，还是秦朝的咸阳及汉朝的长安，以至于隋唐都城长安，皆是如此。这些不同时代的都城建设，最初并没有特定的模式，而是根据建造者对都城格局的不同认识来加以建设的，故而自周秦至隋唐，几乎没有重复的都城格局。

然而，由于都城建设所具有的重要性，使人们在对都城的理想模式不断地进行思考，并通过儒家经典加以阐释，于是就有了《周礼·考工记》的问世。在这部儒家经典著作中，阐述了两个基本的概念：第一个概念，是都城套皇城、皇城套宫城，而宫城位于都城

中央的位置。第二个概念，是都城中重要建筑之间的方位关系，即
"面朝后市，左祖右社"。以皇城为中心，前面是中央政府职能部门，
后面是商业贸易市场，左面（即东侧）为太庙，右面（即西侧）为
社稷坛。这种理想模式，是在中国古代都城的不断建造过程中形成
的，但是却没有被唐代以前（包括唐代）的都城建设者认真实践过。

自宋代建造东京开封城之后，统治者完成了对《周礼·考工记》
中第一个概念的实践，形成了都城套皇城、皇城再套宫城的三层城
的模式。此后，金海陵王在扩建金中都城的时候，也模仿了宋东京
开封城的都城格局，使得我国古代这种都城建造的模式得以延续下
来。在辽、宋、金时期，这种模式的都城建设，代表了当时都城建
设的最高水准，以及最时髦的规划模式。

在元世祖建造大都新城时，对于中国古代的理想都城模式进行
了认真的实践，并且超过了宋东京及金中都的水准，又向前迈进了
一大步。首先，元大都的规划者和建设者确定了三层城相套的模式，
这个模式与宋东京及金中都的都城模式是大致相同的，从而表现出
了一种文化上的传承关系。

其次，也是更重要的一点，是按照《周礼·考工记》的第二个
概念，完成了"面朝后市，左祖右社"的建筑格局，太庙被设置在
皇城的左侧，社稷坛被设置在皇城的右侧，而商市则被设置在皇城
的后面。最终完全实践了也是第一次实现了《周礼·考工记》的都
城理想模式。

元大都新城的规划者和建设者对《周礼·考工记》不仅是全面
实践，而且还有重大创新，就是把报时用的钟鼓楼设置在整个都城
的中心位置。以往的古代都城，常常把钟鼓楼放在皇城的前面，东
西相对。而新建的大都城里，钟鼓楼被设置在全城中心，表明大都
的规划者对于宇宙运行规律的重视超过了以往各个都城的规划者。
钟鼓楼是计时设施，而宇宙运行的规律又是用时间刻度来计算的，
故而新建的鼓楼又被称为"齐政楼"。

钟鼓楼被设置在全城中心的位置，又产生了另一个巨大的变化，
就是中轴线的变化。在宋东京和金中都的规划建造中，中轴线贯穿
都城、皇城和宫城，从南到北穿越全城。而元大都的中轴线从都城
正门丽正门穿入，虽然也是贯穿皇城和宫城，却没有贯穿都城，而
是到达钟鼓楼就截止了，并没有继续向北延伸。这个格局再次强调

了钟鼓楼在都城中的重要地位。

在中国古代，皇权至上的观念在社会上的流传越来越广，影响越来越大，几乎成为人们的共识。但是，在许多儒学家的眼中，宇宙才是最大的权威，皇帝不过是上天的儿子，故而又称"天子"。宇宙的运行规律是"天道"，社会的运行规律是"人道"，帝王施行仁政是要合于"人道"的，而最终要合于"天道"。因此，元大都城的规划者把掌握"天道"运行规律的钟鼓楼放在都城中轴线的最北端，是尊崇"天道"的表示。这种都城格局得到后来明、清北京城规划者的继承。

㊂ 宫殿苑囿的建设

在北京的历史上，正式有皇家宫殿苑囿的建设，始于金代，而皇家宫殿苑囿建造之大成，则是明清时期。在元代新建的大都城里，皇家宫殿苑囿的建造，正是处于过渡阶段，也就是承前启后的阶段。元大都的宫殿苑囿是以金中都的皇家行宫为基础建造的，又成为明清皇家宫殿苑囿的基址。

在新大都城里建造的皇家宫殿苑囿，有着比较明显的草原游牧文化特色，与此前金中都和此后明、清北京城的皇家宫殿苑囿的文化内涵是不一样的。

其差异之一，是宫殿和苑囿融为一体，没有明确的区别。如金中都和明、清北京的宫殿和苑囿是分开的，空间上有明确的分割。苑囿建在宫殿的西侧，故而被称为西苑。而元大都的宫殿和苑囿是建在一起的，宫殿环绕太液池而建，融为一体，无法在空间加以分割。有些学者认为这种格局是游牧文化的突出表现。

差异之二，是宫殿苑囿之间的功能没有区别，也没有内外身份的区别。元大都建造的皇城里面，虽然也有宫城，但是却没有禁地，百官及侍卫每天都陪伴着帝王在不同的宫殿中巡游。而明、清的皇宫之内，却有着明确的内外区别，分为以三大殿为中心的外朝和以乾清、坤宁两宫为中心的内廷。大臣、侍卫等只能在外朝活动，而内廷中只有宦官和宫女在活动，内外的区别是非常严格的。

（一）元世祖时期的宫殿苑囿建设

元大都的宫殿苑囿建设，始于元世祖时期。在新建的大都城里，宫殿苑囿的建设是重中之重，也是全城建造规模最宏伟的建筑群。元大都的宫殿建造规划，完全抛开了宋朝和金朝的规划模式，而采用了一种全新的格局。这时的宫殿建筑是围绕着太液池展开的，皇宫正殿大明殿和皇后居住的延春阁在太液池东侧，皇太子的东宫则在太液池西侧。这种环湖建造宫殿的格局，体现了游牧民族"逐水草而居"的文化特色。

位于太液池东岸的大明殿和延春阁坐落于大都城的中轴线上，则体现了农耕文化的政治主题。不论是作为皇宫正殿的大明殿，还是皇后居住的延春阁，其建筑风格都是农耕文化的产物。据相关文献记载："大明殿，乃登极、正旦、寿节会朝之正衙也。十一间，东西二百尺，深一百二十尺，高九十尺。柱廊七间，深二百四十尺，广四十四尺，高五十尺。寝室五间，东西夹六间，后连香阁三间，东西一百四十尺，深五十尺，高七十尺。"[1] 这座建筑，应该是元大都皇城内最宏伟的建筑。

这时的宫殿建筑，采用的是前殿后寝的模式，前面的正殿是朝廷举行重大活动的地方，后面的寝殿则是帝王生活和休息的空间。二者之间，仅用柱廊相连，没有严格的内外之别。在这里举行的重大活动主要有三项："登极"是新皇帝即位举行的仪式，大多是在元上都举行，在大都城的大明殿举行的不多。"正旦"即今日的春节，在古代为一年之始，所以特别受到重视，这项活动基本上都是在大明殿举行。"寿节"即帝王的诞辰日，俗称生日。如果帝王的生日是在冬天，这项活动肯定是在大明殿举行；如果是在夏天，则通常是在元上都举行。

大明殿不只是一座单独的建筑，在它周围又有一组颇具规模的建筑群。在大明殿后寝殿的东侧，建有文思殿，而在寝殿西侧，对称建有紫檀殿。在寝殿后面，又建有宝云殿。这些宫殿也是元朝帝王日常生活和处理政务的地方。如紫檀殿，元朝帝王曾在此举行过献俘的隆重活动。至元三十一年（1294 年）正月元世祖死在这里。

大明殿后面的延春阁，规模也十分壮观。"延春阁九间，东西

[1] 元人陶宗仪：《南村辍耕录》卷二十一《宫阙制度》

元大都城垣遗址公园忽必烈帝后石像　刘海　摄影

一百五十尺，深九十尺，高一百尺，三檐重屋。柱廊七间，广四十五尺，深一百四十尺，高五十尺。寝殿七间，东西夹四间，后香阁一间，东西一百四十尺，深七十五尺，高如其深，重檐。"[1]这座宫殿的建筑格局类似于大明殿，甚至其高度还超过了大明殿。它周围宫殿的格局也与大明殿大致相同。除了皇后居住在这里，许多重要的宫廷活动，也是在这里举行。

这里曾是皇宫里面举行宗教活动的主要场所。仅据《元史》中的相关记载即有：元贞元年（1295 年）二月，元成宗曾在此举行道教活动，"以醮延春阁，赐天师张与棣、宗师张留孙、真人张志仙等十三人玉圭各一"[2]；延祐七年（1320 年）十二月，元英宗曾"修秘密佛事于延春阁"[3]；泰定元年（1324 年）十月，泰定帝曾"命帝师作佛事于延春阁"[4]；天历元年（1328 年）九月，元文宗曾"命高昌僧作佛事于延春阁"[5]，等等。这些宗教活动绝不是普通的宗教活动，而是与当时的宫廷政治斗争密切相关的。

而元朝帝王经常举办大型活动，延春阁也是主要的会场。如至元年间，元世祖在延春阁举办大宴会，时任翰林待制的王思廉参与宴会。"帝尝御延春阁，大赉群臣，俾十人为列以进，思廉偶在卫士之列。"[6]至元年间，又有东北宗王乃颜叛乱，大将博罗欢参与平定叛乱，得胜回京之后，"陈其金银器于延春阁，上召诸侯王将帅分赐之。"[7]文中的"上"指元世祖。元顺帝元统三年（1335 年），"帝宴大臣于延春阁，特赐答里麻白鹰，以表其贞廉。"[8]

元人陶宗仪：《南村辍耕录》二十一《宫阙制度》。
《元史》卷十八《成宗纪》。
《元史》卷二十七《英宗纪》。
《元史》卷二十九《泰定帝纪》。
《元史》卷三十二《文宗纪》。
《元史》卷一百六十《王思廉传》。
《元史》卷一百二十一《博罗伯都传》。
《元史》卷一百四十四《答里传》。

在延春阁的周围，与大明殿一样，也有一组大致相同的宫殿。延春阁寝殿东侧建有慈福殿，寝殿西侧建有明仁殿，又分别称为东暖殿及西暖殿。而在延春阁这组宫殿后面，又建有玉德殿和东、西香殿。玉德殿中设有佛像，是元朝帝王和皇后供奉、参拜佛教诸佛的场所。这些延春阁及周围的宫殿，也是元朝帝王日常生活和处理政务的地方。

在太液池西岸建造的，主要是皇太子居住的东宫。中统年间，元世祖忽必烈曾经命皇子真金为皇太子，作为皇位的法定继承人，并为他建造了东宫。但是，真金早逝，这里则一直由真金之妻居住。及真金之子铁穆耳即位，是为元成宗，遂将东宫改称隆福宫，仍由其母居住。此后的诸位元朝帝王册立的皇太子，也居住在这里。

隆福宫的正殿称光天殿，规模略小于大明殿和延春阁。"光天殿七间，东西九十八尺，深五十五尺，高七十尺。柱廊七间，深九十八尺，高五十尺。寝殿五间，两夹四间，东西一百三十尺，高五十八尺五寸。"[1]而在光天殿寝殿东侧建有寿昌殿，西侧建有嘉禧殿，寝殿之后又建有针线殿。这组宫殿建筑主要是供皇太子活动的场所。

上面三组建筑构成了元大都皇城的主体宫殿。此外，还有一处宫殿是必须提到的，即位于太液池中琼华岛上的广寒殿。这座宫殿建于金朝，是皇家行宫北苑太宁宫中的一处重要建筑。及元世祖建造大都新城时，在皇宫正殿大明殿建成之前，这里就发挥着皇宫正殿的作用，是世祖忽必烈和皇太子真金处理政务的主要场所，由此可见其重要性。

因为这座宫殿建造在琼华岛上的万岁山之巅，故而又成为观赏大都皇城景色最好的地方。"广寒殿在山顶，七间，东西一百二十尺，深六十二尺，高五十尺。……中有小玉殿，内设金嵌玉龙御榻，左右列从臣坐床。"[2]显然是元朝君臣商

元大都遗址出土的元代白玉仕女带饰
首都博物馆　FOTOE 供图

[1][2]元人陶宗仪：《南村辍耕录》卷二十一《宫阙制度》。

议重大军国事宜的场所，元世祖还曾在这里接见各国使节。及皇城正殿大明殿建成之后，这里的重要政治作用才有所减弱，休闲娱乐作用才更加突出。

（二）此后的建设工程

在元世祖死后，大都城的皇宫建设主要有两次：第一次是在元成宗死后，宗王海山夺得皇权之后，为其母在太液池西岸的隆福宫后面，建造有兴圣宫一组宫殿建筑；第二次是在元代末年顺帝在位时，于皇城内增建了一批宫殿建筑。但是，这一次建造工程完成不久，元朝就灭亡了，大都城的众多宫殿建筑也就被明太祖朱元璋下令拆毁了。

元朝的皇位继承制度一直就比较混乱，由此造成了多次宫廷血腥斗争，也对皇宫的建设产生了一定影响。元世祖所立皇太子真金早逝，及世祖死后，由谁来继承皇位在贵族与权臣之间是有不同意见的，最后在权臣的拥立下，皇孙铁穆耳继承皇位，是为元成宗。及元成宗死后无子，皇位继承问题再次引起黄金家族的内斗。由权臣与元成宗皇后为对立双方，最终是权臣一方获得胜利，宗王海山从漠北南下，夺得皇位，是为元武宗。

在这次宫廷斗争中，海山之母答己发挥了重要作用，因此，海山在至大年间专门为答己皇太后在太液池西侧、隆福宫的北面建造了一组宫殿，称为兴圣宫。兴圣宫的正殿为兴圣殿，"兴圣殿七间，东西一百尺，深九十七尺。柱廊六间，深九十四尺。寝殿五间，两夹各三间。后香阁三间，深七十七尺"[1]。由此可见，兴圣殿是一座近似正方形的宫殿建筑，造型比较特殊。

在元武宗、元仁宗两朝，皇太后答己的势力是很大的，有凌驾于皇权之上的权威，因此，兴圣宫里面的摆设也类似于大明殿和延春阁。"中设扆屏榻，张白盖帟帷，皆绵绣为之。诸王百寮宿卫官侍宴坐床，重列左右。"[2] 由此可见，这里是皇太后日常活动的主要场所，而皇太后毕竟是女流，所以要有"帟帷"作为扆屏，类似于"垂帘听政"。

在兴圣殿寝殿的东侧，建有嘉德殿，西侧建有宝慈殿，后面则建有延华阁（一说延华阁在延春阁后面）。这种形式的格局应该是

[2] 元人陶宗仪：《南村辍耕录》卷二十一《宫阙制度》。

元大都城垣遗址公园　刘海 摄影

大都皇城中的普遍模式。由于兴圣宫的建造，改变了皇城中的整体
布局。原来太液池东岸的大明殿和延春阁这两组建筑为主，太液池
西岸的皇太子东宫为辅，一主一辅，显示了农耕文化以皇权为主的
文化内涵。而兴圣宫的建造，打破了一主一辅的布局，形成了东西
都有两组宫殿建筑的对称布局，更加突出了游牧文化环水而居的文
化内涵。

　　元朝后期，元顺帝则是在文宗皇后与众多权臣的争议之中登上
皇帝宝座的。他在即位以后，先是为了解除权臣当道的威胁而斗争，
除掉权臣之后，又解决了皇后专权和宦官们弄权日益严重的弊病。
随后农民起义烽烟四起，红巾军的北伐甚至毁坏了元上都，迫使两
都巡幸的制度不得不中止。在这种困境中，元顺帝开始在皇城内大
兴土木，建造亭台楼阁，加速了元朝的灭亡。

　　在元顺帝建造的宫殿中，清宁殿无疑是最重要的建筑之一。《元
史》记载有两件事是在清宁殿发生的。一件是在至正年间，"皇太
子尝坐清宁殿，分布长席，列坐西番、高丽诸僧"，以探讨佛法。[1]
另一件是在至正二十八年（1368 年）闰七月，"帝御清宁殿，集三

[1]《元史》卷四十六《顺帝纪》

宫后妃、皇太子、皇太子妃，同议避兵北行"[1]。这是在讨论国家存亡的大事。

这座宫殿应该是在至正初年建造的，位于延春阁后面的大都城中轴线上。在至正十一年（1351 年）遭大火焚毁，时人称："至正十一年春正月二十日夜，京师清宁殿火，焚宝玩万计。由宦官熏鼠故也。"[2] 到至正十五年（1355 年）又重新修建完成。时人称："至正十有五年，清宁殿成，敕画史图其壁。吴兴赵雍以征士辈二人闻，使使召之家。道阻，弗果上。"[3]

而在重修清宁殿的同时，元顺帝还建造了一些宫殿建筑。至正十三年（1353 年），"造清宁殿前山子、月宫诸殿宇，以宦官留守也先帖木儿、留守同知也速迭儿及都水少监陈阿木哥等董其役"[4]。由此可见，这次宫殿建造的规模是相当可观的。

时人又称："帝为英英起采芳馆于琼华岛内，设唐人满花之席，重楼金线之衾，浮香细鳞之帐，六角雕羽之屏。"并解释道："唐人，高丽岛名；产满花草，性柔，折屈不损，光泽可佳，士人编之为席。重楼，金线花名也，出长白山，花心抽丝如金，长至四五尺，每尺寸缚结如楼形，山中人取以织之成幅。"[5] 由此可见，宫中才人英英当为高丽女子，极受顺帝宠爱，故而所用之物也大多来自其故乡。

㊃ 其他城市设施的建设

作为一座都城，除了皇宫之外，还有一些其他重要的城市设施需要加以建造，才能够形成一个完整的都城体系。这些重要的设施是只有都城才允许建造的，如太庙与社稷坛（又称"左祖右社"）等祭祀机构、中央行政、军事、监察等相关衙署，以及集贤院、国子监学、翰林国史院、司天台等文化机构，均在都城中发挥着各自重要作用。这些重要的城市设施都是在大都城建设的过程中被陆续建造起来的。

在中国古代的都城中，举行各种祭祀活动是帝王和政府的权威活动，代表着至高无上的政治权力，同时也是丰富多彩的文化活动。因此，各种用于祭祀的坛庙建筑也就有了特别重要的地位。不论是祭祀帝王祖先的太庙，祭祀代表国家身份的社稷坛，还是祭祀天地、日月、山川神灵的郊坛，都有着相对固定的地理位置，以显示它们

[4]《元史》卷四十七《顺帝纪》。
明人叶子奇：《草木子》卷三
□谨篇》。
明人殷奎：《强斋集》卷四《故
征士墓志铭》。
元人陶宗仪：《元氏掖庭记》。

雍和宫元代居住遗址

的崇高地位。

在中国古代的都城中，设置着主持政治、军事、经济、文化等国家大事的各种中央机构，行使着统治中心的重要功能。这些机构，大多数都被设置在皇宫的附近，以便于政府官员向帝王汇报军政要务，并做出各项重大决策。有些特别重要的官僚衙署，甚至被设置在皇城里面，相关官员可以随时向帝王上奏突发的事件情况。其中最重要的机构，有主持全国政务的中书省、主持全国军务的枢密院，以及主持全国监察事务的御史台等。

都城作为全国的文化中心，也就有着一些重要的文化机构被设置在这里，如主持全国文史工作并为皇帝起草诏书的翰林国史院，主持全国教育工作的国子监学（有时又称太学），主持全国天文历法测定工作的司天台及太史院，主持全国宗教活动的集贤院等。在大都城内，还设置一些各具特色的中央机构，如负责普及少数民族文化的蒙古国子学和回回[1]国子学，负责西藏等地区宗教和军政事务的宣政院，等等。这些文化设施的建设乃是都城建设的一个重要组成部分。

（一）太庙与社稷坛等祭祀设施的建设

在中国古代，祭祀活动是一项非常庄严和隆重的事情。古人曾云："国之大事，在祀与戎。"祀是祭祀，戎是战争。战争关系到国家的存亡，而祭祀则表示国家的传承脉络。作为帝王对祖先的祭祀，又代表着"君权神授"的最高政治意识，代表着帝王对国家统治的合法性。帝王祭祀祖先的最主要场所就是太庙。

蒙古统治者在进入中原地区之前，对于太庙祭祀的制度是不了解的，或者说是没有这种概念的。及忽必烈在入主中原地区之后，对于这种农耕文化的概念有了进一步了解，并开始实行这种办法，

[1] 回回：原指中亚花剌子模国及其国人。有元一代，则主要是对信奉伊斯兰教的中亚突厥人、波斯人、阿拉伯人等穆斯林群体的泛称。文中所谓"回回人""回回商人""回回国子学""回回医学""回回医官""回回寺""回回司天台""回回药物""回回司天监""回回爱薛所""回回历法""回回医药"等之"回回"，均作同解。

以突出自己夺得天下的合法地位。

中统元年（1260年），元世祖忽必烈开始采用供奉祖先神位的办法，祭祀祖先。到了中统末年，开始在燕京城建造第一座太庙，并且命令儒臣徐世隆等人考订历代太庙的建筑结构，先是确定七室之制的太庙模式，到至元三年（1266年），又改为八室之制。

因为蒙古统治者没有采用嫡长子继承皇位的制度，故而对于这时的太庙中应该祭祀的人物也就没有固定模式。这时在太庙的八室之中，第一室供奉的是烈祖夫妇，第二室是太祖夫妇，第三室是太宗夫妇，第四室是太祖长子术赤夫妇，第五室是太祖次子察合台夫妇，第六室是忽必烈之父母拖雷夫妇，第七室是定宗贵由夫妇，第八室是宪宗蒙哥（忽必烈长兄）夫妇。这种祭祀供奉的排列方式是与中原农耕文化的模式完全不同的。

在燕京城这座太庙建成后不久，元世祖忽必烈又在燕京旧城的东北方再建大都新城，故而必须将太庙再建到新城之中。从至元十四年（1277年）开始，忽必烈下令在新城齐化门（今朝阳门）内路北建造新的太庙，经过三年多的修建，大都城的新太庙建造完毕，这座新建的太庙，又改回七室之制。

此后，随着元朝历史发展进程，太庙中的庙室不断增加，到元英宗时增为十三室。而随着元朝宫廷斗争的激化和演变，庙室中供奉的牌位也在不断发生变化，在宫廷斗争中的失败者皆被清除出太庙，而胜利者的父母则被放到庙室中。这种变化，一直延续到元朝后期。

与太庙处于同等重要地位的是社稷坛。这处祭坛祭祀的是掌管农业收成的神灵。中国古代的农业生产十分发达，而且在民众生活中占有极为重要的地位，故而其神灵受到人们普遍的祭祀，上至国都，下至州县，甚至乡里，皆设置有社稷坛，以供人们岁时祭祀。而作为大都城的社稷坛，是最高等级的祭祀场所。

后英房元代居住遗址复原图

大都城建造的社稷坛，比太庙要晚一些，这与蒙古统治者对农业重要性的认识有直接关系。他们来自大草原，最初熟悉的只是游牧生产与生活，很少对农业生产有所重视，故而对其神灵的祭祀也不甚重视。但是他们在进入中原地区之后，对农业生产的认识越来越深入，也就了解到社稷神灵的重要地位，并逐渐提倡和使用这种祭祀制度。

大都城的社稷坛始建于至元三十年（1293年），位于和义门（今西直门）内路南，与太庙对称，从而形成了"左祖右社"的格局，太庙在皇城的东侧，社稷坛在皇城的西侧。元代建造的社稷坛采用的是社神与稷神分祭的办法，故而建造有两座祭坛，社坛用五色土铺成，五色土代表东、南、西、北、中五个方位；稷坛则全用黄土铺成。

旧鼓楼大街豁口西元代作坊遗址

在太庙和社稷坛的主体建筑周围，又建造了一些辅助设施，以供在祭祀时帝王及百官举行各种仪式时使用。显然，元朝帝王对太庙祭祀的重视程度要远远超过社稷坛，故而有时帝王会亲自参加祭祀祖先的活动，而祭祀社稷神灵的活动则大多派遣高级官员来加以主持。

蒙古统治者在接受了中原农耕文化中的太庙、社稷坛等祭祀文化的同时，也保留了北方游牧民族的一些传统祭祀文化习俗，如烧饭院的设置就是证明。史称："每岁，九月内及十二月十六日以后，于烧饭院中，用马一，羊三，马湩，酒醴，红织金币及里绢各三匹，命蒙古达官一员，偕蒙古巫觋，掘地为坎以燎肉，仍以酒醴、马湩杂烧之。巫觋以国语呼累朝御名而祭焉。"[1] 这种烧饭院中的祭祀活动，全都是由蒙古达官、蒙古巫觋来完成的。

在大都城的祭祀设施中，还有一处重要的祭坛必须提到，即郊坛。在中国古代，人们认为天地、日月、山川等万物皆有神灵，都要岁时加以祭祀，众多神灵才会保佑人们一生平安，风调雨顺，年年丰收。而祭祀这些神灵的祭坛通常是设置在城外近郊之地，故而又被称为郊坛。

[1]《元史》卷七十七《祭志》。

在古代，人们在祭祀这些神灵时，主要采取两种方法：一种是分祭之法，天、地、日、月、风、雷、电、名山、大川等，都分别设置祭坛，称为天坛、地坛、日坛、月坛等。另一种是合祭之法，即把这些神灵放在一起祭祀，因祭坛大多设置在城郊，故而又被称为郊坛。而元代祭祀众多神灵的方法，是合祭。

元大都的郊坛最初是元世祖设置在大都正南门丽正门外七里的地方，无坛，仅有一座祭台。元成宗在大德九年(1305 年)加以改造，始建祭坛，占地三百余亩，规模十分可观，应该是大都城最宏伟的祭坛。在郊坛周围，也建有众多辅助设施，作为元朝帝王和大臣们岁时祭祀天地神灵活动时的场所。

（二）中书省等中央衙署的建设

大都城作为全国的政治中心，有许多中央政府的相关机构设置在这里。最主要的有主持全国政务的中书省，主持全国军事的枢密院，主持全国监察事务的御史台，以及负责皇家事务的宣徽院，等等。这些中央衙署在大都城内均占有十分显著的位置。

中书省是大蒙古国时期就设置的官僚机构，著名大臣耶律楚材就曾担任过中书令一职。但是那时的中书省只是一种名称，没有实际的常设机构及相关固定的办事人员，及忽必烈夺得皇权，正式设立中书省，并任命相关人员担任中书省的各级官员，才成为主持全

西绦胡同元代居住遗址

国政务的常设机构。

忽必烈在设立中书省之初，并没有建设大都新城的规划，故而也没有建造中书省衙署的计划。中统二年（1261年）九月，忽必烈下令："诏以忽突花宅为中书省署。"[1]文中"忽突花"当即时任中书省左丞相的"忽鲁不花"，用他的住宅作为中书省的衙署，应该只是临时的举措。

及忽必烈下令建造大都新城，作为新都城的设计者刘秉忠对于中央衙署的分布也做出了具体规划。在规划中是把中书省衙署安置在皇城北面的凤池坊附近。时人称，至元四年（1267年）建新都城，"始于新都凤池坊北立中书省。其地高爽，古木层荫，与公府相为樾荫，规模宏敞壮丽。奠安以新都之位，置居都堂于紫薇垣"[2]。文中的"紫薇垣"当为"紫微垣"，是天上的星座之一。由此可见，刘秉忠在设计中央各机关衙署时，是包含了许多重要文化内涵在其中的。

到至元七年（1270年），世祖忽必烈又设立尚书省，任命大臣阿合马主持尚书省事务，专门搜刮百姓钱财。为此，忽必烈又在皇城的东南五云坊内，建造有尚书省衙署，以供阿合马等人处理财政事务。及阿合马被杀，尚书省并入中书省，尚书省衙署也就变成中书省衙署。于是，也就有了南省、北省的区别，南省衙署在五云坊，北省衙署在凤池坊。

在大都城新建的中书省衙署非常宽敞、漂亮。如位于五云坊的南省衙署，前有三道大门，然后是"省堂大正厅：五间，东西耳房，宽广高明，锦梁画栋，若屏障墙。耳房画山水林泉，粲然壮丽[3]"。其后又有正堂、断事官厅、参议府厅、左右司厅，等等。其他如吏、户、礼、兵、刑、工六部的衙署，则是在北中书省的衙署之中。这些衙署的建造场地，以及建造材料和经费，都是由政府提供的。

枢密院是主持全国军事的重要机构，也是由刘秉忠为其安排了衙署的位置。时人称："枢密院：在东华门过御河之东，保大坊南之大御西，莅军政。"时人又称："枢密院：在武曲星之次。"[4]因为这里靠近皇城，故而极为方便枢密院的官员向帝王汇报各种军事情报。

枢密院衙署的格局与中书省大致相同，有三道大门。中书北省的外仪门内是六部衙署，而枢密院的外仪门内则是诸侍卫亲军的衙

[1]《元史》卷四《世祖纪》
[2][3][4]元人熊梦祥：《析津
辑佚》"朝堂公字门"。

署，包括五卫汉军及钦察卫、唐兀卫、阿速卫、贵赤卫等。此外，又有一些外地重要卫所的衙署也设置在这里，如临清万户府、海口侍卫、金陵州万户府、宁夏万户府、辽阳万户府、肇州万户府等。

在三道大门之内，则为正厅、正堂、参议府厅、客省使厅、断事官厅，等等。这些办公场所的建造与设置，与中书省衙署一样，都是由政府直接提供服务的。值得注意的是，不论是在中书省还是枢密院的正堂之内，都设置有皇太子的座位，而且是居中而设。至元十年（1273 年）忽必烈立真金为皇太子时，即任命他为中书令，主持全国的政务，故而在中书省中设有办公座位，而在枢密院中也设有皇太子的座位，表明真金在主持政务的同时，也在主持军事工作。只是真金体弱多病，较早故去，然而在中书省和枢密院的衙署中仍然为其保留座位。此后也再没有人担任中书令一职。

至元年间，元世祖进一步完善政府各项机能，设立御史台，主持全国的监察工作。在新建的大都城里，刘秉忠也为御史台设置了衙署的位置，是在大都城西北肃清门（今已不存）里，"御史台：在左右执法天门上"。时人称："国初至元间，朝议于肃清门之东置台，故有'肃清'之名。"[1] 这应是最早建造的御史台衙署。

但是，这座新建的御史台衙署距离皇城太远了，监察官员们向帝王汇报工作太不方便，于是政府决定重新为御史台选择衙署。新的御史台衙

庆寿寺双塔旧影

[1] 元人熊梦祥：《析津志辑佚》"台谏叙门"。

元大都城垣遗址公园小月河　　张肇基 摄影

署占用了翰林国史院的位置，位于皇城东南面的澄清坊东，距离皇城已经很近了。而翰林国史院则被迫迁到凤池坊的中书北省衙署中去办公。

这处新建的御史台衙署，布局与中书省和枢密院的衙署大致相同，只是因为机构设置的不同而办公场所不太一样。在御史台衙署附近，又设置有江南及陕西两处行御史台（简称"行台"）和各道廉访司（御史台设置在各地的分支机构）的办事场所。这种模式，与中书省下辖六部、枢密院下辖诸卫所的情况是一样的，主要是为了办公的便利。

显然，忽必烈的谋臣刘秉忠在规划这些都城的重要衙署位置时，是与天上的星象密切联系在一起的。但是，随着历史进程的发展，出于人们工作和生活的需要，这种有着丰富文化内涵的规划和设置也在不断发生变化，除了枢密院衙署的位置没有变动之外，中书省和御史台的衙署都发生了较大变化。这种变化是必然的结果，也是当初刘秉忠规划大都城时没有想到的。

（三）其他设施的建设

在大都城里，除了中书省、枢密院、御史台，还有一些较为重要的机构也设置在这里。如主管帝王生活的宣徽院，时人称："枢密院南转西为宣徽院，院南转西为光禄寺酒坊桥。"[1]据此可知，宣徽院位于枢密院的西南面，距皇城的位置更近一些，而由于是为帝王服务的机构，其官员大多数都是受到帝王宠信的大臣，政治地位更加显要。

这处机构的正式设立是在元世祖时，如至元五年（1268年）五月，忽必烈下令："以太医院、拱卫司、教坊司及尚食、尚果、尚酝三局隶宣徽院。"[2]此后，忽必烈又在至元二十五年（1288年）六月下令："太医院、光禄寺、仪凤寺、侍仪司、拱卫司皆毋隶宣徽院。"[3]但是此后不久，这些下属机构又回归到宣徽院的管辖之内。实际上，宣徽院管辖的机构还有很多，有些还分布在全国各地。

作为帝王御用文人会集之地的翰林国史院，最初的办公地点是设置在皇城的东南方，便于文人们为帝王提供服务。但是，由于设置在大都城西北的御史台前来皇城太不方便，于是就把翰林国史院的办公地点占用，而把翰林国史院的文人们挤到位于皇城北面凤池坊的北中书省（又称北省）的衙署中去办公。正好位于皇城南面五云坊的尚书省衙署归并到中书省（又称南省），扩大了中书省的办公空间，才使得翰林国史院的文人们在北省衙署有了落脚之地。

在大都城里，最重要的中央教育机构是国子学和国子监，合称国子监学。早在元太宗时，大蒙古国就在燕京设立国子学，使用的是金朝时设置的旧孔庙，教导蒙古贵族子弟学习汉语及汉字，以适应大蒙古国势力进入中原地区的统治需要，当时的国子学还比较简陋，是由全真教的道士们负责承担教学工作。很长一段时间之后，才改由儒生来主持教育工作。

及元世祖忽必烈建造大都城时，各种城市主要设施都在建设之中，尚无暇在新城建设国子学的新校舍，教师和学生皆是在租赁的房间里授课。一直到元成宗时，才在大臣的建议下

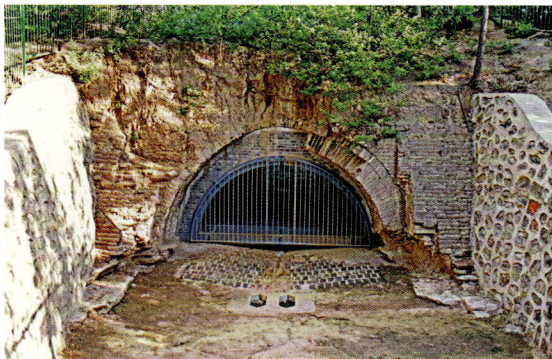
位于北京海淀区塔院附近的元大都城垣水关遗址
张肇基 摄影

[1]《日下旧闻考》卷一百五十五引《析津志》。
[2]《元史》卷六《世祖纪》。
[3]《元史》卷十五《世祖纪》。

建造学校。这座新建的国子学，位于皇城东北方，先建有国子学，后建有国子监。国子学是学生们上课的地方，国子监则是老师们办公的地方。元朝建造的国子监学一直沿用到明清时期。

古人对于天文历法极为重视，往往一个新王朝建立之后，都要重新修订历法，颁行天下，元朝也不例外。世祖忽必烈在攻灭南宋、统一天下之后，即开始着手修订新的历法。在此前辽、金和宋朝对峙时期，辽、金上承唐朝的历法，而宋朝远溯晋代的历法，计时方法的不同给人们带来诸多不便。元朝的统一，为修订新的历法扫清了障碍。

为了修订新历法，元朝政府在大都城建造了新的司天台，作为测算宇宙运行规律的地方。这座新的司天台位于大都城的东南隅，在这里安放着许多先进的测量天体运行规律的仪器，其中的许多新仪器，皆是著名科学家郭守敬、阿尼哥等人改进或是创造的，为测量工作带来极大便利。由此而修订的新历法《授时历》，成为当时世界上最精确的历法。可惜这座先进的司天台在明代初年被拆毁了。

此外，元朝政府还利用科学家在大都城建造有回回司天台，利用制造的"西域仪象"来测量宇宙运行规律，并制定相应的回回历法。

第四章

商品荟萃　都市繁荣

——繁荣的城市经济

钟鼓楼　朱天纯 摄影

在新建的大都城里，因为坊墙的消失，许多商业设施都显露出来，遍布于大街小巷之中，给日益发展的城市经济带来了极大活力。不仅商业设施的数量有了明显增加，经营商业的种类也变得越来越多，商品贸易额也在迅速增加，使得大都城很快就成为著名的国际商业大都会。这种城市经济的迅速发展、繁荣，超过了以往的各个历史时期，达到了一个新高峰。

以大都城为中心，商业贸易活动的范围有了极大拓展，不仅是全国各地的商品纷纷汇聚到大都城来，而且连远在海外的西亚、欧洲等地，也有一批又一批的商人艰苦跋涉、不远万里来到这里，从事贸易活动。著名旅行家马可·波罗就是这些络绎不绝来到中国经商者的典型代表。他的《马可·波罗游记》在当时造成的社会影响十分广泛，经久不衰，并产生了巨大的轰动效应。

● 林立的商业设施

在新建的大都城里，与金中都旧城相比，最大变化就是高大坊墙的消失。这种开放式的城市格局给商业贸易带来了极大的便利，原来禁锢在高大坊墙内的商市，全都出现在宽敞的街道两旁，便于市民们随时光顾。在人流密集的地方更是集中了大量商市，从而形成颇具规模的商业区。这些商业区的形成，促进了大都城的城市经济更加繁荣。

在当时的大都城里，商业设施是与手工业设施及服务业设施交融在一起的，许多商业设施都是采取前店后厂的经营模式，后厂生产的产品，就在前店中出售。许多的临街酒店，后面就是造酒的酒坊。许多服务业的重要设施，也都设置在商业繁华的街区之中，在获取大量服务业利润的同时，也促进了商业贸易的不断发展。

（一）钟鼓楼一带的商业中心

在新建的元大都城里，钟鼓楼被设置在全城的中心位置，交通十分便利，是较为理想的交易场所。因此在钟鼓楼附近，人们开设了众多商铺，由此形成了一片最重要的商业中心区。

时人曾对钟楼及周边环境加以描述："钟楼之制，雄敞高明，与鼓楼相望。本朝富庶殷实莫盛于此。楼有八隅四井之号。盖东、西、南、北街道最为宽广。"又对与之相邻的鼓楼加以描述："齐政楼：都城之丽谯也。东，中心阁。大街东去即都府治所。南，海子桥、澄清闸。西，斜街过凤池坊。北，钟楼。此楼正居都城之中。楼下三门。楼之东南转角街市，俱是针铺。西斜街，临海子，率多歌台酒馆。有望湖亭，昔日皆贵官游赏之地。

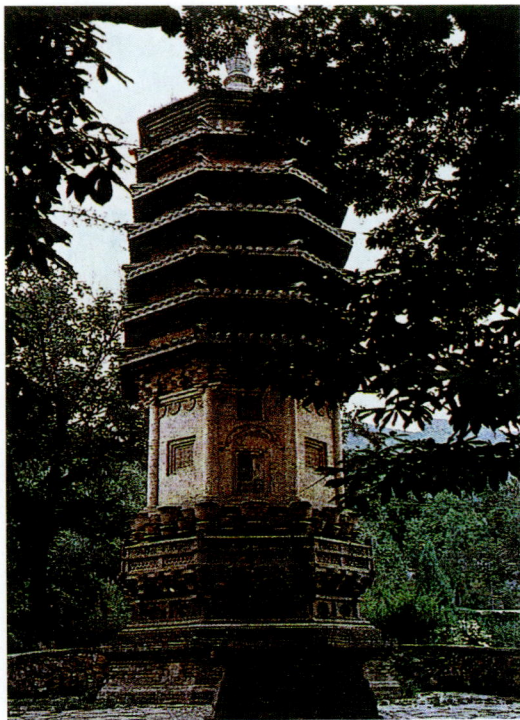
妙严大师墓塔

楼之左右，俱有果木、饼面、柴炭、器用之属。"[1]文中的"齐政楼"即指鼓楼。

因为这里位居全城中心，四方居民居住在周围，因此这里的商市大多数提供的均为日常生活用品。时人称："米市、面市：钟楼前十字街西南角。""段子市，在钟楼街西南。皮帽市，同上"（文中"段子"系指"缎子"）。"帽子市：钟楼。""鹅鸭市，在钟楼西。"这些商市与居民的吃、穿生活有密切联系。这些商品大多是经由通惠河运送到钟鼓楼西南的积水潭码头，故而商市也就大多设置在钟鼓楼西南一带。

又如："珠子市：钟楼前街西第一巷。""沙剌市，一巷皆卖金、银、珍珠宝贝，在钟楼前。"这两段文字应该是描述的同一个地方，即在钟楼前面有一条胡同都是出售珠宝的商店。之所以会出现重复，是因为元人熊梦祥所著《析津志》一书已经佚失，后人在不同文献中辑录出来，故而造成这种现象。金银珠宝虽然属于奢侈品，但是，与城市居民的生活仍然是密切相关的。

在这里，还有一些商市出售的商品也是市民们的生活中所离不

[1]《日下旧闻考》卷五十四城市》引《析津志》。

积水潭　振阳 摄影

开的。如："柴炭市集市：一顺承门外、一钟楼、一千斯仓、一枢密院。"柴炭是当时人们炊饮和取暖的必要能源，使用量非常大，故而在全城设置了四处，钟楼就是其中的一处。又如："铁器市：钟楼后。"铁器在当时的使用也是非常广泛的。在元大都考古发掘出土的文物中就有铁炉子，为日常用品，当是在铁器市出售的。

在钟鼓楼西南不远就是积水潭，风光秀丽，是一处非常理想的游览胜地，因此也就成为设置服务设施的理想场所。如："飞宇楼：在钟楼街西北，太平时最为胜丽。"又如："太平楼：在丽正门外西巷街北。今钟楼街前亦有之。"[1] 不论是飞宇楼，还是太平楼，都是大都城里最有名的酒店，太平楼除了在丽正门外开设，又在钟楼前开设一处分店，可见其生意是十分火爆的。

特别值得注意的是，在当时的大都城里，还设置有"穷汉市"。"穷汉市：一在钟楼后，为最。一在文明门外市桥，一在顺承门城南街边，一在丽正门西，一在顺承门里草塔儿。"在钟楼北面，有最大的"穷汉市"，说明在大都城里已经有了一大批依靠出卖劳动力生活的居民，被有些经济史学家称为"资本主义萌芽"。这种情况的出现，早于西方工业革命的爆发，也早于明清时期的江南"机户"与"机工"的雇佣关系。在大都城的五处"穷汉市"中，只有钟楼北面的一处是在城市中心的位置，而且是最大的一处。

[1] 以上引文均出自《析津／辑佚》。

《日下旧闻考》卷三十八
京城总记》引《析津志》。

（二）城门内外的商业设施

在新建的大都城，除了城市中心的钟鼓楼一带形成了繁华的商业中心，在都城出入的各个城门地区也分布了规模大小不等的商市，由此而形成了不同的商业区。在大都城的十一座城门中，又以连接新、旧两城的城门一带商业活动最为活跃。而城北两门（即安贞门与健德门）的商市较少，虽然每年春秋两季，元朝帝王和百官均要来往于大都与上都之间，由此带来人员流动的频繁，但是并没有在此两门处形成繁华的商业区。而大都城的正南门外，因为靠近皇城与中书省南省衙署，故而商业活动也较为频繁。这些活跃的商业活动，导致商市大多设置在城门一带。

大都城西面最靠南的是平则门（今阜成门），南面最靠西的是顺承门（今宣武门南），这两座城门连接的是新旧两城的主要交通干道，因此商市及服务设施设置较多。如顺承门内外，有柴炭市、果市，以及两处"穷汉市"，可见这里是大都城穷人出卖劳动力的主要场所。而在顺承门内，有一处重要的商市，称为羊角市。时人称："羊市、马市、牛市、骆驼市、驴骡市，以上七处市，俱在羊角市一带。"[1] 由此可见，羊角市一带集中了一批出售牲畜的商市，而这些牲畜大多来自北方草原。

在顺承门内外，又设置有许多酒楼，使得这里显得格外热闹。如在顺承门内相对而建的庆元楼与丽春楼，在庆元楼北又有朝元楼，三者相距较近，更有利于招徕客人，增加营业额。而在顺承门外，则有庆春楼。见于当时文献记载的大都城酒楼并不多，而此处就有四座，可见这一带的商业是很繁华的。

顺承门一带的人们活动十分频繁，是因为这里紧密联系着中都旧城，当时的许多达官显贵在大都新旧两城皆有住宅。他们在大都新城建成之前居住在旧城，在新城建成之后迁居新城，却又占据旧城的宅第。有些人把旧城宅第改建为花园，供随时前往，休闲娱乐。而许多从江南和中原地区来大都城的人，也主要是通过顺承门进入新城。人们在迎来送往之时，也经常会在酒楼一聚。

在顺承门东面的两座城门一带，也汇集

居庸关云台石雕

了许多商市。在大都南面正门丽正门外，设置有太平楼、德星楼、状元楼三座酒楼。在文明门内，则设置有乐善楼、紫云楼及黄鹤馆，这些设施显然也是人们迎来送往的主要场所。这与顺承门内外有四座酒楼的情况大致相同。由此可见，大都城南及西南一带，是娱乐业场所比较集中的地方。

在丽正门和文明门一带也设置有一些商市，如丽正门和文明门一带设置有两处菜市，而文明门外又设置有猪市、鱼市和木器店。这些商市中出售的商品都是和城市居民的生活息息相关的。此外，在丽正门和文明门两处，还各设有"穷汉市"，作为贫困居民出卖劳动力的场所。

通过对这些商市分布情况的了解，可以看出，元代大都城的商业格局发生了很大变化，以前必须设置在坊里中的商市已经遍布大街小巷，为城市居民的日常生活需要提供了更多便利，而政府对商市的管理也有了放松的趋势。这种状况的出现，始于北宋都城开封，而在元大都城得到了继承和进一步的完善。

通过对大都城商市分布的了解，还可以看出，城市里的商市形成了较为明显的类别差异。在钟鼓楼一带和西南各城门的商市，主要经营的是居民的日常生活用品；而在羊角市一带，主要经营的是各种牲畜。这些牲畜的用途十分广泛，除了一些被宰杀的牲畜以供居民食用，其他牲畜则是用于战争、运输、农田耕作等方面，并发挥着重要作用。

（三）各种服务行业的设置

随着大都城人口的不断增加，城市居民对服务行业的需求也在不断增长，使得服务行业的网点也在逐渐形成和不断发展，遂成为整个大都城商业经济的一个重要组成部分。在今日得见的《析津志辑佚》一书中，有着对大都城服务行业较为详细的描述，由此可见大都城服务行业繁荣发展的一个侧面。

在当时的大都城，人们日常生活中就有着对沐浴的需求，从帝王到普通居民皆是如此。对于沐浴设施而言，帝王与百姓是不一样的。如在至元二十二年（1285年）："秋七月壬申，造温石浴室及更衣殿。"[1] 这座浴室是建造在皇城之中，故而是在七月施工，

[1]《元史》卷十三《世祖纪

这时元世祖正在上都度夏，便于施工。而所谓的"温石浴室"，当即今天的"桑拿浴室"，或被称为"土耳其浴室"。

后人曾对这处皇家浴室加以描述，称其位于琼华岛上的万岁山下，"山左数十步，万柳中有浴室，前有小殿。由殿后左右而入，为室凡九，皆极明透，交为窟穴，至迷所出路。中穴有盘龙，左底印首而吐吞，一丸于上，

元代圣旨碑拓片

注以温泉，九室交涌，香雾从龙口中出，奇巧莫辨。"[1] 由此可见，这座浴室的规模很大，建造得也十分奢华。

而京城中的百姓们，往往是要去公共沐浴场所洗澡。时人称："都中官员士庶之家，聘女将嫁之明日，家人送女儿入堂中澡浴。男家一应都散汤钱，凡应役者赏有差。男家复把避风盏之类，比及出门，轻者十封，及有剃面钱之类。迟明则出嫁。"[2] 这些沐浴场所被称为浴堂或者浴房，有的是设置在寺院之中，有的则是由个人经营。大都城里居民众多，婚嫁之事亦多，由此而带来沐浴服务行业的繁荣发展。

在大都城里，由个人经营的浴堂，与酒肆、茶房等一起构成服务行业，甚至有些还自制有消费凭证，这种做法一度被官府禁止。据政府颁布的公文称："延祐元年九月，中书省：近为街下构栏、酒肆、茶房、浴堂之家，往往自置造竹木牌子，及写帖子，折当宝钞贴爪使用，侵衬钞法。其酒牌止于本店支酒，不许街市流转，其余竹木牌子纸帖并行禁断。"[3] 虽然政府有明文禁止，但是民间的交往和使用却不会因此而中断。

在大都城里，医疗卫生服务体系也是比较健全的。由于人口的迅速增加，以及大量人口集中在城区空间内，医疗体系也很快建立起来。首先，是直接为皇室贵族们服务的皇家医疗机构的设置，称为太医院，"太医院，秩正二品，掌医事，制奉御药物，领各属医职"。

[1]明人萧洵：《故宫遗录》。
[2]元人熊梦祥：《析津志辑佚》"风俗门"。
[3]《通制条格》卷十四《酒牌侵钞》。

由从全国各地征调来的著名医生出任太医。只要帝王及亲眷有病不适，即征召太医们前来就诊。同时，又设置有负责管理药品的御药院，"秩从五品，掌受各路乡贡、诸蕃进献珍贵药品，修造汤煎"，[1] 收集各种名贵药材，供皇室贵族们服用。这些在太医院任职的官员，因为受到帝王的宠信，故而待遇级别相当高。

此外，从中书省到各行省及下辖的路、府、州、县，也都分别设置有医官，负责各级政府官员的疾病治疗。这些医官，也是从全国各地征调来，并加以考试之后才任命的。当时许多各地著名医生皆在皇家和政府中任职。为了管理这些医生，元朝政府还专门设置有"医户"这一户籍，使他们得以子承父业，世代行医。

在大都城里，有一批专门为广大市民提供医疗服务的医生，这些医生的职业分工十分明确："市中医小儿者，门首以木刻板作小儿，儿在锦绷中若方相模样为标榜。又有稳婆收生之家，门首以大红纸糊篾筐大鞋一双为记，专治妇人胎前产后以应病证，并有通血之药。"[2] 在这些医生中，以儿科和妇产科的医生最受欢迎。

在大都城里，除了人口众多，牲畜的数量也在猛增，大多数蒙古贵族在草原上就饲养有许多马、驼、牛、羊等牲畜，他们在随从蒙古帝王岁时巡幸两都之时，也把这些牲畜带在身边，夏天带到上都周边的草地上去放牧，冬天则带回大都地区过冬。这些牲畜平时生病也是需要兽医加以治疗的。"医兽之家，门首地位上以大木刻作壶瓶状，长可一丈，以代赭石红之。通作十二柱，上搭芦以御群马。灌药之所，门之前画大马为记。"[3] 由此可见，在大都城里，兽医们的治疗活动是很受时人重视的。

大都城的饮食服务行业也很兴盛。著名的酒楼，如上文所述，在大都城有庆元楼、丽春楼、德星楼、紫云楼，等等。而在旧南城一带，则有披云楼、长生楼、倚风楼、明义楼、大安楼、遇仙楼、寿安楼等。元代后期，大诗人乃贤曾经到旧南城寻访古

元代石雕龙凤图案栏板

[1]《元史》卷八十八《百官志》。
[2][3] 元人熊梦祥:《析津志辑佚》"风俗门"。

迹，写有《南城咏古》一诗，曰："梦断朝元阁，来寻卖酒楼。野花迷辇路，落叶满宫沟。风雨青城暮，河山紫塞愁。老人头雪白，扶杖话幽州。"[1] 诗前注文称"殿基今为酒家寿安楼"。即昔日的金朝宫殿寿安殿，已经荒废，变成酒楼。除了上述那些著名的酒楼，还有许多酒肆、茶楼等休闲、娱乐场所遍布在大都新旧两城。

有的餐饮娱乐场所，为了吸引更多顾客，频出奇招。如元初大臣耶律铸曾经记载一事："国东门外，酒家泥为假山，穷奇极怪，以尽其变。都人士女蜂喧蚁扰，不得其门而入者数月。有好事者，恶其幻惑而圮之，因述其事以赋。"他作的赋描述假山称："抱无状之诡质，诚可惋而可讶；敢惑海内之耳目，窃阿誉于华夏。匪痴儿骏女而相尚浮夸，无以纷纶，倾动京华。致彼郊园，涉春历夏，歌吹喧啾，京台飞榭，酒垆为之屡空，人相为之枕藉。粲华灯以继昼，拟洞天之不夜。"[2] 奇形怪状的假山，起到了招徕顾客的效果，使酒店人满为患。

又有些酒店的经营者略通文墨，喜与前来就餐的文人相结交。如当时的诗人陈宜甫与朋友在大都的酒店聚餐之后，酒店老板请他为酒店拟写对联一副："万斛香浮金掌露；四时人醉洞庭春。"事后，陈宜甫又赋诗一首曰："偶从酒肆乐天真，又见羲皇化俗淳。万斛香浮金掌露，四时人醉洞庭春。休官最喜陶元亮，荷锸当随刘伯伦。晋代风流无复见，更谁传此醉乡神。"[3] 一时传为佳话。

㊁ 频繁的商业活动

新建大都城的城市经济迅速繁荣发展，是与这里的频繁商业活动密切相关的。由于有大量皇家贵族、政府官僚及其家眷，以及众多侍卫军士的聚集，使得整个大都城的消费水平有了巨大提升，由此而使这座都城变为全国消费水平最高的城市，上至昂贵的珍珠宝贝，下至日常的生活用品，与其他城市相比，不仅种类更加齐全，质量更加优异，而且价格也高得惊人。这种现象，在中国历代古都中是普遍存在的。

为了保证都城里不同阶层消费需求的供给，对商品的运输活动也就变得极为活跃，来自全国各地，乃至周边各国的各种商品，水陆并进，官输商运，络绎不绝，使大都城的贸易活动达到了前所未

[1] 元人乃贤：《金台集》卷二。
[2] 元人耶律铸：《双溪醉隐集》卷一《毁假山赋》。
[3] 元人陈宜甫：《秋岩诗集》卷下。

有的高峰。消费与运输双方互动，使得城市经济的发展规模越来越大，人们在这种商业活动中的获利越来越多，最终使得大都城发展成为一座超繁盛的国际商业大都会。在当时描述这种盛况的诸多文字中，尤以来自欧洲的商人马可·波罗的游记最为翔实。

（一）各种市场中的贸易活动

在大都城里的各种商市中，贸易活动十分频繁。当时有人作赋以述大都商市之盛况，曰："论其市廛，则通衢交错，列巷纷纭，大可以并百蹄，小可以方八轮。街东之望街西，髣而见，髴而闻；城南之走城北，出而晨，归而昏。华区锦市，聚四海之珍异；歌棚舞榭，选九州之秾芬。招提拟乎宸居，廛肆至于宫门。酤户何晔晔哉，扁斗大之金字；富民何振振哉，服龙盘之绣文。奴隶杂处而无辨，王侯并驱而不分。屠千首以终朝，酿万石而一旬。"[1]在这里，作者描绘了大都城里各种商市贸易的繁华盛况。

马可·波罗雕塑——坐落于元大都城垣遗址公园大都鼎盛组雕之东侧　宏描　摄影

时人又对商市中的商品加以描述："百廛悬旌，万货别区，匪但迩至，亦自远输。氍毹貂狖之温，珠瑁香犀之奇，锦纨罗毼之美，椒桂砂芷之储，瑰绣耀于优坊，金璧饰于酒垆。"[2]在这里列举的大量商品，大多数都是从远方运输而来的。"氍毹貂狖"来自北方，"珠瑁香犀"来自南

[1] 元人周南瑞编：《天下同文集》卷十六载黄文仲《大都赋》
[2]《日下旧闻考》卷六《形胜》载元人李洧孙《大都赋》。

方，其他各种商品皆非大都地区所产，而是运送到这里以供广大官民消费的稀有珍品。

但是，在大都城的商市中，流通量最大的商品还得首推粮食。因为这是人们日常生活的必需品，一旦缺少，就会造成饥荒，甚至出现人吃人的惨状。为此，元朝政府开通漕运与海运，从江南产粮区运输大量粮食到大都城来，以供蒙古贵族、官僚、军士和工匠食用。而广大城市居民，却要依靠粮商们从全国各地运来的粮食出售。故而，在大都城里的中心位置（钟楼和鼓楼之间）就设置有米市和面市，向广大居民出售粮食。

由于大都城里的居民人数众多，使得粮商的活动对粮食价格产生了直接影响。当时大臣崔彧在向元世祖忽必烈上奏时即提及此事。"（至元）三十年，彧言：'大都民食唯仰客籴，顷缘官括商船载递诸物，致贩鬻者少，米价翔踊。臣等议：勿令有司括船为便。'从之。"[1]这个奏议是十分必要的，缓解了政府官员们对粮商活动的干扰。

对于这种事情，在此之前，元世祖忽必烈就曾经采取过一些措施。如至元十九年（1282 年）十一月，"以势家为商贾者阻遏官民船，立沿河巡禁军，犯者没其家。"[2]这里所指"势家"，是指连官府都惹不起的豪门权贵，他们为了经商牟利，常常霸占别人的船只。这里所指官船，应该是指政府运输粮食的漕船；而民船，则是指商人们运送货物的商船。

粮食价格的稳定，是大都城社会稳定的必要基础，而粮食价格的波动，除了受到粮食运输供应的因素影响，又与饥荒有直接的关系。为此，元朝政府在大都城多次采取应急措施。如"至大元年，增两城米肆为一十五所，每肆日粜米一百石。四年，增所粜米价为中统钞二十五贯。自是每年所粜，率五十余万石。泰定二年，减米价为二十贯。致和元年，又减为一十五贯云。"[3]减价出售大米，是为了保证大都城贫困居民能够有最低限度的粮食供给。

因为大都城的人口众多，粮食就成为一种特殊的商品，要由政府加以控制。如"中书省至元二十二年二月十九日奏过事内一款：节该自今岁秋成为始，乘其时直价钱，将有粮最多之家，官用钱本，两平收籴。谓如收租一万石之上者，三分中，官籴一分。三万石之上者，官籴一半。五万石之上者，三分中，官籴二分。官仓收贮，次年比及新陈相接之粮价贵，官为开仓减价粜卖。钦此"。[4]正是

《元史》卷一百七十三《崔彧传》。
《元史》卷十二《世祖纪》。
《元史》卷九十六《食货志》。
《元典章》二十六《户部》十二。

因为有了政府的直接控制，使得大都城及周边地区的粮食价格能够保持一个比较稳定的价位。

此外，元朝政府在大都城实行一种特殊的粮食买卖政策。史称："大驾时巡，留镇大都。旧法：细民籴于官仓，出印券，月给之者，其直三百文，谓之红帖米；赋筹而给之，尽三月止者，其直五百文，谓之散筹米。贪民买其筹帖以为利。铁木儿塔识请别发米二十万石，遣官坐市肆，使人持五十文即得米一升，奸弊遂绝。"[1] 由此可见，粮食这种商品是特别受到政府关注的。

在大都城里，商业消费的差距是很大的，时人称："里谚曰：'高楼一席酒，贫家半月粮。'以今较之，一席所费有至千贯者，匹夫匹妇日米二升，又奚啻终身一世之粮价矣。为政者舍此而不恤不虑，日以聚敛为务。'百姓不足，君孰与足？'何不思之甚也。"[2] 这种

[1]《元史》卷一百四十《木儿塔识传》。
[2]《吏学指南·论积贮》。

通惠河与北运河交汇处　卓然　摄影

观点，一方面体现了儒家的经济观念；另一方面，则反映了这时政府横征暴敛、不恤民生疾苦的现实。

在大都城的商市中，各种商品琳琅满目，无奇不有。如元代初年著名文士刘因即在大都城的商市中见到有南宋宫扇两面，上面有宋理宗的题词，故而赋诗。诗前有小序称："杭州宫扇二，好事者得之燕市，一画雪夜泛舟，一画二色菊，理宗题其背，有'兴尽为期'及'晚节寒香'之句，诸公赋诗，予亦同作。"诗曰："天津月明啼杜鹃，梁园春色凝寒烟。伤心莫说靖康前，吴山又到繁华年。繁华几时春已换，千秋万古合欢扇。铜雀香销见墨痕，秋去秋来几恩怨。一声白雁更西风，冠盖散为烟雾空。百钱袜锦天留在，祸胎要鉴骊山宫。当时梦里金银阙，百子楼前无六月。琼枝秀发后庭春，珠帘晴卷天门雪。棹歌一曲白云秋，不觉金人泪暗流。乾坤几度青城月，扇影无情也解愁。五云回首燕山北，燕山雪花大如席。雪花漫漫冰峨峨，大风起兮奈尔何。"[1]两把小小的宫扇，应该是随着南宋灭亡而流落到大都城，变为珍贵的商品，其中却包含着极为丰富的历史文化内涵。

（二）各种商品的运输活动

在大都城繁荣的商业贸易活动中，商品的运输活动占有十分重要的地位。而大都城四通八达的交通环境，为商品的运输提供了极为便利的条件。其中，京杭大运河的开通，又占有显著的地位。全国各地的商品，特别是从江南和中原地区运输来的各种商品，有许多都是经过大运河运送来的。

当时大运河里负责运输的有两种船只，一种是官船，为政府运送各种物资；另一种是商船，系商人运送各种商品往来销售以营利。例如粮食，是当时最重要的物品之一。官船运输的粮食，供皇室及政府官员等食用；而商船运输的粮食，则是在大都城的粮店里面销售，供百姓食用。一旦运输过程出现阻滞问题，就会带来粮价暴涨的严重后果。

如元世祖至元年间就出现过官船户欺压商船户的情况。当时人称："至元二十九年正月十一日，御史台奏：大都里每年百姓食用的粮食，多一半是客人从迤南御河里搬将这里来卖有。来的多呵贱，

来的少呵贵有。如今街下有来的米，比已前贵有。这米贵了的缘故，官船搬运官粮诸物呵，船户每倚着官司气力，坏了官船也么道，却夺要了客人每的船只，与了钞放了，不与钞呵，教百姓每船运官物。更有气力的人每行呵，客人每根底阻当。为那般呵，客人每来的少的上头，米贵了有。俺商量得：今后官船损坏了呵，教所在官司修补者，客人每的船只休拿者，么道，中书省里说了。多出文榜，更省里、台里常川差人，这般教百姓生受的根底巡绰呵，便当有。么道。奏呵，那般者。么道圣旨了也。钦此。"[1]

由于经管官船的船户欺压商人，侵占商船，导致运往大都城里的粮食供应不足，粮价暴涨，由此引起政府的关注，并加以干涉。希望通过管理程序的作用，减少官船户对商船的欺压，以保证大都商市粮食的正常供应。但是，这种违法现象是无法从根本上加以杜绝的，只能是时好时坏。

大运河承担着巨大的商品运输工作，也就带来了大运河沿线城市和乡镇的繁荣发展。例如，在京东通州的乡镇——河西务，就成为京杭大运河上的一处货物集散地。时人途经此处，赋诗曰："驿路通畿甸，敖仓俯漕河。骑瞻西日去，帆听北风过。燕蓟舟车会，江淮贡赋多。近闻愁米价，素食定如何。"[2] 元朝政府为了保证漕运的顺畅，专门在这里建有粮仓，储存粮食。

元朝实行两都制，帝王及百官每年夏天都要去上都，也就使得大都到上都的运输活动成为一项政府直接干预的工作。元成宗时，政府官员称："大德七年三月，中书省宣徽院呈：起运上都米面等事，送户部与礼部一同议得，凡雇车运物，不分粗细，例验觔重里路，官给脚价。以此参详，今后起运上都米面等物，合从宣徽院选委有职役廉干人员长押。先将合起物色，一一亲临秤盘装发，打角完备，如法封记。斟酌合用车辆，令大都路巡院正官召募有抵业信实车户，明立脚契，编立牌甲，递相保管，然后许令揽运。各于契上开写所载箱包布袋，各各觔重，眼同交盘，责付车户收管，及令重护封头，长押官通行管押。"[3]

这种从大都到上都的运输活动，是由政府委派民众（即文中的"车户"），给予一笔费用，负责运输的全过程。表面上看，称为"和雇""和买"，政府向民众购买运输服务，实际上却是"强雇""强买"行为。第一，这种运输活动带有对民众的强制性，你愿不愿意干都

[1]《通制条格》卷二十七《令·拘滞车船》。
[2]《元诗选二集·戊集》傅若金诗《河西务》。
[3]《通制条格》卷十八《雇和买》。

《元史》卷二十二《武宗纪》。得干。第二，给你多少钱是政府说了算，至于给多少，什么时候给，甚至给不给，也是政府说了算。最后不给钱，民众也没办法。从大都到上都的这种运输活动是很普遍的，从大都到全国各地的这种运输活动也很普遍。

以大都为中心，还有一种所谓的"商业活动"值得关注。史称："（至大元年闰十一月）乙巳，中书省臣言：'回回商人持玺书，佩虎符，乘驿马，名求珍异，既而以一豹上献，复邀回赐，似此甚众；臣等议，虎符国之信器，驿马使臣所需，今以畀诸商人，诚非所宜，乞一概追之。'制可。"[1] 这些"商人"是活跃在欧亚大陆之间的西域商人，经营的主要是珠宝生意。

在元代，有许多西域商人往来于欧亚大陆之间，从事商业贸易活动。当时著名的大旅行家马可·波罗就是典型的欧洲商人，他曾经描述所见说："凡是世界各地最稀奇、最有价值的东西，也都会集中在这个城里（指大都城），尤其是印度的商品，如宝石、珍珠、药材和香料。契丹各省和帝国其他地方，凡有值钱的东西也都运到这里，以满足来京都经商而住在附近的商人的需要。这里出售的商品数量比其他任何地方都要多，因为仅马车和驴马运载生丝到这里的，每天就不下千次。我们使用的金丝织物和其他各种丝织物也在

《马可·波罗游记》插图 FOTOE 供图

这里大量的生产。"[1]

　　对于这种远途的商品运输活动，风险是很大的，但利润也是很大的，特别是由政府参与的贸易活动更是如此。时人称："每年总有好几次，庞大的骆驼商队载运各种物品和金丝织物，来到大汗都城。于是大汗召集十二个有经验和精明的人，令他们小心选择货物并确定购买的价格。大汗就在这个公平的价格上再加上一个合理的利润额，并用这种纸币来付账。"[2]（文中文字略加修改）这条由庞大骆驼商队所走的繁荣运输线路，今天被称为"丝绸之路"。

（三）政府对商业活动的管理

　　大都城作为全国的商业贸易中心，同时也是政府的商业管理中心，元朝政府在这里设置有中央及地方两级商业管理机构。在相关

[1]《马可·波罗游记》第二卷《汗八里城及其人口与商业》。
[2]《马可·波罗游记》第二卷《大汉发行的一种纸币通行于全国上下》。

元大都城垣遗址公园　刘海　摄影

[2]《元史》卷八十五《百官志》。

的文献资料中，对中央的管理机构略加描述，而对地方相关机构的描述几乎没有，因此对我们了解这方面的情况带来较大的困难。

据《元史》及相关文献记载，元朝政府在大都城设置有大都宣课提举司，以掌管大都城的商业活动，并征收商税。史称"大都宣课提举司，掌诸色课程，并领京城各市"，并称"世祖至元十九年，并大都旧城两税务为大都城税课提举司。至武宗至大元年，改宣课提举司"[1]。这处官僚机构隶属于中书省户部。

在大都宣课提举司下面，又设置有四处衙门，即：马市、猪羊市；牛驴市、果木市；鱼蟹市；煤木所。[2] 前两处明显是分为两市的，可能是两市只设一套官吏管理，故称为四处。而据《元典章》的相关记载，略有不同："大都在城宣课提举司：猪羊市从七，马市从七，牛驴市从八，果木市从八，会城煤木所从八，武清县从八……"这里所列举的六处税务机构，系属于"大都等处腹里税务七十三处"中的六处。显然，大都宣课提举司与大都在城宣课提举司是不同的。或者说，这些机构的设置是在不断发生变化的。

首先，从时间关系来看，《元典章》的记载时间较早，而《元史》的记载时间较晚，依据是后者又增设有鱼蟹市。由此可见，大都城的消费群体是在发生变化的。在早期的大都城里，主体消费者大多为北方人，故而对鱼蟹等水产品的需求并不大，而随着越来越多的南方人成为大都城的居民，水产品的需求也就越来越大，鱼蟹市也就成为销售和税收的重点之一。

其次，设官的职务也有变化。据《元典章》记载，大都城在城宣课提举司设官有六处，而《元史》记载的只有四处，其中，去掉一处武清县的衙署，合并马市和猪羊市为一处，又合并牛驴市和果木市为一处，再增设鱼蟹市一处，也就变成四处了，变化不大。

再次，值得注意的是大都宣课提举司和大都税课提举司的关系。从《元史·百官志》的记载来看，是前后的关系。至元十九年（1282年）设置的大都税课提举司，到至大元年（1308年）改为宣课提举司。这里有一点说明很重要，即大都税课提举司是由"旧城两税务"改置的，而大都宣课提举司所管辖的机构却是大都新城的衙署。这就不仅是时间前后有差异，在空间上也是有差异的。

幸好有元人所写《析津志》一书的辑佚本给我们留下了一条宝贵的信息。在该书的《额办钱粮》一章中明确记载："大都

税课提举司课程（钞一万五百二十五锭五钱）。大都宣课提举司课程（十万七千七百十二锭五两四钱）。大都酒课提举司课程（九万六千三百八十锭）。钱帛（中统二万六千五百二十一锭十九两九钱。丝四万二千五百二十六斤）。粮无。大都路盐课（六千八百九十二锭十七两八钱一分八厘七圭九丝八忽二微）。"[1] 在这里明确把两个机构并列，并且把两个机构的商税数额也分别列出。依据这个信息可知，这是两个在空间上有区分的衙署，大都税课提举司征收的应该是大都旧城的商税，而大都宣课提举司征收的则是大都新城的商税。

综合以上的相关历史记载可知，大都地区的商业管理机构为隶属于户部的大都宣课提举司。而在大都宣课提举司下面，则分为大都在城宣课提举司和大都税课提举司，分别征收大都新旧两城的商税。在大都宣课提举司设置之后，大都税课提举司并没有取消，而是一直存在的并行机构。

在大都城的商业贸易中，酒和盐的收入是十分可观的。因此，酒税和盐税的征收也就成为很大一部分政府收入，受到政府重视。为了征收酒税，政府在这里专门设立了大都酒课提举司。对于酒税的征收方法，从大蒙古国时期到元朝末年发生过几次变化，主要采取的办法是，通过控制生产厂家和生产量，来确定税收额。从相关统计数额来看，大都的酒税是仅次于商税的政府收入。

据《析津志》的记载，酒税有两笔，一笔是大都酒课提举司的酒税征收额，为"九万六千三百八十锭"；另一笔没有指明征收单位，其征收额为"酒课三千七百八十七锭一十一两二钱九分"。这笔酒税的征收对象肯定是大都地区的酒商或者百姓，征收单位肯定是地方政府，但是究竟是哪个具体的部门现在已经不得而知了。

元朝政府对盐税的征收部门没有专门的衙署，仅在户部之下设置有印造盐茶等引局，"大使一员，副使一员。至元二十四年置。掌印造腹里、行省盐、茶、矾、铁等引。仍置攒典、库子各一人"。[2] 而在征收盐税的方法上，也曾采取不同的制度，最主要的则是专卖制度。由政府印制专门的食盐专卖凭证（时称"盐引"），再由盐商购买盐引后，到指定的盐场支取食盐，运到指定的区域内出售。这种制度是中国古代许多朝代通行的一种制度。

在元代的大都，还有一种变通的办法，称为"盐折草"或者"盐

[1]《析津志辑佚》引《顺天府志》。
[2]《元史》卷八十五《百官志》。

元代任伯温绘《职贡图》（局部）　　FOTOE 供图

折粟"。元朝帝王实行"两京巡幸"制度，每年春天从大都去往上都（今内蒙古正蓝旗境内），秋天再从上都返回大都。在往返的过程中，有大量牛、马、驼、羊随着来往。因此，每年冬天有大量牲畜在大都地区放牧，造成牧草极度缺乏。为了解决牧草的供给，元朝政府采用以食盐换牧草的办法，在当时确实可以取得一些效果。而在大都地区发生饥荒之时，则采用以食盐换粮食的办法，以解决饥荒。这时的食盐，临时变成了政府的钞票，以换取粮食和牧草。但不论是"盐折草"还是"盐折粟"，都是通过政府控制商品交易的行为来完成的。

在大都城里，除了政府官员负责管理商业活动，在商人和消费者之间，又往往活跃着一批中介人，时称"牙侩"，他们负责把买者和卖者牵合在一起，通过商谈价钱、办理买卖手续而牟利。许多从外地到大都城来的商人，对这里的商市行情不太了解，对办理买卖手续也很生疏，就有牙侩为其提供服务。他们通过对卖者压低物价、对买者抬高物价的办法，获得中间差价。因此，这些活跃在大都商市的牙侩，其中大多是坑蒙拐骗之辈。

在《析津志》一书中，却记载了一位特立独行的牙侩董排云，称他："为羊市牙侩。颇游侠好义，士人多折节与之交。仁宗建储，士论未平，董排云上仁宗书，大忤上意，收付刑官，已而不加罪。至正间，危公为御史，疏白其心。上命作传，颁付史馆。"《析津志》把他编入"名宦门"中，可见对他的推崇。

⊜ 特色商品

在大都城繁荣的贸易活动中，除为主要方面的和人们衣食住行相关的日常商品的交易之外，又有两类十分特殊的商品交易值得关注。

一类是奢侈品。在大都城里聚集着众多皇亲国戚，以及达官贵人，在他们的消费圈里，奢侈品的消费占有特别重要的地位。这一特点，是其他城市很少见的。即便有所见，也是根本无法和大都城相比的。

另一类则是大都地区的土特产品。中国地大物博，在不同区域内皆有各自不同的土特产品，大都城虽然成为全国的统治中心，但是本地的土特产品却没有发生太大的变化，仍然保留着已有的特色，这些土特产品，生于斯，产于斯，因此在大都城的众多商品中占有一席之地。

（一）奢侈品

在中国古代，帝王们的生活中是离不开奢侈品的，特别是在服饰和居处方面，更是如此。例如，在服装的修饰方面，帝王在上朝等活动中，皆需穿着正式服装，是有固定模式的，称为天子冕服。史称："衮冕，制以漆纱，上覆曰綖，青表朱里。綖之四周，匝以云龙。冠之口围，萦以珍珠。綖之前后，旒各十二，以珍珠为之。綖之左右，系黈纩二，系以玄紞，承以玉瑱，纩色黄，络以珠。冠之周围，珠云龙网结，通翠柳调珠，綖上横天河带一，左右至地。珠钿窠网结，翠柳朱丝组二，属诸笄，为缨络，以翠柳调珠。簪以玉为之，横贯于冠。"[1]在帝王的服饰上，布满珍珠，而这些珍珠皆为高档奢侈品。

又如在陈设方面，元朝帝王在祭祀祖先时，既有太庙，又有神御殿（又称御容殿）。史称在神御

元代金镯，苏州博物馆藏 左冬辰摄影　FOTOE 供图

[1]《元史》卷七十八《舆服志》。

殿中，"其祭器，则黄金瓶罍盘盂之属以十数，黄金涂银香合碗楪之属以百数，银壶釜杯匜之属称是。玉器、水晶、玛瑙之器为数不同，有玻璃瓶、琥珀勺。世祖影堂有真珠帘，又皆有珊瑚树、碧甸子山之属。"[1] 这些陈设在神御殿里的祭器，也都是顶级奢侈品。

作为元朝帝王，他们在生活中需要有非常多的奢侈品，而获取奢侈品的方式主要有以下几项：

其一，是通过掠夺方式获得的。自从大蒙古国建立以来，从元太祖铁木真开始即东征西讨，由此而从周边地区掠获大量珍宝。如元太祖西征，大将曷思麦里随从，"追袭扎剌丁等于阿剌黑城，战于秃马温山，又败之。追至憨颜城西寨，又败之。扎剌丁逃入于海。曷思麦里收其珍宝以还。……会帝亲征河西，曷思麦里持所获珍宝及七宝伞迎见于阿剌思不剌思……"[2] 又如元太祖大将速不台随征西域，回回国主[3] 灭里逃窜，速不台乘胜追击，"比至，灭里逃人海，不月余，病死，尽获其所弃珍宝以献"[4]。类似这种攻灭敌国，掠获奇珍异宝的事情史不绝书。这种对外战争使大蒙古国的帝王获得大量原本属于别国帝王的奢侈品。元世祖时，在攻灭南宋王朝之后，也获得大批珍宝。史称："（至元）十三年春，至临安，宋主降。伯颜命庭等护其内城，收集符印珍宝。仍令庭与唐兀台等防护宋主赴燕。世祖嘉其劳，大宴，命坐于左手诸王之下、百官之上，赐金百锭，金、珠衣各一袭。"[5] 伯颜手下大将李庭在攻灭南宋之后，即曾运送大批"珍宝"北归大都城，并因此获得大量赏赐。

其二，是通过进贡方式获得的。所谓的进贡方式实际上有两种情况：一种情况是通过周边国家或封国的使臣进贡的珍宝，另一种情况是商人打着进贡的名义用珍宝等奢侈品换取更多元朝帝王的赏赐。就第一种情况而言，历史上是较为常见的。在《元史》中也有较多记载，如至元二十一年（1284 年）正月，"相吾答儿遣使进缅国所贡珍珠、珊瑚、异彩及七宝束带"，又有"马八儿国遣使贡珍珠、异宝、缣段"。同年闰五月，"安南国王世子陈日烜遣其中大夫陈谦甫贡玉杯、金瓶、珠绦、金领及白猿、绿鸠、币帛等物"。[6]

就第二种进贡情况而言，实际上是一种变相进贡的交易行为。如皇庆元年（1312 年）二月："西北诸王也先不花遣使贡珠宝、皮、币、马驼，赐钞一万三千六百锭。"[7] 又如泰定四年（1327 年）三月："诸王欒思班、不赛亦等，以文豹、西马、佩刀、珠宝等物来献，

[1]《元史》卷七十五《祭祀志》。

[2]《元史》卷一百二十《曷思麦里传》。

[3] 回回国主，即花剌子模国王。

[4]《元史》卷一百二十一《速不台传》。

[5]《元史》卷一百六十二《李庭传》。

[6] 以上引文均出自《元史》卷十三《世祖纪》。

[7]《元史》卷二十四《仁宗纪》。

元代嵌珠石累丝金帽花,中国国家博物馆藏
尤亚辉摄影　　FOTOE 供图

赐金、钞万计。"[1] 在这种情况下,元朝帝王在获得大量珍宝等奢侈品的同时,是要付出巨额钱钞作为回报的。在大多数情况下,这种回报的价钱要远远多于进贡的物品。

还有一些西域商人打着"进贡"的名义进献珍宝,也是为了牟取赏赐。如元宪宗时:"回鹘献水精盆、珍珠伞等物,可值银三万余锭。帝曰:'方今百姓疲弊,所急者钱尔,朕独有此何为?'却之。赛典赤以为言,帝稍偿其直,且禁其勿复有所献。"[2] 文中的"回鹘",就是指西域商人。"稍偿其直",就是指元宪宗用钱财给他作为回报。

其三,是通过征收获得的。元朝政府在产金、产银、产珠、产玉的地方设立衙署,负责征收金银、珠玉等珍宝,制成奢侈品,以供帝王和贵族们享用。史称:"产金之所,在腹里曰益都、檀、景……产银之所,在腹里曰大都、真定、保定……产珠之所,曰大都,曰南京,曰罗罗,曰水达达,曰广州。"[3] 文中的产金之所中有腹里的檀州,即今密云一带。而大都皆是产银和产珠之地。

在元代,产珠的主要场所不是在大都,而是在广州。为此,元朝政府曾在广州设立采珠提举司,役使当地民众下海采珠,交给政府,以供帝王的奢侈品消费。由于下海采珠十分艰辛,故而提举司时立时废,但是,政府却因此征收到许多珍宝。如延祐四年(1317年)元仁宗曾把已经废置的采金、银、珠子都提举司重新恢复。元英宗即位后,下令:"广东采珠提举司罢,以有司领其事。"[4] 虽然把掌管其事的衙署罢废了,却又让地方官员主持征收珠宝之事。

其四,是通过购买获得的。元朝帝王和贵族们的奢侈品来源虽然很多,但是仍然无法满足他们的需求,有时,也会采取购买的方法。这种方法在当时是较为普遍的,而在史书中却很少记载。如在泰定四年(1327年)正月,泰定帝即曾下令:"命市珠宝首饰。"[5] 这种市买显然不是正常的商业贸易行为,而是带有"和买"的特点。

由于元朝帝王和后妃们日常使用的奢侈品数量极多,因此,政府专门设置一些管理这些奢侈品的机构,如在章佩监下属的异珍库。

[1][5]《元史》卷三十《泰定帝纪》。
[2]《元史》卷三《宪宗纪》。
[3]《元史》卷九十四《食货志》。
[4]《元史》卷二十七《英宗纪》。

史称"异珍库,秩从五品。掌御用珍宝、后妃公主首饰宝贝。提点三员,大使三员,副使二员,品秩同上。至元二十八年置。"[1] 这座异珍库应该就在大都城的皇城里面。

又如,至元年间来到大都城的马可·波罗,在他的游记中对此也有描述:"皇宫大殿的后面还有一些宏大的建筑物,里面收藏的是皇帝的私产和他的金银珠宝。这里同样也是他的正宫皇后和妃子的宫室。"[2] 这些"宏大的建筑物"就是帝王收贮奢侈品的库房,也是由官员直接管理的。

许多帝王得到的珍宝,其中很大一部分,皆需经过进一步加工,才能够使用。为此,元朝政府专门设置将作院来负责这项工作。史称:"将作院,秩正二品。掌成造金玉珠翠犀象宝贝冠佩器皿,织造刺绣缎匹纱罗,异样百色造作。至元三十年始置。"[3] 在其下,又设置有:诸路金玉人匠总管府、玉局提举司、金银器盒提举司、玛瑙提举司等衙署,负责各项具体的珍宝制作工艺。

那些在宫殿里的陈设物品,制作极为精美,大多数都是这些机构中的能工巧匠制作的。如受到时人瞩目的有大明殿灯漏,史书即有较为详细的记载:"灯漏之制,高丈有七尺,架以金为之。其曲梁之上,中设云珠,左日右月。云珠之下,复悬一珠。梁之两端,饰以龙首,张吻转目,可以审平水之缓急。中梁之上,有戏珠龙二,随珠俯仰,又可察准水之均调。"[4] 这座灯漏,又被称为"七宝灯漏",既是一件准确的计时工具,也是一件装饰有大量珠宝的精美工艺品。

元朝帝王和贵族们不仅在自己的日常生活中要消费大量的奢侈品,而且还要在许多日常活动中耗费大量奢侈品。例如,元朝帝王崇奉藏传佛教,曾封藏传佛教高僧为帝师,并形成帝师制度。为了表示对帝师的尊重,帝王发给帝师的诏书即用珍珠制成。泰定帝时"以珠字诏赐帝师所居撒思加部"[5]。元文宗时"遣使往帝师所居撒思吉牙之地,以珠织制书宣谕其属,仍给钞四千锭、币帛各五千匹,分赐之"[6]。这些珍珠诏书的制作,耗费了大量价值连城的珠宝。

（二）土特产品

北京地区自古以来物产丰富,被汉代史学家司马迁称为"勃、碣之间一都会也"。一直到元代,这里的物产仍然十分丰富。对此,

[1]《元史》卷九十《百官志》。

[2]《马可·波罗游记》卷二《汗八里附近宏伟华丽的宫殿》。

[3]《元史》卷八十八《百官志》。

[4]《元史》卷四十八《天文志》。

[5]《元史》卷二十九《泰定帝纪》。

[6]《元史》卷三十六《文宗纪》。

却很少有人加以关注并予以描述。直到元代中后期，有南方学者熊梦祥长期居住在这里，并专门撰写著作，才对此地的物产有了较为详细的描述。他称："夫涧芹、沼沚、溪毛，可荐于祖庙，可羞于王公。凡耕田、灌园、沃蔬，大夫士又何尝废哉！山毂、野藄、苜蓿之类，食之寄诸珍味，从可知无择焉。然种莳则又各随其地土之宜，风气之不同乎？幽燕朔漠，冰雪风霜，固其宜也。而其所种咸异，或采于山涧，或种于田园，初无定止，亦各有时令主之。"[1] 由此可见，熊梦祥对大都地区的物产是极为看重的，故而加以记载。

熊梦祥所著《析津志》（又称《析津志典》）一书今已散佚，原书门类今已不知如何划分。当代学者将其散见于各种古籍中的佚文加以搜集，编成《析津志辑佚》一书，故而今日所见该书之门类并非熊梦祥的原貌。幸而在辑佚中设有"物产"一门，使我们对大都地区的土特产品能够有较多了解。

据熊梦祥的记载，他把大都地区的土特产品分为大致三类，即：一是矿产类，二是植物类，三是动物类。这三类物产，基本上囊括了大都地区的土特产品。此外，他在著作中又列出一类，称为"异土产贡"，则已经超出了大都地区的物产范围了。

对于矿产类物产，熊梦祥称："金、银、铜、铁、锡、画眉石，同出斋堂。其石烧锅、铫、盘，虽百年亦不损坏，得名。"[2] 在《元史》之中，元朝政府在大都地区开设有金、银、铁矿，并设有相关管理机构以征收课税。但没有提到"画眉石"，而画眉石确实是大都地区的特产之一。古代妇女多用画眉石美容，是很普遍的现象。

熊梦祥在大都的"物产门"中少记载了一项重要的矿物，即煤。但是，他在"风俗门"中却对煤有所记载，称："城中内外经纪之人，每至九月间买牛装车，往西山窑头载取煤炭，往来于北新安及城下货卖，咸以驴马负荆筐入市，盖趁其时。冬月，则冰坚水涸，车牛直抵窑前；及春则冰解，浑河水泛则难行矣。往年官设抽税，日发煤数百，往来如织。二、三月后，以牛载草货卖。北山又有煤，不佳。都中人不取，故价廉。"（文中文字略加修改）据此可知，大都西山的产煤量是相当可观的，大都城中的需求量也是很大的。

在大都地区的植物类物产中，又可大致分为蔬菜及花草果木两个类别。熊梦祥对这里的物产观察十分细致，他把蔬菜分为人工种植和野外自然生长的两类。就人工种植的蔬菜而言，熊梦祥列出了

[1][2] 元人熊梦祥：《析津志辑佚》"物产门"。

大约三十个品种。如菜类，则有白菜、菠菜、甜菜等；瓜类，则有王瓜、青瓜、梢瓜、冬瓜等；茄类，则有紫茄、白茄、青茄等；萝卜类，则有红萝卜、白萝卜等。其他如葱、笋、韭、蒜等，一直到今天，这些仍是人们日常食用的蔬菜。

就野生蔬菜而言，熊梦祥的记载也较为详细："壮菜即升麻。味最苦最香，甜为上。蕨菜甘则味愈佳。解葱如玉簪叶，味香。一如葱，食之解诸毒。山韭与园韭同。山薤与家种同。黄连芽以水煮过。木兰芽汤渫过。"其他又有："刺榆仁、七击菜、段木芽、赤子儿、重奴儿、芄科、豆芽、带三、络英、唐菰英、山石榆、黄必苗七月有。养术苗、鹭雀儿黄花，生英作角儿。人杏如杏，叶长而大。山蔓青、春不老即长十八也。"对于这些野生蔬菜，城里人已经十分陌生了，但还是山野中的人们日常食用的蔬菜。

在这里，熊梦祥还记载了另外一类特殊的植物，即土生土长的药材："葳蕤、榆仁、半夏、柴胡、升麻、荆芥、薄荷、当归、苍术、黄芩、地黄、细辛、五味子、山川乌、乌头、茯苓、茯神、防风、锁阳、大黄……"这些药材，是医生治病最常用到的。其中，当归、地黄、茯苓、锁阳等药材，还可用于日常养生保健。

此外，熊梦祥还记载有一些不属于土特产品的粮食类植物，分为三大类，即谷类、黍类和豆类，合计也有三十多种。特别值得注意的是，他在介绍谷类物产时使用了当时特有的词汇，并指出其特点。如高苗青、诈张柳、撑破仓、鹅儿黄、红镯脑等谷物有"平川田宜布之，猛风烈日无妨"的特点；而八棱、皮包、贾四、狗见愁、饿杀狗等谷物则宜在山上种植。

在当时的大都地区，花果的生长也十分繁茂，种类很多。如桃类，即有"桃：乡桃。拳桃、冬桃、山桃、麦熟桃、鹦哥觜桃"等。又如杏类，则有"杏：拳杏。桃杏、小杏、山杏"等。这些果树不仅结下累累硕果，而且每当春季花开之时，桃红杏粉，花海一片，颇为壮观。其他的花卉品种也有很多，如牡丹、芍药、梅花、海棠、紫荆、石竹、金盏、蔷薇、月季等，皆为一时之名品。

在大都所产果品中，除了桃、杏，又有梨、瓜、栗、枣等。尤其是栗子和枣，更是遐迩闻名。当时种栗树多为栗园，熊梦祥称，"栗：西山栗园、斋堂栗园、寺院栗园、道家栗园、庆寿寺栗园。祖师以华严经为字号种之。当身迷望，岁收数十斛，为常住供。紫荆关下有栗园，尤富。岁收栗数千斛。今为官军占据之。"栗和枣在当时皆能制成干果，一旦乡里发生饥荒，这些干果就成为救命的干粮。

在熊梦祥笔下的动物，大致分为禽、兽两类，其描述的对象却已经不是局限在大都地区的范围了。对于兽类，他分为"兽之品"和"鼠狼之品"。在"兽之品"中，他介绍的有狮、象、豹、彪、虎、野骆驼、黄羊、骡、驴、羚羊等。他介绍驴，称"驴：都中有花、黑、白分明者，日可行二三百里，时常有之。"而猛兽大多为元朝帝王豢养，大象则用来驮帝王的轿子，称象轿。

对于兽类，今日见到的熊梦祥辑佚之文称"翎之品"，主要有"白海青：白上有黑点者。青海青、白黄鹰、黄鹰、皂雕、鸦鹘、赤鹘、兔鹘、角鹰、白鹞、崖鹰、鱼鹰、铁鹞、木骨鹞、崧儿、百雄、茸垛儿"。这些飞禽大多数是用于元朝帝王狩猎时的工具。如他对海东青加以详细介绍，称："故其于羽猎之时，独能破驾鹅之长阵，绝雁鹜之孤塞，奔众马之木鱼，流九霄之毛血。云间献奏，臂上功勋，此则海青之功也。论其贵重，常以玉山为之立。欲其爪冷，庶几无病，冬月则以金绣拟香墩与之立，夜则少令其睡。其替毛观其粪条，揣其肥瘠，进食而加减之。二替者则又有其说也。"由此可见，元朝帝王对这种飞禽的重视和喜爱。

熊梦祥还记载有其他多种飞禽：如"雉鸡、锦扎、鹧鸪、赤眼鹳、喜鹊、乌鸦、白颈鸦、班鸠、翠禽、山鹧、山和尚、早种谷、拖白练、乐官头、杜鹃、黑翼、胭脂鸡、青灰弗、黄灰弗、啄木、绊鹧、鹌鹑、山雉、拖红练"等。这些飞禽，在大都地区的山林中时常能够见到，由此亦可见大都地区物产之丰富。

第五章

宏文兴教　窥天勘地

——发达的教育科技

孔庙全景　张肇基　摄影

元朝立国时间并不长，但是在教育和科技的发展方面却有着鲜明的特色和突出的成就。而大都城的建立以及全国统治中心地位的形成，使得这里很快就成为全国的教育和科技中心。中央及地方两级教育机构的设置和完善，为教育事业的发展奠定了坚实的基础，而全国各地大量的学者先后会集到这里，则为繁荣大都的教育事业提供了充足的人力资源。

在这时的大都城，教育方面体现的鲜明特色主要有两点：

其一，是宋儒的程朱理学确定了在思想文化界的统治地位。中国的儒学早在先秦时期就已经确立了"显学"的地位。到了汉代，经过汉武帝"罢黜百家，独尊儒术"的政治举措，儒学社会地位显著提高。到了唐代，儒学著述也从最初的"六经"增加到"十三经"，故而儒学又被称为"经学"。宋代，儒学有了进一步发展，出现质的飞跃，宋儒提出了新的哲学观念"理"和"道"，故而这时的儒学又被后人称为"理学"或者"道学"。这股新儒学不断发展，逐渐在学术界占据了主导地位。而这时的北方（包括北京）地区在辽金少数民族政权统治下，却还很少接触到这种新儒学。金元之际，新儒学北上，得到一部分北方儒学家的尊崇，开始流传，并得以进一步发展。最终，在元朝攻灭南宋后，宋儒理学取得了在全国思想文化界的统治地位。

其二，是少数民族教育和文化传播在大都教育界占有十分显著的位置。元朝政府除了遵行历代教育制度，在大都设置有国子学和大都路学以传授宋儒理学，又设置有归中央主管的蒙古国子学和各地（路、府、州、县）的蒙古字学，以教授蒙古文字及传播游牧文化。此外，又设置有回回国子学，以教授亦思替非文字和传播伊斯兰文化。这时的政府规定官方文字为三种，即汉文、蒙古文和波斯文。

在元代的科技发展方面，最突出的成就即是《授时历》的修订、《元一统志》的编纂，以及通惠河的开凿。《授时历》的修订是以大都城为中心展开的。辽宋金时期，由于割据政权的对立，使得他们在制定历法方面无法取得一致。而元朝统一全国之后，推行一致

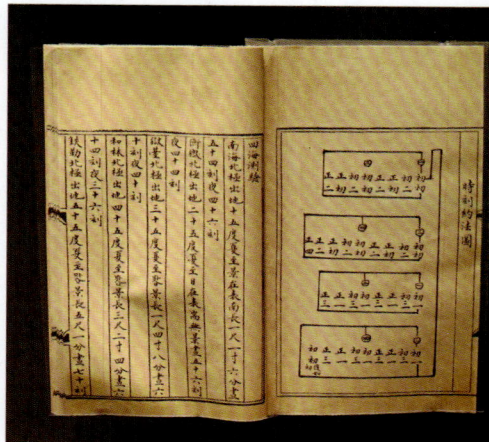

元代《授时历》（复制品） 左冬辰 摄影 FOTOE 供

的历法是非常必要的。经过许衡、郭守敬等科学家的共同努力，修订完成的《授时历》成为当时世界上最精确的历法，并在全国加以推行。

与此同时，也是以大都城为中心，开始编纂《元一统志》。在此之前的辽宋金时期，任何一个割据政权都无法开展这项工作，因为他们没有统治全国的疆域。只有在元朝统一之后，才能够在政府主持下，对全国的疆域开展全面的调查，核实以往的文献记载，最终完成编纂工作。这是中国历史上第一次由中央政府主持编纂全国地理志书，其精确程度超过了以往的各个时期，使中国的地理学达到了一个新的高峰。

通惠河的开凿，是大都城建立之后的一项重大水利工程。在京杭大运河的改造和海运的开通之后，从通州向京城运输物资就成为一个必须解决的难题。为此，需要开凿一条运河以沟通京城与通州，在科学家郭守敬的主持下，对河道的走向、水源的选用、闸坝的设置等做出精确的测量、计算和总体设计。这些工作，也都需要有很深厚的数学知识作为基础。而这条运河的成功开凿，充分显示了元代水利科技的高度发达。这条运河被元世祖忽必烈命名为"通惠河"。

● 完备的教育设施

大都城作为全国的统治中心，教育设施是逐渐完善起来的。早在大蒙古国时期，元太宗窝阔台就在燕京城设置有国子学，作为中央的最高学府。及元世祖忽必烈兴建大都城，又在大都城里重新组建国子学，而燕京旧城的国子学则被改为地方最高学府的大都路学，又称"大兴府学"。在此前后，大都路下辖的其他州县，也陆续设置有州学和县学。这些学校，主要传授的是宋儒理学。

除此之外，在大都地区，还有一些极具特色的教育机构。其一，是教授少数民族文字与文化的学校，如蒙古国子学、回回国子学等，以教授蒙古文字和波斯文及相关文化。其二，是不同行业设置的学校，如军卫系统设置的学校、驿传系统设置的学校等。其三，是不同专业设置的学校，如医学专门设置有学校；天文历法学也专门设置有学校，等等。

孔庙大成殿　张旭 摄影

（一）中央教育设施的完善

　　在中国古代，人们对于教育十分重视，很早就有了各种教育机构。从中央到地方，从政府到民间，教育机构遍及天下。元朝是由蒙古统治者建立的政权，最初对于教育机构是比较陌生的，及进入中原地区之后，开始接受这种传统的教育方式，并设置了相关的教育机构，聘请相关的人员从事教育工作。这个过程，大约经历了半个世纪的时间。

　　元世祖的即位，应该是一个转折点。建立和完善相关的中央行政机构，建造新的都城，皆为中央教育设施的建立和完善提供了基本保障。随着元朝在全国统治地位的确立和巩固，以及大都城的建

成，相关的中央教育机构也逐渐完备，教育制度和各项设施也得到确立，这个过程又经历了几十年的时间。由此可见，元朝中央教育设施的建立及完备，经历了一个漫长而曲折的过程。

大蒙古国时期曾经建立第一座官学，是在元太宗五年（1233 年），当时被称为"国子学"。学校的地点是在燕京，也就是旧金中都城。《元史》称为"元太宗六年"（1234 年），癸巳年是太宗五年（1233 年），当以五年为是。在这座学校里，蒙古政权共派有蒙古子弟十八人，学习汉语、汉字，同时作为陪读的又有二十二个汉人子弟，同时学习"蒙古言语"和"弓箭"。由此可见，这时的国子学只是一座以加强大蒙古国子弟"汉化"为主要目标的学校。随着大蒙古国在中原地区的统治日益巩固，需要有更多的大蒙古国子弟懂得汉语和汉字。

非常有意思的是，这时在国子学中担任教学工作的不是儒生，而是道士。元太宗指派在国子学中负责的有三人，称为"总教官"，即"宣授蒙古必阇赤四牌子总冯志亨；宣授金牌，提举国子学士，中书杨惟中；御前宣国子学事、仙孔八合识李志常"[1]。在这三位总教官中，只有杨惟中是儒生，冯志亨和李志常都是全真教的道士，而主要负责人则是冯志亨。这大概是受到封号"丘神仙"的丘处机影响，因此，在很长一段时间里，蒙古人都把全真教道士称为"先生"。

这时，国子学师生的待遇是很好的，据元太宗发布的诏书称："各人并教读人等，每人日支米面各一斤，肉一斤，本处官人每底孩儿不在此限。外据家粮每人日支米一升，这必阇赤孩儿每晚后与解渴酒四瓶。如有爱愿就学书人等，仰本路课程所官验人数，每人日支米一升，不得因而夹带不是读书儒人冒请官粮，不得违错。准此！"[2]文中的"各人"是指在国子学中学习的蒙古子弟。不仅他们，就连教书先生和陪读的孩子，也享受同等待遇。这是元朝中央教育机构发展的第一个阶段的状况。

元世祖即位之后，元朝的中央教育设施发展开始进入了一个新的阶段，即第二个阶段。这个阶段开始的标志，是新国子学的设置。至元六年（1269 年），元世祖下令，先后建立了诸路蒙古字学和国子学。然而，两年以后，史书又称："命设国子学，增置司业、博士、助教各一员，选随朝百官近侍蒙古、汉人子孙及俊秀者充生徒。"[3]这是史书两次提到设置国子学的记载。

从文字记载来看，有两种可能。第一种可能，是至元六年第一

1][2] 元人熊梦祥:《析津志辑佚》"学校门"。
3]《元史》卷七《世祖纪》。

次设置国子学,而两年以后又"增置"职官,选拔学生。第二种可能,则是至元六年设置了诸路蒙古字学,而两年以后又增置了蒙古国子学。对于第一种可能,当时相关的张文谦传记提供了一些信息。张文谦在至元七年(1270年)担任大司农卿一职,不久向元世祖建议:"寻又奏立国子学,诏以鲁斋许公为祭酒,选贵胄子弟教养之,所成就人才为多。已而分布省、寺、台、阁,往往蔚为时望,达于从政,皆出公始终左右之力。"[1] 由此可见,至元六年正式设置国子学,而两年以后将其规模加以扩大,制度进一步加以完善。

就第二种可能而言,则有当时官员和礼霍孙的奏言可以作为佐证。至元九年(1272年)七月"壬午,和礼霍孙奏:'蒙古字设国子学,而汉官子弟未有学者,及官府文移犹有畏吾字。'诏:'自今凡诏令,并以蒙古字行,仍遣百官子弟入学。'"[2] 和礼霍孙上奏之事,是在设置蒙古国子学之后,没有汉官子弟前来学习,而和礼霍孙上奏之时,正是蒙古国子学设置一年之后的事情。《元史·选举志》则称:"世祖至元八年春正月,始下诏立京师蒙古国子学,教习诸生,于随朝蒙古、汉人百官及怯薛歹官员,选子弟俊秀者入学,然未有员数。"这则记载与《元史·世祖本纪》所记是同年但不同月。

国子监内的元代进士题名碑　聂鸣 摄影　FOTOE 供图

在国子学设立之后,到至元二十四年(1287年),元朝政府又专门设置了国子学的管理机构国子监。这是元朝中央教育机构发展到第三个阶段的标志,是中央教育机构的进一步完善。史称,这一年的闰二月,"设国子监,立国学监官:祭酒一员，司业二员，监丞一员，学官博士二员，助教四员，生员百二十人，蒙古、汉人各半，官给纸札饮食，仍隶集贤院。"[1] 在这里，明确了整个中央教育的基本框架及功能。

其一，是管理机构，称"国子监"，由国子祭酒、国子司业、国子监丞组成。其下又辖有典簿、令史、译史、知印、典吏等具体办事人员。其职责，主要是负责整个学校行政工作的正常运行。其中的祭酒、司业及监丞等职，皆由全国极具威望的著名学者来担任。

其二，是具体的教学工作，称"国子学"，由国子博士及国子助教组成，其下又辖有学正、学录、典给等具体办事人员。其职责，主要是负责学生的授课、考核及日常生活管理等工作。其中的博士、助教也是由著名学者及其弟子担任。由于工作关系十分密切，故而国子监与国子学又往往被人们统称为"国子监学"。

其三，是教师和学生人数的确定。在此之前的国子学中，尚无固定的师生员额数量，到了这时，则有了定额。其中，值得关注的是学生数额的问题。据《元史·世祖本纪》的记载，学生的人数是一百二十人，蒙古子弟六十人，汉人子弟六十人。而《元史·选举志》则称："（元世祖时）其生员之数，定二百人，先令一百人及伴读二十人入学。其百人之内，蒙古半之，色目、汉人半之。许衡又著诸生入学杂仪，及日用节目。七年，命生员八十人入学，俾永为定式而遵行之。"据此可知，元世祖至元六年（1269 年）成立国子学时，已经定下了学生人数，是二百人的定额，先入学的学生为一百人，又有二十个伴读的名额。一百个学生中，蒙古子弟为五十人，色目（指西北少数民族）及汉人子弟共五十人。翌年，实际入学的学生是八十人，就成为定制。到了至元二十四年（1287 年），又重新定为一百二十人，其中，伴读应该仍是二十人。

此后，随着大都的国子学不断发展，师生的人数也在不断增加。在大德十年（1306 年）闰十月，元成宗将学生人数增加为二百人。到至大四年（1311 年）闰七月，元仁宗将学生增加为三百人，又增陪堂生（即伴读）二十人；到延祐二年（1315 年）八月，再增加为四百人。此后就没有再出现大的变更。

在元成宗即位之后，新的孔子庙和国子学校舍在大都城建造，标志着元朝中央机构发展进入了第四个阶段。早在至元四年（1267 年）元世祖建造大都城之前，元太宗时的国子学是设置在旧中都城

《元史》卷十四《世祖纪》。

的枢密院之地。及营建大都新城，即在皇城的东北方为新的孔子庙和国子学留有基址。到至元二十四年（1287年），将旧城的国子学校舍交给大都路学之后，新的国子学一直没有建造校舍，教学活动皆需借用官舍作为教室。

一直到大德三年（1299年）春，在大臣哈剌哈孙的主持下，才开始建造孔子庙，历经十年之后，到至大元年（1308年）冬，孔子庙和国子学才全部竣工。因为在中国古代，大多数建造学校的地方皆建造有孔子庙，故而又通称之为"庙学"。新的孔子庙建有房屋、门廊等共四百七十八间，而国子监学则建有办公室及教室一百六十七间。此后，国子监学虽然仍有扩建，但基本规模是在这时奠定的。明、清两代，这里也一直是中央政府的最高学府。

（二）地方教育设施的完善

在元代，地方最高行政机构为大都路都总管府，又称"大兴府"，系为金代地方机构称谓的延续。而元代的大都路，政区范围比金中都路要小一些。在大都路之下，有直辖县六个，直辖州十个，州下辖县二十余个。在这些地方行政机构中，从原则上来讲，应该都设置有对应的州学和县学。但是，从今天能够见到的相关历史文献来看，并非如此。有的州县，据相关文献明确记载，曾经有学校的设置；而有的州县，却没有相关记载。

在大都路直辖的六个县中，大兴县和宛平县是都城所在地，只设置了一处学校，即大都路学（或称"大兴府学"）。这所学校应该是地方最高学府，学校的地址是在旧中都城里，即元太宗时国子学的旧址。时人则称："至元二十四年，既城今都，立国子学位于国左，又因故庙为京学。京师杂五方俗，尹治日不给，庙之墙屋弊坏，将压以毁，讲席之堂粗完。"[1] 这时距元太宗五年（1233年）设置燕京国子学已经过去了半个多世纪，校舍逐渐"弊坏"是很正常的事情。

至于大都路学设置的时间，史称："至元十三年，授提举学校官，六品印，遂改为大都路学，署曰提举学校所。"史又称："（至元）二十四年，既迁都北城，立国子学于国城之东，乃以南城国子学为大都路学，自提举以下，设官有差。仁宗延祐四年，大兴府尹马思忽重修殿门堂庑，建东西两斋。泰定三年，府尹曹伟增建环廊。文

[1]元人苏天爵:《国朝文类》卷十九引马祖常撰《大兴府学孔子庙碑》。

宗天历二年，复增广之，提举郝义恭又增建斋舍。自府尹郝朵而别至曹伟，始定生员凡百人，每名月饩，京畿漕运司及本路给之。泰定四年夏四月，诸生始会食于学焉。"[1]这是对大都路学的发展变化加以简要介绍。

但是，据《析津志》佚文所保留的中统二年（1261年）元世祖《提学诏》称："上天眷命皇帝圣旨：诸路学校久废，无以作成人才。今拟选博学洽闻之士，以教导之。据敬铉可充燕京路副提举学校官，凡诸生进修者，选高业儒生教授，严加训诲，务要成材，以备他日选擢之用。仍仰本路官司，常加主领敦劝，宜令唯此。"[2]据此可知，大都路学的设置，要早于至元十三年（1276年），是在中统二年。

史称：中统二年九月，"王鹗请于各路选委博学老儒一人，提举本路学校，特诏立诸路提举学校官，以王万庆、敬铉等三十人充之"。[3]这与《析津志》所记相符。同时又可知，敬铉是燕京路副提举学校官，而他的顶头上司提举学校官则是名儒王万庆。

《析津志》还留下一段对大兴府学（即大都路学）的宝贵资料，称："是时止以大兴府学，府官春秋二丁致祭，有提举、教授专任教养。迨今有提举一人，教授二人，学正、学录俱备，支郡文官诸职与京外并同。学在南城章宗养鱼池南。学中古刻并石经、金朝策士碑等，犹有典刑古制焉。此则大都路学。"[4]文中的"典刑"应为今日的"典型"之意。

大都直辖的另外四个县是良乡县、永清县、宝坻县和昌平县。在这四个县中，有些是在元代设置了学校，有些则是在前代就设置了学校。如良乡县学，今日得见文献为金代赵沨所作之诗《过良乡县学》："儒宫宜地僻，竟日有余清。殿古碑仍在，庭空草自生。风高时脱木，云重欲摧城。客兴已消洒，秋堂更雨声。"[5]诗中所云"殿古碑仍在"系指县学中曾有唐代书法家李邕的书法碑刻。通观全诗，金代的良乡县学已经很萧条了。到了元代，这座学校是否还存在，已无明确记载。

其他三所县学，皆有元代的相关记载。如永清县学，相关记载称："县治在城西，儒学在县治西南，元卓哩、军都押司官萧萨巴建。成化间迁于城东南隅，翰林学士汪楷作碑记。（按：卓哩，满洲语指之也，旧作啜里。萨巴，蒙古语器皿也，旧作萨八。今俱译改。）"[6]虽然没有设置的明确时间，但是建于元代是没有问题的。

《元史》卷八十一《选举志》。
[4]元人熊梦祥：《析津志辑佚》"学校门"。
《元史》卷四《世祖纪》。
金人元好问：《中州集》卷四《青山赵先生沨》。
《日下旧闻考》卷一百二十引《永清县志》。

又如宝坻县学，相关方志称"宝坻县学：在县治东北。元至正间，邑绅刘深、朱斌、布延等同建，监邑事哈斯彦名重修。明洪武、弘治、嘉靖中，屡有增修。"[1] "至正"为元末顺帝的年号，由此可知这所县学设置的大致时间。

而对昌平县学，相关文献的记载更详细一些。元代马房辉曾撰有《重修昌平县儒学碑记》一文，称："至正二年正月既望，率僚佐祭于大成至圣文宣王庙，礼行毕，历学左右，顾盼阙坏未完之所，尽然有动于心，捐己赀一千五百余缗，乃市材木，募匠佣，不敛于官，不动于民，皆由公之规度，咄嗟而事已办。自肇作，底讫工，为日二十有八。于是坏者复，阙者备，焕然一新，而人争快睹矣。"[2] 这所县学的重修时间为至正二年（1342年），故而建造的年代要更早一些。

元大都路下辖有十个州，即涿州、霸州、通州、蓟州、漷州、顺州、檀州、东安州、固安州及龙庆州。这些州有的今天还在北京市的政区范围内，如通州、漷州（今通州南境内）、顺州（今顺义一带）、檀州（今密云一带）、龙庆州（今延庆一带）。还有一些州今天已经不在北京的政区内，但是下辖县则在北京政区内。如涿州的房山县、蓟州的平谷县等。以下略述其州县学校的设置概况。

通州是京东第一大州，联系着京杭大运河这条重要的经济命脉，商业贸易十分繁荣，而文化发展也很快。据相关文献称："儒学旧在州治西，元大德二年，知州事赵居礼建。"[3] 大德二年（1298年）是元成宗在位时期。现存有名儒吴澄撰写的《通州文庙重修碑》，记载了元英宗至治二年（1322年）重修的概况。这次重修，不仅学官出力，而且得到通州政府官员的支持。

漷州原来是通州下辖的漷阴县，因为皇家春季狩猎的柳林行宫在此，故而在至元十三年（1276年）八月被升格为漷州，下辖香河、武清二县。关于漷州州学的相关情况，

[1] 清人李卫等：《（雍正）辅通志》卷二十八《学校》
[2]《日下旧闻考》卷一百三十四引元人马房辉《重修昌平县儒学碑记》。
[3]《日下旧闻考》卷一百十四引《通州志》。

元代涿州官学科举门，北京高碑店科举匾额博物馆藏
聂鸣 摄影　　FOTOE 供图

仅见元人苏天爵为时人曹伯启所作的《祠堂碑铭》，其文称：曹伯启"师事翰林承旨李公谦，故其为人廉静温雅。筮仕砀山文学掾，历潮州学正、冀州教授，训诸生有法"[1]。曹伯启在元世祖时曾任潮州学正一职，可见这时的潮州已经建有州学。

顺州即今顺义区，在通州的北面。金代设州，元代仍沿袭之。今得见当年顺州州官梁宜所作《顺州庙学记》一文，对顺州的州学变迁作了较为详细的描述，称州学建于金章宗时期，金元之际遭到废毁。元世祖至元八年（1271年），知州郭干重建州学。大德七年（1303年），知州段廷珪又重建孔庙，使顺州庙学初具规模。到泰定帝泰定年间州官王汝楫和梁宜等人又把州学加以扩建，增添祭孔仪器，购买经史古籍，使州学有了进一步发展。从发展趋势来看，到元代后期，这所州学的各项活动是应该能够正常运转的。

檀州即今密云区，在顺州北面，隋代设州，沿袭至元代，明代改密云县。方志称："县学在鼓楼东，唐贞观十二年，渔阳刺史韦宏机创建。金季兵毁。元至元二十八年，知州杨琏重修。至正六年，知州聂守节扩地增修。明洪武十一年，知县唐忠重修。"[2] 由此可见，檀州的州学设置时期很早，是在唐太宗贞观十二年（638年），到元世祖至元二十八年（1291年）重修，已经过了653年。

檀州的州学曾留存有元代名儒王思诚撰写的《重修檀州文庙碑记》，后载入《密云县志》。据王思诚之文可知，《日下旧闻考》所载《密云县志》关于州学的重修史实有误，知州聂守节重修的时间不是至正六年（1346年），而是起始于至正三年（1343年）二月，历时一年而竣工。文中称："檀学之兴，经营于三年之仲春，再越期而落成。集贤学士揭傒斯、监察御史崔帖木儿，普化扁额于殿堂之上。"文中还提及，聂守节此前在行唐任职期间，就曾经重修了行唐的孔子庙、学校及三皇庙等，是一位重视地方教育的良吏。

龙庆州即今延庆区，在京师西北，原为金代缙山县。到了元代，缙山县位于大都和上都的"两都巡幸"必经之地，元仁宗就是在这里出生的，故而将这里升格为龙庆州，明代改称隆庆州，后又改称延庆州。《明一统志》称"延庆州学：在州治东南隅，洪熙元年建，正统九年重修"。这里虽然是元朝帝王每年往返之地，却没有见到设置州学的相关文献记载。目前只能说州学设自明仁宗洪熙元年（1425年）。

[1] 元人苏天爵：《滋溪文稿》卷十《元故御史中丞曹文贞公祠堂碑铭》。
[2]《日下旧闻考》卷一百四十引《密云县志》。

今在北京政区内的元代各州所辖县学，只有房山和平谷两处。房山设置有县学，在元代的文献中没有找到相关信息，却在后世有些相关记载。如明代志书称："房山县学，在县治东南，元时建，本朝洪武十五年重修"[1]。清代志书则称："房山县学，在县治东南，元延佑间金徽政院明埒创建。"[2]又称："房山县学，在县治东南，元延佑中建。入学额数八名。"[3]明清时期的记载，应该也是有依据的。清代志书中的"延佑"应是"延祐"，为元仁宗时的年号。

平谷建有县学，并留有元代纳怜不花所作《明伦堂记》，较为详细地记载了县学发展变迁的过程。其文曰："己巳年，监察御史郑立建，加号碑，设学田。丙子岁，主簿范恕、教谕张贵协谋，构明伦堂泊学官居舍。戊寅，教谕胡从先铸尊鼎，饬笾豆九，经史籍焕然一新，上供释奠，下资诸生讲习。此数君子创作于前，可谓能矣。迨甲申，刘元皓建学门屏，增广田亩，立故金国张侯建庙记，以表首创之功。"据此可知，平谷县学先创建于金代，到元代重建。"己巳年"是元文宗天历二年（1329年），"丙子岁"是元顺帝后至元二年（1336年），"戊寅"是后至元四年（1338年），"甲申"则是至正四年（1344年）。十五年间，平谷县学有了较大发展。

综上所述，大都地区的地方学校在元代有了进一步的发展和完善。有的州、县学校是早在前代就已经设置了，大多数的学校则是在元代设置的。其他不在今北京政区范围内的大都路下辖州、县，如涿州、霸州、蓟州，益津、三河、文安、大城、武清等州县，在元代也大多设置有学校。

（三）特色教育设施的建设

元朝是由少数民族统治者建立的王朝，故而他们所带来的少数民族文化也就占有着十分重要的地位，在全国的教育方面也是如此。元世祖即位前，蒙古族就借鉴其他民族的文字创立了自己的文字，史称"畏兀儿体蒙古文"，又称"蒙古畏兀字"。元世祖即位后，又命藏传佛教高僧八思巴创制了用梵藏字母拼写一切语言的"蒙古新字"，又称"八思巴文"。这种文字，被确定为元朝的官方文字，在政府系统得到广泛应用。

为了推广这种新的蒙古文，元朝政府在全国范围内设置蒙古国

[1] 明李贤等：《明一统志》卷一《京师》。
[2] 清人李卫等：《（雍正）辅通志》卷二十八《学校》。
[3]《大清一统志》卷四《天府》。

子学和诸路蒙古字学，加以传授和使用。诸路蒙古字学的设置，是在至元六年（1269 年）七月。同年十二月，"中书省定学制颁行之，命诸路府官子弟入学，上路三人，下路二人，府一人，州一人。余民间子弟，上路三十人，下路二十五人。愿充生徒者，与免一身杂役。以译写《通鉴节要》颁行各路，俾肄习之。"[1] 此后的制度略有变化。由此可见，元朝政府在推广新蒙古文时的力度是很大的。

到了至元十四年（1277 年），元朝政府又设置了管理蒙古国子学的机构蒙古国子监。再到至元二十九年（1292 年），"准汉人国学例，置祭酒、司业、监丞"。[2] 至此，推广新蒙古字的官方教育体系得到基本完善。这时的蒙古字学校，不论是京城的蒙古国子学，还是全国各地的诸路蒙古字学，实际上皆是培养翻译人员的学校，其教材，则是用新蒙古字译写的《通鉴节要》一书。

与推广蒙古新字的学校大致相同的，则有回回国子学。这所学校的设置时间最晚，是在至元二十六年（1289 年）八月。这同样是一所传授亦思替非文字的学校，同时也是元朝政府规定的三种官方文字之一。虽然同为少数民族文字，但是元朝政府的推广力度就弱了很多。其一，是只设有京城的回回国子学，而没有各地的回回字学校。其二，入学生员的人数不仅少于蒙古国子学，更是少于国子学。其三，这所学校时办时废，断断续续，是随着政局变化而不断变化的。

在元代，由于政府对民众采用了特殊的管理办法，就使得教育设施也随之产生了不同的设置。如元朝政府把军队士兵的户口都归入军户，把工匠的户口都归入匠户，把从事驿站工作的民众都归入站户，把从事医疗工作的民众都归入医户，把从事天文历法工作及算命的民众都归入阴阳户等，也就使得社会上出现了一批具有特色的教育设施。这些教育设施也发挥了重要的教育作用。

元朝政府在定鼎大都城之后，在大都城及周边地区驻扎了大量军队，以保护元朝帝王和达官显贵们的安全。这些军队，有的是由少数民族士兵组成的，于是以少数民族的族名命名的，如钦察卫、唐兀卫、贵赤卫、阿速卫，等等；还有的是由汉族士兵组成的，则以方位等元素命名，如左卫、右卫、前卫、后卫、中卫、武卫（合称"六卫"汉军），等等。这些军卫，少则几千人，多则数万人。每个军卫都是一个独立的军事单位。

[1]《元史》卷八十一《选举志》。
[2]《元史》卷八十七《百官志》。

为了减轻供养军队的费用，元朝政府采取了历代以来的军队屯垦种田的措施，在大都城周边设置了多处军屯。在诸多军屯中，少数民族士兵是不参加劳作的，只有汉族士兵参加种田工作。每一处军屯，就形成一个小社会单元。如时人曾描述，至元十六年（1279年）设置的后卫亲军屯田，"营白雁口，既成，官有廨，士有舍，糗粮有仓，金鼓有楼，器械有局，交易有市，凡军中之政毕举。"这处屯营，位于漷州东南，距大都城一百五十里。

国子监旧影

时人又曰："抑又闻之古之谋帅者，以说礼乐，敦诗书为贤。诗书礼乐，疑若于将帅邈然不相及。然欲使士卒皆有尊君、亲上之心，非是四者，其孰与于此。"[1]明确提出在屯田军营中，要设有相关的教育机构。当时在设置屯营之时，尚未建有学校。

到了大德元年（1297年），主事者在屯营中辟田十五亩，建造孔庙和学校，并任命张凤翼作为教授，又拨学田千亩，作为教育经费，使这所军卫学校初具规模，屯田士兵在农事之暇，得以受到教育。到元朝后期，校舍逐渐颓败，又在至正五年（1345年）加以重修并进一步完善。"至正五年，卫上其事枢府，枢府是之，乃给粟米，命昭勇大将军副指挥使林公亦怜真重修葺焉。然宫墙学舍犹有未备，衡庀职学宫。适宣武将军金司事康里公观音奴承诏，分司训农治罢，未暇务。衡以兴学为请，公慨然举行，室宇大完，增弟子员，愿纪刻石之功德，以传永久。"[2]

与后卫屯营相类似的，又有至元二十六年（1289年）设置的武卫亲军的屯营，也建有学校。时人称："凡卫必有营，营有城郭、楼堞、门障、关禁、官治、行伍庐舍、库庾、衢巷、市井，而特立先圣孔子之庙，儒学在焉。"这所军卫屯营中的学校，也设置有专职教授，常年在学校中主持教育工作。这处屯营，位于涿州南部，距大都城二百里。

武卫屯营的学校，不是和屯营一起设置的，而是建于天历二年（1329年）。这一年，主持屯营事务的官员洪灏提议："即以建学之事上闻。上可之，乃以军务之暇，度地于营东南，广袤八十亩。乃基乃堂，于其燥刚。观泉审方，作新文明。经营材用、石木、陶冶，

[1] 元人赵孟頫：《松雪斋集
卷七《明肃楼记》。
[2] 元人熊梦祥：《析津志辑
佚》"朝堂公宇门"。

工作程度，心画指授，具有成法。"此后曾一度停工，再复工："经始于至顺辛未之三月，作礼殿以奉先圣像，颜子、曾子、子思、孟子配，从祀十哲，分位殿中，东西乡。七十二弟子，绘庑下。作讲堂、斋庐、庖廪、垣墉、门街，皆如常制。凡赀用一出公帑，不以烦人。及冬而告成。"[1] 后拨给学田二百亩，以供日常的教育经费。其他汉军诸卫的屯营中，也大多设置有军卫学校，其情况与后卫及武卫大致相同。

而在这些军卫学校中担任教授的，也多是饱学之士。如曾在左卫学校中任职的袁万里，在来到大都城后，受到元明善、吴澄、虞集等名士赞誉，"大夫士交荐之，既直举国子助教，吏部且上其名，中书属左卫阙校官，遂用荐者言，授公卫教授。始，卫学绵蕞以祀先圣，师弟子无所廪。公至，首茸庙庭，访得故所赐学田千二百亩之侵于屯者，复之以共祭养。而军中执经受业者，多至百数十人，皆能谈仁义，知尊君、亲上之道矣。无何，丁父艰，去官。弟子号泣送者塞营道。"[2]

又如，与虞集、杨载、揭傒斯齐名的元代大诗人范梈，也曾任左卫军屯营中的教授。时人称："范先生者，临江之新喻人也。少家贫，力学，善文章，工诗，尤好为歌行。年三十余，辞家北游，卖卜燕市，见者皆惊异之。相语曰，此非卖卜人也。已而为董中丞所知，召至馆下，命诸子弟皆受学焉。于是名动京师，遂荐为左卫教授，迁翰林国史院编修官，与浦城杨载仲弘、蜀郡虞集伯生齐名，而予亦与之游焉。"[3] 由这些学者出任教授，教育水平应该是很高的。

二　强大的教育功能

在中国古代，教育是一个始终受到全社会重视的工作，不仅汉族统治者建立的王朝是这样，就连少数民族统治者建立的王朝也是这样。对于少数民族统治者而言，认识这个事情是有一个过程的。自大蒙古国建立以来，蒙古帝王们就会聘请各种"能人"教育自己的子弟，使他们能够尽快成长起来。而在元世祖忽必烈正式成立学校，设置教官，确定教学内容之后，强大的教育功能才开始真正发挥重要作用。

在元大都城内外，遍布着从中央到地方的各级学校，但是能够

元人虞集：《道园学古录》二十三《武卫新建先圣庙碑》。
元人傅若金：《傅与砺文》卷十《袁万里行状》。
元人傅若金：《傅与砺文附录》中所载揭傒斯《范机诗序》。

产生重要作用的，首推国子学。首先，元朝政府为这所学校建造了宏大的校舍，设置了各种教育设施，为广大师生提供了一个相对稳定的教学环境。其次，元朝政府为这所学校选派了全国著名的学者到此任教，保证了较高的教学质量。第三，制定了较为合理的管理制度，使入学的学生能够按部就班、由浅入深地进行学习。

就教学内容来看，从大都的国子学成立开始，元朝政府已经把宋朝的"程朱理学"作为教师传授和学生学习的主要内容，这实际上是把宋儒的理学作为了元朝的官方学术，再加上此后不久施行的科举制度，也把宋儒理学作为考试的唯一正确答案，更是进一步巩固了宋儒理学在学术界的统治地位。对于大多数汉族子弟而言，学习和掌握宋儒理学的基本内容是不太困难的，而对于那些少数民族子弟而言则是较为困难的。但当那些少数民族子弟掌握了儒学的基本内容后，却对自身能力产生了很大的积极作用。

（一）来自全国各地的著名教师队伍

早在大蒙古国时期，特别是元宪宗蒙哥夺得皇权之后，即命时为皇弟的忽必烈主持中原地区的军政事务，使得忽必烈更多接触到众多儒家文臣，并对中原地区的儒家学说有了更深入的了解和重视。因此，忽必烈开始聘请著名学者教育自己的子弟。当时他聘请的主要有两位名儒，一位是许衡，另一位则是王恂。此时教育蒙古贵族子弟的工作，当以许衡为主，王恂为辅。

按照最初的分工是："世祖至元七年，命侍臣子弟十有一人入学，以长者四人从许衡，童子七人从王恂。至二十四年，立国子学，而定其制。设博士，通掌学事，分教三斋生员，讲授经旨，是正音训，上严教导之术，下考肄习之业。"[1] 这个描述，虽有不实之处（如许衡及王恂教导贵族子弟，最迟是在中统二年，而不是至元七年），但是由许衡及王恂来主持教育工作是没有问题的。

王恂像　FOTOE 供图

[1]《元史》卷八十一《选举志》。

　　许衡，字仲平，怀州河内（今河南焦作）人，曾从名儒姚枢处学习宋儒朱熹一派的理学，深有领悟。自得元世祖赏识，来到大都城，先是从政而兼教导贵族子弟，其后专职从事国子学的教育工作，他为国子学的进一步发展奠定了坚实的基础。史称：许衡任国子祭酒一职后，"乃请征其弟子王梓、刘季伟、韩思永、耶律有尚、吕端善、姚燧、高凝、白栋、苏郁、姚燉、孙安、刘安中十二人为伴读，分处各斋，以为斋长。时所选弟子皆幼稚，衡待之如成人。讲课少暇即习礼，或习书算。少者则令习拜跪揖让，进退应对，或射，或投壶，负者罚读书若干遍。久之，诸生人人自得，尊师敬业，下至童子，亦知礼节。"[1] 许多在国子学中受过教育的蒙古和其他少数民族贵族子弟，皆能在此后的从政过程中遵行儒家的政治学说。

　　王恂，字敬甫，中山唐县（今河北唐县）人，幼承家学，通晓宋儒理学及天文律历之学，又曾师事刘秉忠。受到元世祖赏识之后，主要以辅导教育皇太子真金为职责，兼管国子学之事。史称："诏择勋戚子弟，使学于恂，师道卓然。及恂从裕宗抚军称海，乃以诸生属之许衡，及衡告老而去，复命恂领国子祭酒。国学之制，实始于此。"其后，王恂又曾参加修订《授时历》的工作，"帝以国朝承用金《大明历》，岁久浸疏，欲厘正之，知恂精于算术，遂以命之。恂荐许衡能明历之理，诏驿召赴阙，命领改历事，官属悉听恂辟置。恂与衡及杨恭懿、郭守敬等，遍考历书四十余家，昼夜测验，创立新法，参以古制，推算极为精密"[2]，由此可见，在建立国子学、修订《授时历》的工作中，王恂都发挥了重要作用。

　　除了许衡和王恂，他们的弟子也在国子学的教育工作中发挥着重要作用，如许衡从各地召集到国子学中任伴读的十二名弟子，其中有些人在国子学中长期担任负责工作，如耶律有尚等；还有一些人则转到翰林国史院任职，活跃在大都的文坛，成为著名的文学家，如姚燧等即是。

　　耶律有尚，字伯强，山东东平人，契丹贵族后裔。至元八年（1271年），他在许衡的举荐下，来到大都，任国子学伴读及斋长。两年后，升任助教。此后，历任秘书监丞及蓟州知州等职，到至元二十二年（1285年），再回国子学任国子司业。史称："自有尚既去，而国学事颇废，廷议以谓非有尚无足以继衡者，除国子司业。时学馆未建，师弟子皆寓居民屋，有尚屡以为言。二十四年，朝廷乃大起学舍，

《元史》卷一百五十八《许
衡传》。
《元史》卷一百六十四《王
恂传》。

始立国子监，立监官，而增广弟子员。于是有尚升国子祭酒，儒风为之丕振。"[1]

由此可见，在耶律有尚任职期间，国子学发生了极大变化。后人对耶律有尚在国子学中的贡献给予了极高的评价，称："有尚前后五居国学，其立教以义理为本，而省察必真切；以恭敬为先，而践履必端悫。凡文词之小技，缀缉雕刻，足以破裂圣人之大道者，皆屏黜之。是以诸生知趋正学，崇正道，以经术为尊，以躬行为务，悉为成德达材之士。大抵其教法一遵衡之旧，而勤谨有加焉。身为学者师表者数十年，海内宗之，犹如昔之宗衡也。"[2]

元代中期，在国子学任职的有名儒吴澄。吴澄，字幼清，抚州崇仁（今江西崇仁）人。自幼学习宋儒理学，并著书立说。至元年间曾受程钜夫举荐，前来大都，未几回乡。元成宗时，又曾受名士元明善、朝臣董士选举荐。到元武宗至大元年（1308 年），他第三次来到大都，出任国子监丞。"澄至，旦燃烛堂上，诸生以次受业，日昃，退燕居之室，执经问难者，接踵而至。澄各因其材质，反覆训诱之，每至夜分，虽寒暑不易也。"[3]到元仁宗皇庆元年（1312年），升任国子司业，他在教育界的名声越来越大。但是，因为他在谈论朱熹和陆九渊的学术异同时遭到攻击，不久即辞归乡里。史称："其早以斯文自任如此。故出登朝署，退归于家，与郡邑之所经由，士大夫皆迎请执业，而四方之士不惮数千里，蹑屩负笈来学山中者，常不下千数百人。"[4]由此可见，吴澄在学术上的成就要远远超过他在教育事业上的影响。

与吴澄同时，又有名儒齐履谦，在大都的国子学教育中占有重要地位。"齐履谦，字伯恒。父义，善算术。履谦生六岁，从父至京师。七岁读书，一过即能记忆。年十一，教以推步星历，尽晓其法。十三，从师，闻圣贤之学。自是以穷理为务，非洙、泗、伊、洛之书不读。"[5]齐履谦因为精通算学，曾参加《授时历》的修订工作。至大四年（1311 年），开始到国子学任职，历任国子监丞、国子司业，"国子司业，与吴澄并命，时号得人。每五鼓入学，风雨寒暑，未尝少息，其教养有法，诸生皆畏服。"未几，复任太史院官。"自履谦去国学，吴澄亦移病归，学制稍为之废。延祐元年，诏择善教者，于是复以履谦为国子司业。履谦律己益严，教道益张，每斋置伴读一人为长，虽助教阙员，而诸生讲授不绝。"史称："故其学博

[1][2]《元史》卷一百七十四《耶律有尚传》。
[3][4]《元史》卷一百七十一《吴澄传》。
[5]《元史》卷一百七十二《齐履谦传》。

洽精通，自《六经》诸史、天文、地理、礼乐、律历，下至阴阳、五行、医药、卜筮，无不淹贯，尤精经籍。著《大学四传小注》一卷，《中庸章句续解》一卷，《论语言仁通旨》二卷，《书传详说》一卷，《易系辞旨略》二卷，《易本说》四卷，《春秋诸国统纪》六卷。以皇极之名，见于《洪范》，皇极之数，始于邵氏《经世书》，数非极也，特寓其数于极耳，著《经世书

登封市嵩山观星台，是元代全国的中心观测站，郭守敬曾经在这里重新观测了二十八星宿和其他一些恒星的位置，并编制了当时最先进的历法——《授时历》
周沁军　摄影　FOTOE　供图

入式》一卷。"[1] 其著述之多，在元代是很少见的。

　　元代后期，在国子学中担任重要教官的外地学者则有孛术鲁翀。孛术鲁翀，字子翚，邓州顺阳（今河南淅川县）人。曾从江西名儒萧克翁学习儒学，并得到名儒姚燧赏识，举荐到大都翰林国史院供职。参加《元世祖实录》及《大元通制》的纂修工作。元文宗时，任集贤直学士，兼国子祭酒，开始主持国子学的教育工作。他来到国子学的第一件事，就是为教师们盖宿舍。"翀以古者教育有业，退必有居。旧制，弟子员初入学，以羊贽，所贰之品与羊等。翀曰：'与其餍口腹，孰若为吾党燥湿寒暑之虞乎！'命摶集之，得钱二万缗有奇，作屋四区，以居学者。"[2] 文中的"学者"，即指教师们。史称："翀状貌魁梧，不妄言笑。其为学一本于性命道德，而记问宏博，异言僻语，无不淹贯。文章简奥典雅，深合古法。用是天下学者，仰为表仪。其居国学久，论者谓自许衡之后，能以师道自任者，惟耶律有尚与翀而已。"[3]

　　在元大都的教育领域中特别值得一提的，还有虞集。虞集，字

[1]《元史》卷一百七十二《齐谦传》。
[3]《元史》卷一百八十三《孛术鲁翀传》。

伯生，与名儒吴澄是同乡，其父虞汲与吴澄是好友，故而虞集在继承家学的基础上，又从吴澄学习宋儒理学。元成宗时来到大都城，经举荐任大都路儒学教授，开始进入教育行业。不久，"除国子助教，即以师道自任，诸生时其退，每挟策趋门下卒业，他馆生多相率诣集请益。丁内艰，服除，再为助教，除博士。"[1] 及吴澄从国子学弃职回乡，虞集也告病辞官。一直到泰定帝即位，虞集才被任命为国子司业。此后不久，"拜翰林直学士，俄兼国子祭酒"。元文宗时，他又与名士赵世延一起主持纂修《经世大典》的工作。

其他在国子学中主持工作及任教的著名学者还有：来自河北满城的尚野，来自东平平阴（今山东平阴）的李之绍，来自钱塘（今浙江杭州）的邓文原，来自大名清河（今河北清河）的元明善，来自婺州浦阳（今浙江浦阳）的柳贯，来自浏阳（今湖南浏阳）的欧阳玄，来自婺州义乌（今浙江义乌）的黄溍，来自平定州（今山西平定）的吕思诚，来自真定（今河北正定）的苏天爵，来自大名东明（今山东东明）的李好文等人。大都城教育事业的繁盛发展，是与这些来自全国各地的著名学者的共同努力密不可分的。

（二）程朱理学的教学内容

在中国古代，位于都城的国子学是全国各地各级学校的楷模，因此，也是各地学校竞相效仿的对象。元代的国子学也是如此。作为全国最高学府，它的教学内容与创办者的思想是密切联系在一起的。而作为学校的各项规章制度，则是在发展进程中逐渐形成，并不断完善的。在元朝初年的大都城，名儒许衡对国子学的影响是很大的，因此，他所推崇的宋儒朱熹的学说也就在学校中占据了统治地位。及他把自己的弟子召到国子学中任教，更是进一步扩大了他的学术影响。这种影响，一直延续到元朝末年。

大都国子学的教学内容及教学制度，是随着国子学发展阶段的变化而发生变化的。国子学发展的第一个阶段，是元太宗在燕京创办国子学时期。这时的教学内容只是让蒙古贵族子弟学会汉语、汉字，以便于和汉族民众相互交流。因此，这个时期的教官也主要是那些有文化的道士和一些普通的儒生。学校的学生只有几十人，也没有固定的教材。

[1]《元史》卷一百八十一《虞集传》。

　　国子学发展的第二个阶段是元世祖至元初年命许衡等人再建国子学时期。这时的教学内容已经从简单的教会蒙古贵族子弟汉语、汉字，转变为让这些贵族子弟学习一些简单的儒家经典著述，主要是宋儒的学说。除了儒家经典著述，许衡还特别编写了《诸生入学杂仪》和《日用节目》等学校中的常用手册。

　　国子学发展的第三个阶段，是以国子监的设置作为标志。这时的国子学，既有了较为固定额数的教学人员和学生人数，也有了相关的管理机构。特别是教学内容也已经大致固定，成为常态化的模式。"凡读书必先《孝经》《小学》《论语》《孟子》《大学》《中庸》，次及《诗》《书》《礼记》《周礼》《春秋》《易》。博士、助教亲授句读、音训，正、录、伴读以次传习之。讲说则依所读之序，正、录、

孔庙大成门　王桂英 摄影

伴读亦次而传习之。次日，抽签，令诸生复说其功课。对属、诗章、经解、史评，则博士出题，生员具稿，先呈助教，俟博士既定，始录附课簿，以凭考校。"[1]这个模式，已经能够让学生系统学习到儒家学说的基本内容。

国子学发展的第四个阶段，是从元仁宗延祐二年（1315年）由赵孟頫、元明善等人制定"国子学贡试之法"开始的。这个"贡试之法"主要有三项内容：第一项，设置升斋之法。在国子学中，原来设置有六斋，分为上、中、下各两斋，共三个等级。这种办法，源自宋代的国子学，当时称为"三舍"，也就是三个等级。下两斋称"游艺""依仁"，以基础教育为主；中两斋称"据德""志道"，以学习"四书"及诗律为主；上两斋称"时习""日新"，分为"易""诗""尚书"等科，又习作程文。六斋的学习内容从易到难，学生根据学习进度，不断升级。

第二项，设置"私试之法"。在此规定，汉人子弟，要到上两斋，蒙古及色目子弟，要到中两斋去"私试"。私试即考试作文，包括"经疑""经义""策问"等内容，以此来考核学生对儒家学说的掌握程度，并由教官给予评定，以定其优劣。考试的程序十分严格，每月一考，考试的结果也要记录在案，以备年终统计，优者受到提拔。

第三项，制定"黜罚科条"。这一项，是针对那些触犯学校规矩的学生加以惩罚的相关规定，而对于那些不求上进、混日子的学生也有责罚。惩罚的方法主要有两种，轻者扣分，重者开除。学生在每月的考试过程中，作文优秀者每次得一分，而触犯学校规矩的，"初犯罚一分，再犯罚二分，三犯除名"。[2]因为国子学是全国最高学府，并有着名额限制，故而要想进入国子学学习是很不容易的事，也就使得被国子学开除已经是一种很严厉的惩罚了。

汉族及少数民族子弟在国子学的学习过程与不断的考试相结合，促进了教育的发展。时人所谓："经学当主程颐、朱熹传注，文章宜革唐、宋宿弊。"[3]这不仅是一种流行的观点，而且已经作为国子学的考试标准，此后又作为元代科举考试的标准，其所产生的社会影响之广泛深远，是当时人无法预料到的。

在元代的国子学中，学术派别的争议也是有所体现的。在此前的宋代，儒学在发展过程中就已经分成了不同的派别。其中，当以朱熹学派和陆九渊学派的争议最多最大。这种学派之争也传到了大

[1][2]《元史》卷八十一《选举志》。
[3]《元史》卷一百七十二《程钜夫传》。

]《元史》卷一百七十一《吴澄传》。

都的国子学中。金元之际，有宋儒赵复被蒙古军俘获，来到燕京，在太极书院中传授宋儒理学中的朱熹一派学说。这一派的再传之人即有许衡等一大批北方学者。因此，朱熹的学说也就在国子学中占据了主导地位。

元代中期，江南名儒吴澄来到大都国子学任教，他的学术造诣十分深厚，也得到了当时大都学术界的肯定。但是，他的一番言论却引火烧身。史称："（吴澄）又尝为学者言：'朱子于道问学之功居多，而陆子静以尊德性为主。问学不本于德性，则其敝必偏于言语训释之末，故学必以德性为本，庶几得之。'议者遂以澄为陆氏之学，非许氏尊信朱子本意，然亦莫知朱、陆之为何如也。"[1]文中"议者"显然是指有权有势的人，在受到这些人的攻击之下，吴澄只得卷铺盖回老家了。由此可见，陆九渊一派的学说，在大都国子学中是没有立足之地的。

三　先进的天文历法

在中国古代，由于人们主要从事的是农业生产，故而对气候的变化十分重视，这是与农业收成有密切关系的大事。风调雨顺，庄稼长得好，人们的收成也就很丰盛；时旱时涝，庄稼长不好，人们的收成也就很少。如果人们能够预先知道天气的变化情况，就会及时采取措施，要旱了，就预先修建灌溉设施；要涝了，就预先挖好排水沟渠。什么时候热了，什么时候凉了，也与农业生产有直接关系。因此，古人在观察天气变化的过程中形成了独特的经验，经过总结，成为历法。

同时，古人又认为，天象的运行是有正常规律可循的。一旦出现异常（如日食、月食、地震等）情况，则反映出人间社会的运行出现异

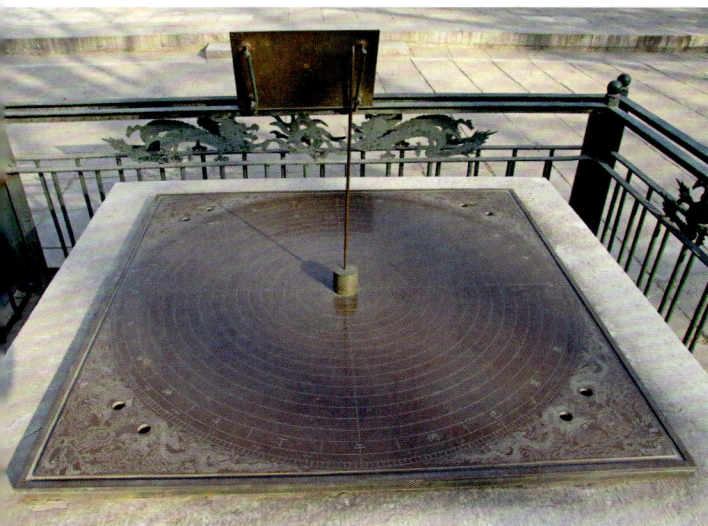

正方案：元代天文学家郭守敬制，主要是用天文等高法定方位，也可以当测角器使用，这件仪器是依据《元史》记载，于1983年复原　FOTOE 供图

常（如国家将要灭亡、大的自然灾难将要降临等）情况，是上天提出的警告。如果不采取相对应的举措，人们就会受到严厉惩罚。因此，人们就把天上的日月、星辰划分出不同的区域，加以命名，并赋予其相对应的文化内涵。这些天文历法的丰富信息，历代相传，一直到今天，成为中华文明的重要组成部分之一。

（一）天文历法机构的设置及观测活动

蒙古族是长期生活在大草原上的游牧民族，适应的是"逐水草而居"的游牧生活，注重的是牛羊有草吃、有水喝，故而在游牧文化中并没有发达的天文历法知识，只知道"草儿青，草儿黄"就过了一年。当成吉思汗接触到耶律楚材的时候，就被他精深的天文历法知识所震撼（即耶律楚材测算月食之事），惊为神人。

随着蒙古政权在中原地区占有的疆域越来越大，统治越来越巩固，统治者们接触到的农耕文化越来越多，了解得越来越深，受到的震撼也就越来越大。同时，接受农耕文化的东西也就越来越全面。而在丰厚的农耕文化中，天文历法知识所占的地位是十分重要的，故而掌管这套知识系统的政府相关机构也就很快得到恢复，并且开始发挥重要作用。

在元代，主管天文历法的政府机构有两个：一个是司天台（其后又曾称"司天监"），另一个是太史院。史称："中统元年，因金人旧制，立司天台，设官属。至元八年，以上都承应阙官，增置行司天监。十五年，别置太史院，与台并立，颁历之政归院，学校之设隶台。"[1] 史又称："太史院，秩正二品。掌天文历数之事。至元十五年，始立院，置太史令等官七员。"[2] 这两个政府机构虽然在功能上有明确的分工，但是，任职人员却没有明显的区别。

在元代，最早建立的相关机构是司天台，始建于元太宗窝阔台时，而非《元史》所称的中统元年（1260年）。《元典章》存有一条文献记载："【立司天台】中统二年五月，钦奉皇帝圣旨：据刘泽奏告，元受合罕皇帝圣旨，先为司天台人员，别无营运，不同民户，官为养赡。所有包银、差发、军役、税粮，毋得取受。乞换授事，准奏。今降圣旨：仰刘泽并司天台旧阴阳人员，凡有差发、军役、税粮，一切公事，照依已前体例行者，却不得将不会阴阳人当差发

[1]《元史》卷九十《百官志》
[2]《元史》卷八十八《百官志

民户，虚行影占。钦此。"

据此可知，第一，文中所称"合罕皇帝"，系指太宗窝阔台，他在位的时候，已经有了司天台及相关人员。史称：元太宗八年（1236年）三月，"复修孔子庙及司天台"。[1] 至此，这时已经有了司天台，而且有了"司天台人员"，这些人员也就是被划为阴阳户的民众。他们享有免除各种赋税（如包银、税粮等）、徭役（如差发、军役等）的特权。

第二，在中统初年的燕京，负责司天台工作的是一位名叫刘泽的官员。而这位官员在《元史》中没有任何记载，与此后主持天文历法工作的许衡、王恂、郭守敬、杨恭懿等人也没有任何联系。但当时刘泽的地位是较高的，他可以直接向元世祖忽必烈上奏，并得到忽必烈的回复（即圣旨）。

元代的司天台既是一个主管天文历法工作的政府机构，又是一处观测天象的设施，常在此举行各种活动。最早由元太宗修复的司天台应该是在旧中都城（大蒙古国时期称燕京）的金朝司天台，而到元世祖营建新大都城后，开始在新都城的东南面建造新的司天台。这时是先建造的政府机构司天台的衙署："至元十二年正月十一日，本监官焦秘监、赵侍郎及司天台鲜于少监一同就皇城内暖殿里，董八哥做怯里马赤奏：'去年太保在时钦奉圣旨：于大都东南文明地上相验下，起盖司天台庙宇及秘书监田地，不曾兴工。如今春间，若便盖庙宇房舍工役大有，先交筑墙呵，

位于什刹海西海的郭守敬塑像　振阳 摄影

怎生？'奉圣旨：'墙先筑者，后庙宇房子也盖者。'钦此。"[1]文中的"本监官"，指的是秘书监的官员，当时的司天台是隶属于秘书监的，故而相关事务由秘书监官员上奏。

大都城的司天台衙署，始建于至元十二年（1275年），但是一直到至元二十一年（1284年）也没有建好。而这时已经开始建造司天台的设施了。史称：至元十六年（1279年）二月，"太史令王恂等言：'建司天台于大都，仪象圭表皆铜为之，宜增铜表高至四十尺，则景长而真。'"[2]由此可见，司天台设施的建造，是与观测天象的工作密切相关的。

史又称：到至元十九年（1282年），又"修宫城、太庙、司天台"。[3]这里所指的司天台，即是至元十六年开始建造的，三年以后再加以修复。由此可见，在当时的建造工程中，人们是把司天台和宫城、太庙并列的，从而显示出这处设施的重要地位。

至于司天台除了用于观测天象，又要举行各种重要活动，史不绝书。如至元五年（1268年）十二月，元世祖下令："敕二分、二至及圣诞节日，祭星于司天台。"[4]至元二十五年（1288年）正月，"祭日于司天台。"[5]至元三十一年（1294年）五月，"祭太阳、太岁、火、土等星于司天台。"[6]第一次的祭日活动是在中都旧城的司天台，而后两次的活动则是在大都新城的司天台举行。

在大都城，除了设置有传统的司天台，又设置有新的回回司天台（又曾称"回回司天监"）。在大蒙古国崛起之初，成吉思汗曾组织大规模西征，由此把西域的伊斯兰文化带入蒙古大草原，继而带入中原地区。其中，伊斯兰文化中的天文历法与中原地区的天文历法差异较大，故而元朝政府在设立司天台之后，又设置有回回司天台。史称："回回司天监，秩正四品。掌观象衍历。……至元八年，始置司天台，秩从五品。十七年，置行监。皇庆元年，改为监，秩正四品。延祐元年，升正三品，置司天监。"[7]元代的回回司天台同样归秘书监管辖。

回回历法来自西域，与中原历法完全不同，故而掌管回回司天台的官员绝大多数都是少数民族官员。如至元八年（1271年）七月，设置回回司天台机构，史称："设回回司天台官属，以札马剌丁为提点。"[8]其后，大德二年（1298年）提点回回司天台的又有回回人苦思丁（又作"赡思丁"），同时提点回回司天台的还有哈里鲁人

[1]《秘书监志》卷三《廨宇》。
[2]《元史》卷十《世祖纪》。
[3]《元史》卷十二《世祖纪》。
[4]《元史》卷六《世祖纪》。
[5]《元史》卷十二《世祖纪》。
[6]《元史》卷十八《成宗纪》。
[7]《元史》卷九十《百官志》。
[8]《元史》卷七《世祖纪》。

忙古台等。

回回司天台的工作主要有两项：一项是举行活动，另一项则是印制回回历书，颁行给相关人士。在回回司天台举行活动，《元史》上是有些记载的，如至元二十六年（1289 年）十二月，"命回回司天台祭荧惑。"[1] 又如至大四年（1311 年）四月，"翔星于回回司天台。"[2] 再如泰定四年（1327 年）四月，"翔星于回回司天台。"[3] 这些活动，带有明显的祭祀仪式的特征。

回回历书的印制，是经过回回司天台计算之后印制的。有历史文献称："至元十五年十月十一日，司天少监可马束丁照得：在先敬奉皇子安西王令旨：'交可马束丁每岁推算写造回回历日两本送将来者。'敬此。今已推算至元十六年历日毕工，依年例，合用写造上等回回纸札，合行申复秘书监应付。"[4] 由此可见，在大都及中国境内使用的回回历书，是由回回司天台的官员推算后，再印制出来，颁发到各地去使用的。

与回回历书相比，由太史院颁行的中原历书的使用范围要大得多，这从政府印制的历书数量即可看出。据政府的统计数字，每年印制的中原历书多达三百一十二万三千余本，仅大都所在的腹里地区就多达七万二千余本。而每年印制的回回历书，则只有五千二百余本，可以想见其发行的地方也是极为有限的。

（二）新历法的修订

在元朝攻灭南宋、统一全国之前，中国处于长期分裂状态。在历法方面，也出现了南北对峙双方使用不同历法的现象，即两宋王朝上溯晋代的历法，而制定了新的历法，但辽、金两朝则沿用唐朝的历法，只是略加修改而已。由此出现了双方对年、月、日的记载不同的弊病。这种弊病延续了几百年。当大蒙古国的势力进入中原地区之后，使用的是金朝的历法，已经与天体的运行规律之间出现差异，需要进一步修订。而元朝攻灭南宋，正好给了元朝政府一个重新修订历法的最佳契机，也提供了一个绝好的修订环境。

在此之前，最早提出修订历法的是金元之际的大臣耶律楚材。耶律楚材的学识极为深厚，博极群书，精通天文、律历之术。史称："元初承用金《大明历》，庚辰岁，太祖西征，五月望，月蚀不效；二月、

《元史》卷十五《世祖纪》。
《元史》卷二十四《仁宗纪》。
《元史》卷三十《泰定帝纪》。
《秘书监志》卷七。

五月朔，微月见于西南。中书令耶律楚材以《大明历》后天，乃损节气之分，减周天之秒，去交终之率，治月转之余，课两曜之后先，调五行之出没，以正《大明历》之失。"[1] 他所编订的历法被称为《庚午元历》，但因元太祖及太宗时四处征伐，未及颁行耶律楚材修订的新历法。

及元世祖即位后，大行新政，建立元朝，制定朝仪，营造新都城，等等。其中，历法的修订也被列入议事日程。最先提出改订历法的是大臣刘秉忠。史称："初，秉忠以《大明历》自辽、金承用二百余年，浸以后天，议欲修正而卒。（至元）十三年，江左既平，帝思用其言。遂以守敬与王恂率南北日官，分掌测验推步于下，而命文谦与枢密张易为之主领裁奏于上，左丞许衡参预其事。"[2] 由此可见，平定南宋，确实是元世祖决定修改历法的历史契机，而当时主持这项工作的主要是北方的学者。

修改新的历法在当时是一项重大文化工程，也是一项政治任务。为此，元世祖调动了当时最顶尖的人才：

"以太子赞善臣王恂业精算术，凡日月盈缩、迟疾，五星进退，见伏昏晓，中星以应四时者，悉付其推演，寻迁太史令。

"以都水监臣郭守敬颖悟天运，妙于制度，凡仪象、表漏，考日时步星躔者，悉付规矩之，寻授同知太史事。历成，迁太史令。

"以前中书左丞臣许衡，为命世之贤，凡研究天道，斟酌损益者，悉付教领之，辅以集贤学士臣杨恭懿。其提挈纲维，始终弼成者，实前中书左丞转大司农臣张文谦，寻以昭文馆大学士领太史院事。

"凡工役、土木、金石，悉付行工部尚书兼少府监臣段贞，以经度之。

"凡仪象、表漏、文饰匠制之美者，悉付大司徒臣阿你哥。"[3]

在这里，提出了五大类分工：

第一类，是推算天体运行规律。主要是日月星辰的运动轨迹和运行速度的快慢，是由精通算术的大臣王恂主持。

第二类，是制定各种观测天象变化仪器的规制。也就是设计用于制造观测仪器的图纸，以确定这些观测仪器的功能，是由构思颖悟的大臣郭守敬主持。

第三类，是研究以往历朝所行用的历法利弊得失，以总结其经验，供修订新历法参考的。是由精通历理的大臣许衡主持，再辅以

[1]《元史》卷五十二《历志
[2]《元史》卷一百六十四《
守敬传》。
[3] 元人苏天爵:《国朝文
卷十七载杨桓《太史院铭》

名儒杨恭懿和大臣张文谦。实际上张文谦是负责各分工部门之间的
协调工作的。

第四类，是建造司天台及相关设施的土木工程的，如司天台中
的灵台等，由大臣段贞主持。

第五类，是具体制造各种观测仪器。由号称能工巧匠的大臣阿
尼哥（杨桓写作"阿你哥"）主持。

这五大类工作，构成了一个完整的修改历法的体系，缺一不可。
而元世祖任命主持人，也是人尽其才，恰到好处。

就历法的整体修订而言，最重要的工作有两项，一项是对各朝
代制定历法的道理，也就是历理加以研究，以评定各自的优长及不
足；另一项，则是对当时天体运行状况加以观测，并经过运算，拿
出切合实际的相关数据。在第一项工作中，名儒许衡起到了很大作
用；而在第二项工作中，大臣郭守敬（我们今天称其为著名科学家）
起到了至关重要的作用。

对各朝代曾经使用过的历法，许衡、杨恭懿等人用了三年多的
时间，进行了较为全面的研究，并在至元十七年（1280年）二月，
上奏元世祖："臣等遍考自汉以来历书四十余家，精思推算，旧仪
难用，而新者未备，故日行盈缩，月行迟疾，五行周天，其详皆未
精察。今权以新仪木表，与旧仪所测相较，得今岁冬至晷景及日躔
所在，与列舍分度之差，大都北极之高下，昼夜刻长短，参以古制，
创立新法，推算成《辛巳历》。虽或未精，然比之前改历者，附会
元历更日立法，全蹈故习，顾亦无愧。然必每岁测验修改，积三十年，
庶尽其法。可使如三代日官，世专其职，测验良久，无改岁之事矣。"[1]
文中称"自汉以来历书四十余家"即指自汉代以来曾经使用过的历
法有四十三家，而文中的"辛巳历"即指至元十八年（1281年），
可见这时的《授时历》已经完成制定的工作。

在观测天象的工作中，大致可分为两个阶段：

第一个阶段，是新的观测天象仪器的制作。在修订新历之前，
司天台所用的观测仪器都是宋代和金代的旧仪器，在观测天体运行
方面有着明显的缺陷。为了保证观测工作的精确性，郭守敬创造了
许多新的观测仪器，主要有：1.浑仪，2.简仪，3.高表，4.候极仪，
5.浑天象，6.玲珑仪，7.仰仪，8.立运仪，9.证理仪，10.景符，
11.窥几，12.日月食仪，13.星晷定时仪等。他又为在野外观测天

河南登封观星台,仰仪,为元代郭守敬观星象所用　冯立军　摄影　　FOTOE 供图

象的人员创造了正方案、丸表、悬正仪、座正仪等观测仪器。这些新观测仪器的制造,为获取精确的天文数据奠定了坚实基础。

第二个阶段,是用新的观测仪器来实地观察天体运行规律。为此,"守敬因奏:'唐一行开元间令南宫说天下测景,书中见者凡十三处。今疆宇比唐尤大,若不远方测验,日月交食分数时刻不同,昼夜长短不同,日月星辰去天高下不同,即目测验人少,可先南北立表,取直测景。'帝可其奏。遂设监候官一十四员,分道而出,东至高丽,西极滇池,南逾朱崖,北尽铁勒,四海测验,凡二十七所。"[1] 攻灭南宋后,元朝疆域空前辽阔,为观测天象提供了极佳的观测地点,由此保证了观测数据有极高的准确度。

经过对历代使用的历法加以深入研究,又经过用新创造的观测仪器、大面积对天体的运行规律加以观测和推算,一部当时世界上最精确的历法诞生了。据文士李谦代元世祖所作诏书称:"今命太史院作灵台、制仪象,日测月验,以考其度数之真,积年日法皆所不取,庶几吻合天运,而永终无弊。乃者新历告成,赐名'授时历',自至元十八年正月一日颁行,布告遐迩,咸使闻知。"[2] 这部新修订的历法成为元朝全国统一行用的历法。

㊃ 中外合璧的医学

在中国古代,由于农业生产的发达,为社会提供了非常丰厚的果实,可以养活越来越多的人口。因此,也就带动了较为发达的医疗保健事业的发展。一方面,是以阴阳五行的调节为基础,对人身

[1]《元史》卷一百六十四《
守敬传》。
[2]《元典章一·诏令卷之一

体疾病的治疗；另一方面，则是以内养生、外炼丹为基础，加强人的活力，益寿延年。千百年来，人们一直在与疾病和死亡进行着不懈的斗争，使得中华医学不断得到发展。

在元代，中华医学已经进入比较成熟的发展阶段。此前的两宋与辽金的长期分裂，曾经给中华医学的发展带来了不利的影响。随着元朝统一全国，南北医学界的交流变得顺畅无阻。而元朝势力的影响不断向西拓展，又促进了中华医学与域外医学的相互交流不断增加，而西域医学的传入，也同样促进了中华医学的不断发展。

（一）医学机构的设置

在蒙元时期，各项政府机构是陆续建立起来的。成吉思汗（即元太祖）建立大蒙古国，只有军政合一的万户、千户制度，一切从简。到窝阔台汗（即元太宗）时，采纳大臣耶律楚材的建议，才把军务、民政分开设置机构，其他机构亦随之陆续设置。元代管理医疗事务的最高机构称太医院，因为相关历史文献稀少，对其设置的时间只有几种简略的记载。

首先，我们来看正史的相关记载。《元史·百官志》是专门记载政府机构设置过程的史志："太医院，秩正二品。掌医事，制奉御药物，领各属医职。中统元年，置宣差，提点太医院事，给银印。（至元）二十年，改为尚医监，秩正四品。二十二年，复为太医院，给银印，置提点四员，院使、副使、判官各二员。"这是记载元世祖在位时期太医院的设置和变化过程的。据此可知，中统元年（1260年）开始设置有宣差，主持医疗事务。至元二十年（1283年）设置尚医监。两年以后，恢复太医院的名称。也就是说，在被称为尚医监之前，就有了太医院的设置。

其次，我们来看当时人的相关记载："昔在壬辰，太宗皇帝虑人有札瘥夭死也，罗天下医，置太医，大使佩金符。辛丑，立太医院，总其政。宪宗皇帝癸丑，冠以提点。世祖皇帝中统庚申，给银章，又别置太医院。丙子，合二为一。戊寅，冠以礼部尚书。癸未，改尚医监，秩正四品。乙酉，复太医院，秩正三品。"[1]这段文字中提到了几个时间节点。

元人许有壬：《至正集》卷一四《大都三皇庙碑》。

壬辰岁,即元太宗四年（1232年）,开始设置太医一职。辛丑岁,即太宗后摄政第一年（1241年）,这一年设置了太医院。癸丑年,即元宪宗三年(1253年),在太医院中设置有提点之官。庚申年,即中统元年（1260年）,另立太医院。丙子年,即至元十三年（1276年）,将两处太医院合为一处。戊寅年,即至元十五年（1278年）,由礼部尚书主管太医院事。癸未年,即至元二十年（1283年）,改太医院为尚医监。乙酉年,即至元二十二年（1285年）,恢复太医院的名称。这一系列时间节点中的最后两个节点是与《元史·百官志》相合的。由此可以判断,前面的几个时间节点也是可信的。

综上所述,元代的太医院始设于太宗及太宗后时期,到元世祖即位后进行了较大调整,至于是元太宗时的太医院与元世祖时的太医院并立,然后合并,还是在至元十三年灭宋之后把南宋的太医院合并到大都城的太医院中,已经不得而知了。据《元史·百官志》的相关记载,元世祖之后,太医院的职官越来越多,人数自然也在不断增加。

在《元史·百官志》中,还记载有几处相关的医疗机构。

第一,是广惠司。史称:"广惠司,秩正三品。掌修制御用回回药物及和剂,以疗诸宿卫士及在京孤寒者。至元七年,始置提举二员。"其功能主要有两项,一项是负责制作皇帝使用的御药,而且是用回回药物制作的御药。另一项,是为皇帝身边的宿卫军士和贫穷百姓治病。其正式设置的时间,应该是在至元七年（1270年）。

第二,是大都和上都的两处回回药物院。史称:"大都、上都回回药物院二,秩从五品。掌回回药事。至元二十九年始置。至治二年,拨隶广惠司。"因为元朝帝王实行"两都巡幸"制度,每年春天从大都去上都,秋天再从上都回大都,故而在两都皆要设置回回药物院,以备帝王的不时之需。这两处药物院是在至元二十九年（1292年）设置的。这时的元世祖忽必烈已经年老多病,这些设置是非常必要的。

第三,是御药院。史称:"御药院,秩从五品。掌受各路乡贡、诸蕃进献珍贵药品,修造汤煎。至元六年始置。"这处御药院实际上是属于帝王的大药房,或者是储药库,以收藏和保管各地进贡的珍奇药品,以供帝王随时使用。这处御药院应该设置在大都城的皇城里面。

第四，是御药局。史称："御药局，秩从五品。掌两都行箧药饵。至元十年始置。大德九年，分立行御药局，掌行箧药物。本局但掌上都药仓之事。"这处机构，实际上是御药院的配套设施，御药院是以大都者为主，而御药局则是以上都者为主。此外，元成宗时又设置有行御药局，主要掌管两都巡幸时路途中的医务工作，御药局就只管上都的"药仓"事务了。

第五，大都及上都的两处惠民局。史称："大都惠民局，秩从五品。掌收官钱，经营出息，市药修剂，以惠贫民。中统二年始置，受太医院札。"而上都惠民局晚设置了两年，功能与大都的惠民局一样。史又称："元立惠民药局，官给钞本，月营子钱，以备药物，仍择良医主之，以疗贫民，其深得《周官》设医师之美意者与。"[1]此外，元朝政府又在全国各地设立了众多惠民局，负责给各地贫穷百姓疗伤治病。

这项制度，还可以往上再溯源头。史称："初，太宗九年，始于燕京等十路置局，以奉御田阔阔、太医王璧、齐楫等为局官，给银五百锭为规运之本。"[2]元太宗九年为1237年，这一年，太宗窝阔台就在燕京等十处地方设置有惠民局，并且用近侍田阔阔和太医王璧等人主持这项工作。这比元世祖设立惠民药局要早了二十四年。

第六，医学提举司和官医提举司。这两处机构是单纯的医疗管理机构，并不从事具体的治疗疾病的工作。医学提举司的工作范围较为广泛，史称："掌考校诸路医生课义，试验太医教官，校勘名医撰述文字，辨验药材，训诲太医子弟，领各处医学。"[3]管理的事项主要是与医学相关者，包括考试、教学和医学著作的整理等。而官医提举司的工作比较简单，史称："掌医户差役、词讼。"[4]主要是管理医户的日常事务。

（二）著名的医师

元朝政府对从事医疗工作人员的管理是非常严格的，专门设置有医户，并对从医者加以考试，合格者才能够开业。政府规定："诸医人于十三科内，不能精通一科者，不得行医。太医院不精加考试，辄以私妄举充随朝太医及内外郡县医官，内外郡县医学不依法考试，

[1][2]《元史》卷九十六《食货志》。
[3][4]《元史》卷八十八《百官志》。

辄纵人行医者，并从监察御史、廉访司察之。"[1]而在全国医术高
超者中，又选拔出一批人，出任太医，直接为帝王和权贵服务。

在蒙古国势力刚刚进入中原地区之时，这里存留着一批金朝的
医生，在社会上发挥着治疗百姓疾病的作用。如金章宗时任太医的
卢昶。"卢尚药讳昶，世家霸州文安，今为大名人，以方伎有名河朔。
泰和二年，补太医奉御，被旨校正《和剂局方》，删补治法，累迁
尚药局使。自幼传家学，课诵勤读，老不知倦。岐黄、雷扁而下，
其书数百家，其说累数百万言，闳衍浩博，纤悉碎杂，无不通究。
而于孙氏《千金》，尤致力焉。故其诊治之验，颇能似之。春秋虽高，
神观精明，望之知为有道之士。年寿八十有七，自克死期，留颂坐
逝。"[2]文中的孙氏，即指名医孙思邈。卢昶比较长寿，应该活到
了忽必烈即位前后。

又如世居燕山的刘氏，"为金太医，活人多矣。"其后代，亦多
以医术为业。又有燕人张益，"习岐黄之书，收畜良方，务以救人，
不邀其利，州里德之。晚授朝奉郎、太医院判官。寿九十六。"[3]
张益在世的时期与太医刘氏大致相同。还有燕人田仲珪，其祖父在
成吉思汗时任太医，随后死于西征之时。其父田库库（当即《元史》
中所称元太宗时的奉御田阔阔），系由成吉思汗赐名，"皇帝经略河
南关右，为护军，虽在征伐，以拯溺为主。凡儒服若二教、艺术者，
率招辑之，所全活不知几何人矣。复还领太医，而天下诸医隶焉。
奏请郡国立惠药局，以济病者。尽瘁两朝，德业盛矣。"[4]

金元之际，又有一些人依靠自学医术而进入太医行列。如太原
人王宜之，"宜之尝病而剧，久之乃愈。取古医经读之，得其遗法深意。
又从名医和氏决疑，遂高于其术。至元初，来京师，宰相闻其名，
召之省中，主医事。病得药而瘳者，或酬之金，曰：'吾有奉入矣，
义无兼取。'卒弗纳。而贫者更稍与钱米，使得以为生，以为常。
稍迁诸路官医提举，宜之叹曰：'吾儒者，竟以医名乎？'遂弃官，
不复仕。"[5]俗曰"久病成医"，王宜之就是由此而进入医家行列的。

最初，王宜之是在中书省中任职，其后又到隶属于太医院的诸
路官医提举司任职。他在从事医疗工作的同时，又特别喜爱儒学，
多与士大夫相结交。当时名士王恽就作有《中秋吟》古诗一首，回
忆与他的一段交往。诗前序曰："中统二年，予客上都，馆于太医
使王宜之家。中秋夜，伯禄宣慰携酒相过，同会者馆主王丈泊省郎

[1]《元史》卷一百〇三《*
法志》。
[2] 金人元好问：《遗山集
卷二十四《卢太医墓志铭》。
[3] 元人陆文圭：《墙东类稿
卷十三《慈悟居士墓志铭》。
[4] 元人刘敏中：《中庵集
卷十三《田仲珪孝敬堂记》。
[5] 元人虞集：《道园学古录
卷十九《王宜之墓志铭》。

宋庭秀，近人来索旧赋，乱道今亡之矣。因追作是诗以寄。"[1] 王宜之因为在太医院任职，所以在大都和上都皆有住宅。

到元世祖时，大都的太医院系统日益完备，院中为元朝帝王治病的太医人数也在不断增加，许多太医皆因与帝王关系密切而得到信任。如元世祖时的太医许国祯，史称"国祯博通经史，尤精医术。金乱，避地嵩州永宁县。河南平，归寓太原。世祖在潜邸，国祯以医征至翰海，留守掌医药。庄圣太后有疾，国祯治之，刻期而愈，乃张晏赐坐。太后时年五十三，遂以白金铤如年数赐之"[2]。是时，元世祖尚未即位，许国祯就开始受到信任。

"世祖即位，录前劳，授荣禄大夫、提点太医院事，赐金符。至元三年，改授金虎符。十二年，迁礼部尚书。国祯尝上疏言：慎财赋、禁服色、明法律、严武备、设谏官、均卫兵、建学校、立朝仪。事多施行。凡所荐引，皆知名士，士亦归重之。"[3] 在元世祖即位后，许国祯进一步得到重用，并且开始在朝中处理大事方面发挥积极作用。其子许扆，秉承家学，先后任提点太医院事、尚医太监等职。

与名医许国祯同时的，又有真定（今河北正定）人窦行冲。"当是时，光禄大夫许公国祯领尚医事，以君名闻，即日被征，既至，入见便殿，赐对称旨，命为尚医。京师之人，无贫富贵贱，请之辄往，遇疾辄已。人德报之，则曰：'天实生之，未必尽出吾术也。'"窦行冲的医术也是传承家学，"真定窦氏以医术名著百余年矣，至君而名益显"。[4] 可见到窦行冲时，其家医术又进一步发展。

与许国祯、窦行冲同时的，还有申敬先，他是汴梁（今河南开封）人。其曾祖父在北宋时就以医术高明供职宫廷中。后因战乱，移家南阳。时人称："敬先性资醇裕，医学明敏，切脉审，用药精，至元六年，选充太医。世祖皇帝巡幸两都，北狩东征，典司药石，皆侍其行。尝于御前修制汤剂，品藻药性，敷奏有条理，上顾而喜曰：汝身虽小，口甚辨博。又敕治元妃疾，获良愈，蒙赐玉鞶带、白金有差。至元廿七年，由御药院使升授朝列大夫，选丞秘省，旌宿劳而从公论也。"[5] 申敬先由御药院使升任秘书监丞，是因为元世祖时太医院一度归秘书监管辖。

及元世祖平定江南之后，在他身边，又多了一些来自南方的人士，如曾为南宋宫中太监的李邦宁。史称："李邦宁，字叔固，钱塘人，初名保宁，宋故小黄门也。宋亡，从瀛国公入见世祖，命给事内廷，

[1] 元人王恽：《秋涧集》卷十一《中秋吟》。

[2][3]《元史》卷一百六十八《许国祯传》。

[4] 元人苏天爵：《滋溪文稿》卷十九《元故尚医窦君墓碣铭》。

[5] 元人王恽：《秋涧集》卷五十六《大元朝列大夫秘书丞汴梁申氏先德碑铭》。

警敏称上意。令学国书及诸蕃语，即通解，遂见亲任。授御带库提点，升章佩少监，迁礼部尚书，提点太医院使。成宗即位，进昭文馆大学士、太医院使。帝尝寝疾，邦宁不离左右者十余月。"[1] 他得以主持太医院的工作，不是因为医术高明，而是因为能够把元世祖、元成宗及元武宗等帝王侍候得很好，故而备受信任。

来自南方而以医术高明受到重用的，则有欧阳懋。"君名懋，字勉翁，生有异质，于家学凤成。既至召见，应对合旨，命坐，赐食、赐貂裘帽、锦衾褥、城东宅一区。食尚医禄，加月饩，复其家，遣使专致其孥。再赐城南宅，计口廪膳，凡所顾问，对辄契合。所进方药，常御。又赐玉带、名马。太子北上和林，上爱之深，意欲君从，君慨然请行。太子践阼，是为成宗，待君益厚，意有不豫，见辄释然。无时不召，好赐有加。"[2] 他在元世祖、元成宗两朝以医术高明而受到重用。

是时又有以儒学名于世而转学医者汪斌，"国朝充江南，行省署为官医。至元廿三年，世祖皇帝征天下贤才，御史以徽国应诏，召见，奏对称旨，切脉奇中，用药立效，即日拜太医院官。出入四朝，多献进治道及民间得失，凡医家所谓五运、六气与政事岁相符合者，无不备陈。故虽以医进，而默能裨益政治。累迁至昭文馆大学士、太医院使。"[3]

元代中期，有自学医术而成名的谷明之。"君字明之，识远器宏，风裁峻整。幼颖悟异常，祖郡伯喜之，曰：'是儿必兴吾宗。'始入小学，礼制节文，目击心会。既长，贯通群籍，学博而智益明，志存济物，屈于施用。喟曰：古人以良医比良相，吾其为医乎。乃悉取方书读之，凡医之技术皆精，故其已疾若神，名驰京师。大德初，近臣以医荐入，侍成宗，大见知遇。详勤忠恪，行在无舍旦夕，赐金钱、珍贝、玉带、宅第，以及衣服、鞍马。岁月相踵，累官朝列大夫、同签太医院事。"[4] 他是自学儒而转学医的典范。

同时又有庐陵（今江西吉安）人王东野，也是以自学而成为名医者。时人称："庐陵王君东野善为方，繇郡官医提领，入为兴圣宫太医。诸贵戚、近侍、公卿大夫，皆以老谨，争相延致。君亦辄能以效自见。"[5] 时人又称："大德初，王东野为吉安路永新州官医提领。七年，迁本路副提领。至大四年，赴调京师，改临江，未行，徽政院使罗司徒荐其名，兴圣宫命为太医。岁年之间，三锡楮币，

[1]《元史》卷二百〇四《邦宁传》。

[2] 元人程钜夫：《雪楼集》卷十七《集贤直学士同金太医院事欧阳君墓志铭》。

[3] 元人邵亨贞：《野处集》三《元故嘉议大夫邵武路总管兼管内劝农事汪公行状》。

[4] 元人刘敏中：《中庵集》十七《河南谷氏昭先碑铭》。

[5] 元人程钜夫：《雪楼集》卷十五《赠王太医序》。

凡七千五百缗。皇庆二年夏，又命乘传还江南，迎妻子。"[1] 由此可知，不仅太医院有专门为帝王服务的太医，兴圣宫也有专门为皇太后服务的太医，同样受到重用。

元代中期，又有以医学世家而在京城扬名的常中。"君天资秀朗，家学渊奥，济以心得之妙，针药所施，效应神捷。人无贵贱，日争迎谒，遂以眼科名世。入为御医，居京师者十年。延祐改元，试中第一人，扈从往来，著绩为多。王公贵人，无不称善，盖术业精专而仁逊不矜故也。"[2] 常中不仅善于针灸，更擅长治眼病，受到时人称赞。

因为太医院的太医们有直接和帝王接触的机会，又负有保障帝王健康的重担，因此，元朝的帝王们往往让他们最信任的大臣来掌管太医院的工作。如元英宗时，让权臣铁失任太医院使；元文宗时，让大臣亦怜真班提调太医院；元顺帝时，让重臣脱脱任太医院事；等等。充分显示了太医院和太医们的重要地位。

（三）域外医学的传入

在成吉思汗西征时，西域盛行的伊斯兰文化随之传入蒙古高原及中原地区。其中，最具典型意义的是西域的《万年历》和伊斯兰医药文化。这种独特的医药文化与中原地区盛行的中华医药文化完全不同，当进入中原地区之后，逐渐融入中华医药文化之中，并促进了中华医药文化的不断发展。

在元代，伊斯兰文化传入之后，通常被冠以"回回"二字。如伊斯兰历法被称为"回回历"，主持天文历法工作的机构被称为"回回司天台"。同样，主持伊斯兰医药收储工作的机构则被称为"回回药物院"，而类似于太医院的医疗机构最初被称为"回回爱薛所"，其后改称"广惠司"。

史称：至元十年（1273 年）正月，"改回回爱薛所立京师医药院，名广惠司。"[3] 这处机构的设置，与爱薛这个人有直接关系。史称：爱薛是"西域弗林人，通西域诸部语，工星历、医药"。早在元定宗时就来到蒙古国效力，并受到忽必烈的赏识。"中统四年，命掌西域星历、医药二司事，后改广惠司，仍命领之。"[4] 此后，他又曾"领崇福使"，负责伊斯兰宗教事务，开始发挥越来越重要的作用。

由此可见，第一，回回爱薛所的设置时间应该是在中统四年

元人程钜夫：《雪楼集》卷三《永新州医学祭田记》。
元人同恕：《榘庵集》卷八《太医常惟一墓志铭》。
《元史》卷八《世祖纪》。
《元史》卷一百三十四《爱薛传》。

（1263年），并且不仅是掌管回回医药之事，也掌管回回天文历法之事。第二，爱薛的另一个特长是"通西域诸部语"，也就是一个很好的翻译，可以把波斯文等西域的语言文字转译给蒙古帝王。在当时，可以把波斯语、蒙古语、维吾尔语等少数民族语言都听懂的人才是较少的，故而能够得到重用。

爱薛有五个儿子，也都在相关机构中任职。长子也里牙（又作"野里牙"），曾任主管伊斯兰教事务的崇福使。次子腆合，曾任翰林学士承旨，负责为元朝帝王拟写诏令。三子黑厮，曾任光禄卿，负责元朝帝王的饮食工作。四子阔里吉思曾任同知泉府院事，与元朝帝王没有直接关系。五子鲁合，曾任广惠司提举，是主管回回医药的主要部门，也是爱薛的直接继承者。

当时，人们对回回医药的了解是很少的，曾经记载过这样一件事情："今上之长公主之驸马刚哈剌咱庆王，因坠马，得一奇疾，两眼黑睛俱无，而舌出至胸，诸医罔知所措。广惠司卿聂只儿，乃也里可温人也。尝识此证。遂剪去之。顷间，复生一舌，亦剪之，又于真舌两侧各去一指许，却涂以药而愈。时元统癸酉也，广惠司者，回回之为医者隶焉。"[1]

文中的"今上"是指元朝的最后一位皇帝元顺帝。"元统癸酉"是指元统元年（1333年），也就是事情发生的时间。从描述中来看，这个病确实称得上是怪病，而治病人所使用的方法更是奇怪。作为广惠司官员的聂只儿，《元史》中无传，而又被时人称为"也里可温人"。也里可温在元代不是一个民族，也不是一个部落或者藩国，而是一种宗教，即基督教的一个分支，当时又被称为"也里可温教"[2]。即聂只儿很可能是一位信奉景教的少数民族官员。因为当时的景教在西亚一带比较盛行，故而聂只儿来自西亚，这种可能性是很大的。回回医学也盛行在西亚一带，故而这种治病的方法很容易给人以联想。

当时人又记载有两件事情——"任子昭云：向寓都下时，邻家儿患头疼，不可忍。有回回医官，用刀划开额上，取一小蟹，坚硬如石，尚能活动，顷焉方死，疼亦遄止。当求得蟹，至今藏之。夏雪蓑云：尝于平江阊门，见过客马腹膨胀倒地，店中偶有老回回见之，于左腿内割取小块出，不知何物也。其马随起即骑而去。信西域多奇术哉。"[3]

这两件事，一件发生在大都城，一件发生在平江（今江苏苏州），

[1] 元人陶宗仪：《南村辍耕录》卷九《奇疾》。
[2] 包括与唐以来之景教、波斯景教，合称为"也里可温教"，故元时对基督教各派的统称。
[3] 元人陶宗仪：《南村辍耕录》卷二十二《西域奇术》。

时间皆未详，应该也是在元顺帝在位时期。第一件事涉及的回回医官，应该是属于太医院或者是广惠司的医生，他所使用的方法，与上述之事的方法类似，皆为外科手术，而且都取得了很好的治疗效果。第二件事涉及用外科手术，施术者不是"医官"。以上所记三件事，皆有一个共同的特点，即治疗方法皆是从域外传入的，所以治疗方法会被当时人认为是"奇术"。

在元代，又有一些少数民族人士在接触到中华医学和域外医学的时候，把这两种医学中的一些内容融合在一起，并且加以总结，著述成书，流传后世。如当时的蒙古族人士忽思慧，就撰写有《饮膳正要》一书，在当时和后世皆产生了较大影响。

该书前有文臣虞集作的序和忽思慧的自序，据此可知作者的身份。这部书的作者有两人，主作者为忽思慧，身份是饮膳太医。辅助作者为常普兰奚，身份是集贤大学士，又是编辑者。其他参与校正该书的，有太医院使耿允谦和中政院使拜住。拜住的参与主要是皇后命其与大都留守金界奴一起负责刊刻该书，加以推广。

《饮膳正要》一书，主要是忽思慧在元文宗天历三年（1330年）收集完成的从元世祖时开始记载的宫廷饮食记录，这些记录是诸多饮膳太医根据《本草》等古医书的内容而为元朝帝王编定的食疗菜谱。忽思慧除了收集这些记载，又加进一些《本草》等书中没有的、他自己理解的内容。许多中原地区不产的食品，如谷、肉、果、蔬等，皆被他收入书中。忽思慧向元文宗进献这部书的主要目的，就是用食疗的功能来为帝王提供一个较为完整的保健系统。

此书刊行之后，不仅在当时影响较大，对后世也产生了一定影响。如明代大学者杨慎在他的《异鱼图赞笺》和《丹铅摘录》两书中，皆曾引用了《饮膳正要》的相关内容。同是明代的大学者方以智，也在他的《通雅》《物理小识》等书中引用了《饮膳正要》的相关内容。

㈤　发达的水利科技

在天文历法和医学方面都有飞跃发展和做出突出贡献的同时，元代在水利科技和水利工程方面也做出了突出的贡献。京杭大运河的开通及运行，对中国古代社会的进一步发展起到了巨大的推动作用；而通惠河的开凿，则对元、明、清三代京城的发展生产了深远的影响。

在中国古代，人们很早就懂得利用水利工程来为农业生产服务，这就是灌溉系统的修造。此外，另一个重要的用途则是运输货物，包括短途和长途运输。这两项水利工程的发展不仅给当时的人们带来巨大的实惠，而且大规模的水利工程甚至直接影响到了中国古代历史的整体发展进程。京杭大运河和通惠河的开凿及运行便是如此。

（一）通惠河的开凿

元世祖忽必烈在位期间做了三件大事。按照时间顺序而言，第一件是定都北京（即元大都城），由此确立了新的统治中心。第二件是建立元朝，并配套设置了一系列重要的典章制度。第三件则是攻灭南宋，一统中国。

与建立元大都直接相关的重要事件，就是京杭大运河和通惠河的开凿，以及海运的开通。在北京几千年的文明发展历程中，民族融合始终是一条显著的主线，并为北京的不断发展提供了巨大的能量。忽必烈即位后，大蒙古国原来的都城和林（在今蒙古国境内）已经不能适应此后发展的需要，必须选择新的统治中心，于是，燕京也就成为首选之地。而这个新统治中心的确立，彻底取代了以往长安、洛阳、南京、开封、杭州等古都的地位。

元大都与以上各处古都相比，最大的弱点就是物产不够丰富，远远不能满足日益繁荣的都市经济和都市生活的发展需求。大都城位于华北平原的北端，虽然在大多数的北方城市中，这里的物产还算丰富，但是从全国首都的角度来看是远远不够的。为了保证全国经济物资对大都城的供应，元朝政府调动巨额人力物力，把隋唐大运河加以改造，最终形成京杭大运河，基本上保障了从江南及中原地区把丰富的物产运送到大都城来。

这条新开凿的京杭大运河，其北端是在大都城东面的通州，距都城还有几十里的陆路。当京杭大运河的漕运及来自江南各地的海运开通后，巨额物资（主要是粮食、绸缎等）就源源不断地运抵通州，从通州再向大都城转运。但是，从通州到京城的陆路运输，既费用高，又效率低，自然成为元朝政府亟待解决的一个大问题。

京杭大运河通州段　叶用才　摄影

在此前的金朝，就出现过类似问题。当时，从中原各地通过运河运抵通州的物资需通过陆路运输运往金中都城，而陆路运输费用太高，所以金朝政府打算开凿一条从通州到中都城的运河。在金朝政府的努力下，这条运河开凿成功了，但是，因为在水源的开发利用上出现较大问题，也就导致漕运开通不长时间即不得不废弃，成为一项失败的水利工程。

在元大都城建好后，开凿一条新运河，以解决从通州到都城运输问题的重要任务，就落到了著名科学家郭守敬的肩上。早在中统三年（1262年），郭守敬就曾向元世祖提出建议："中都旧漕河东至通州，权以玉泉水引入行舟，岁可省僦车钱六万缗。"[1] 文中提到的"中都旧漕河"，就是金朝开凿的从中都到通州的运河，但

[1] 元人苏天爵：《国朝文类》卷五十《知太史院事郭公行状》。

通惠河口卧虎桥　　张晨声　摄影

[1] 元人苏天爵:《国朝文类》卷五十《知太史院事郭公行状》。
[2][3]《元史》卷六十四《河渠志》。

因水源使用不当而作废,郭守敬曾建议用玉泉水作为水源,这是比较合适的。但是,他的建议没有得到元世祖的重视,也就没有得到落实。

到了至元二十八年(1291年),时隔约三十年,郭守敬再次提出:"大都运粮河不用一亩泉旧源,别引北山白浮泉水,西折而南,经瓮山泊,自西水门入城,环汇于积水潭,复东折而南,出南水门,合入旧运粮河。每十里一置闸,比至通州,凡为闸七。距闸里许,上重置斗门,互为提阏,以过舟止水。"[1] 这次的建议,比起三十年前更加合理,也更加具体。

这是因为郭守敬为了实现漕河的正常运行,寻找到了更加丰沛的水源,并且设计出了一条完整的引水系统,即从昌平白浮泉开始,引诸多泉水西南流,汇入瓮山泊(今颐和园昆明湖),然后再从瓮山泊向东南引流,将诸多泉水引入大都城,汇入积水潭(元代又称"海子"),穿城而过,向东引流至通州,与京杭大运河对接。

这项建议,立刻得到元世祖的支持,于是,从翌年春天开工,秋天竣工,共开挖河道"一百六十四里一百四步","凡役军一万九千一百二十九,工匠五百四十二,水手三百一十九,没官囚隶百七十二,计二百八十五万工,用楮币百五十二万锭,粮三万八千七百石,木石等物称是"[2]。当元世祖从元上都回到元大都之后,见到运河已经开漕,许多船只已经沿运河驶入积水潭,出现了"舳舻蔽水"的盛况,遂赐其名曰"通惠河"。

特别值得一提的是,元世祖为了减轻都城及周边地区百姓们的负担,在开挖这条运河时动用的皆是百官、军士和工匠们的劳力。史称:"役兴之日,命丞相以下皆亲操畚锸为之倡。"[3] 通惠河的开通,减少了民众从通州向京城运输劳作的辛苦,也减少了大量政府的经费开支,因此得到了社会各界的赞誉。

郭守敬开凿通惠河之所以成功,主要有两点。第一点,是成功选择了运河的水源,他所引用的运河水源,如白浮泉、神山泉、双塔河、榆河、一亩泉、玉泉等,均是泥沙很少的水源,故而不会造成河道因泥沙过多而淤塞的情况。第二点,是成功建造了一批闸坝,能够有效调节运河的水流量和水流落差,便于漕船从低处的通州驶入高处的京城积水潭。最初设置的闸坝皆是用木材制作的,到了元代中期,陆续都换成了石闸,使通惠河的运输功能得到进一步加固。

　　明清时期的北京城仍然是全国的统治中心，也仍然是全国经济发展最繁华的大都会，城市人口通常都是保持在百万左右。京杭大运河，就是元、明、清三代都市经济发展的大动脉，为保持都市的生命力提供巨额的养分。如果这条经济大动脉出现问题，很快就会导致城市经济的崩溃。这条大动脉的作用一直延续到清朝末年。随着大机器工业的崛起，火车、轮船取代了漕船的作用，通惠河才逐渐走向衰落。

　　第四，是为都城的水系提供了净化与调节的功能。郭守敬开凿的通惠河，把西北一带的高质量水源汇到一起，穿过两大水域，即瓮山泊水域及积水潭水域。在元代，这些泉流在穿过新建的大都城时，又变成了整个都城所使用的城市水系。当时西山诸水在从和义门进入都城的时候，是分成金水河水系和高梁河水系两条水脉的。金水河水系引入的是玉泉山的泉水，在进入大都城后被引入太液池，成为皇家的御用水系。而西北众多泉水汇入高梁河水系，在进入大都城后，则被引入积水潭，成为居民生活用水的水系。

　　到了明代初期，这里的都城地位消失了，也没有必要再区分皇家用水与居民用水，两条水系合而为一，积水潭的水也与太液池的水合而为一了。此后，明成祖再次定都北京，重建宫殿、苑囿，也没有再区分城市用水了。在明清时期，不论是瓮山泊还是积水潭，在北京城市用水系统中都发挥着举足轻重的作用，这其中，通惠河水道的串联作用则是至关重要的。

第六章

翰墨文采　歌舞悠扬

——精美的文艺创作

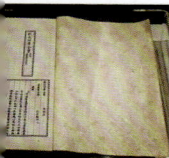

元大都城垣遗址公园朝阳段　　左晋　摄影

　　元朝是中国历史上存在时间较短的朝代之一，也是少数民族政权第一次统一全国的历史时期。这个时期的历史发展出现了许多独具特色的地方，其中元杂剧的繁荣发展最具典型意义。在此之前的唐宋时期，人们已经把唐诗、宋词的文学表现形式推到了极致的高度，后人很难企及。但是，元朝散曲和杂剧的出现，则是把一种新的文艺创作形式，在前代发展的基础上，使其进一步加以发展繁荣，并推向巅峰，代表了整个时代文艺创作的特色。而元代的大都城，正是元杂剧创作和演出的最主要的中心之一。

　　元代的诗文创作，也是在唐宋诗文发展的基础上不断进步。由于受到元朝特定历史发展环境的影响，这时的创作者们，虽然也在学习和模仿唐诗、宋词的创作格式和特点，但是在内容上则出现了许多变化，即使没有出现像"唐宋八大家"这样的超级文坛巨星，却也出现了一批较为杰出的诗文作者。他们的很多作品目前已经散佚了，但我们在传世的诗文中仍然能够找到一些很有特色的佳作。大都城正是元代文坛最活跃的地方，一大批著名的诗文作家都会聚在这里，一同开展诗文创作活动。

　　元代的书画创作，也有自己独特的风格。与唐宋时期的名家辈出不同，元代的著名书画家数量不多，传世作品也不多，这与元代立国时间较短有直接关系。而在这较短的时间里，赵孟頫一家（包括他的夫人和儿子）的书画创作应该是不可多见的亮点。另外一个特别值得提到的，是元代文人画派的兴起，给中国的书画界带来了一股清新的创作风格。

　　元杂剧的兴起，带来了元大都演艺活动的繁荣。元朝统治者的独特户籍管理办法，也对大都城的演艺活动产生了促进作用。当时的全国演艺人员都被政府编入"乐籍"，统一管理。而全国各地的杰出演艺人才，都被征调到大都城来，为元朝统治者提供演艺服务。在他们为政府服务之暇，也就成为大都演艺圈里的活跃分子，成为元杂剧演出的骨干力量。

⊝ 元杂剧创作的繁荣发展

　　在元大都城，元杂剧的演出活动深受人们喜爱。上至帝王官僚，下至普通居民，凡有条件者，皆以观看杂剧表演为一项重要的娱乐活动。当时演出的杂剧，题材十分广泛，有以历史故事为主题的，有以神怪争斗为主题的，有以除暴安良为主题的，有以男女爱情为主题的，等等。总之，歌颂真、善、美和贬斥假、恶、丑，是人类文艺创作的永恒主题，也是元杂剧创作及演出的主题。

在当时的大都城，从事杂剧创作的人员形成了一个相对独立的群体。在这个群体中，大多数人的社会地位是较为低下的，身份较为复杂，他们的创作语言也是较为粗俗，故事内容往往是历代传承下来的。但是，就是在这样一群人中，却涌现出了数位文学巨匠，如关汉卿、马致远和王实甫等，他们的代表作，如《窦娥冤》《汉宫秋》《西厢记》等，则一直流传到今天。

（一）杂剧作家群体的构成

杂剧作为元代最时髦的表演艺术，也为杂剧作家提供了一个极为宽广的创作舞台。在这里，会聚了一批杂剧创作的爱好者。因为他们的创作，都不是自己的职业，而是"业余"的喜爱，使他们创作出了或多或少的杂剧作品。十分遗憾的是，这些杂剧脚本，能够流传下来的已经很少了。而我们对这些杂剧作家的身份和生平，能够了解到的就更少了。

我们今天能够见到的、记载当时杂剧作家比较多的文献，为元代钟嗣成所著《录鬼簿》。在这部书中的上卷，他记载了三部分人，即一、前辈已死而有乐府作品传世的；二、方今名公；三、前辈已死而有杂剧作品的。显然，如果从杂剧创作的角度来看，应是以第三部分人为主。在《录鬼簿》记载的第三部分人中，生活在大都的杂剧作家大约占了三分之一。

这些生活在大都城的杂剧作家中，则有一半人的身份仅有简介，另外一半人则身份不详。而在有身份简介者中，又有一些人的身份尚须质疑，如关汉卿，被称为"太医院户"；白仁甫，被称为"掌礼仪院太卿"。而其他作家，如庾吉甫和李时中任中书省掾，张国宝任教坊司官，李宽甫

《西厢记》插图　FOTOE 供图

任刑部令史，梁进之任警巡院判等，皆是地位低下的小官吏。由此可见，生活在大都的绝大多数杂剧作家，是身处在社会下层的人们。

关汉卿画像　李斛 绘

这些人在从事杂剧创作的过程中，有的相互交流，切磋笔墨功夫，逐渐产生友谊，甚至成为很好的朋友。他们之间的交往，常常被后人传为佳话。如王和卿与关汉卿的交往，时人称："大名王和卿，滑稽挑达，传播四方。中统初，燕市有一蝴蝶，其大异常。王赋《醉中天》小令云：'挣破庄周梦，两翅驾东风。三百处名园一采一个空。难道风流种，諕杀寻芳蜜蜂。轻轻的飞动，卖花人扇过桥东。'由是其名益著。时有关汉卿者，亦高才风流人也。王常以讥谑加之，关虽极意还答，终不能胜。王忽坐逝而鼻垂双涕尺余，人皆叹骇。关来吊唁，询其由，或对云：此释家所谓坐化也。复问鼻悬何物？又对云：此玉箸也。关云：我道你不识，不是玉箸，是嚏。咸发一笑，或戏关云，你被王和卿轻侮半世，死后方才还得一筹。凡六畜劳伤，则鼻中常流脓水，谓之嚏病。"[1] 王和卿在中统年间曾在燕京的行中书省中任下层官吏，故而与关汉卿有较多交往，而其创作才能，也与关汉卿不相上下。

又如杨显之与关汉卿的交往，也很亲密。后人曾作文纪念杨显之曰："显之前辈老先生，莫逆之交关汉卿。么末中补缺加新令，皆号为'杨补丁'。有传奇乐府新声。王元鼎、师叔敬，顺时秀、伯父称，寰宇知名。"[2] 诗中指出，他和关汉卿是"莫逆之交"，而且曾经多次帮助关汉卿修改剧作，故而被称为"杨补丁"。而他与当时的杂剧作家王元鼎、杂剧演员顺时秀等，皆有较为密切的交往，在杂剧创作界的知名度是很高的。

后人在评论一百八十七名元代著名作者的创作风格时，也把杨显之列入其中，对他的评价是"杨显之如瑶台夜月"，与之同列的关汉卿"如琼筵醉客"，王实甫"如花间美人"，马致远"如朝阳鸣凤"，而梁进之则"如花里啼莺"。这种评价虽然只是对作者所创作的作品特色加以概括，却也能够反映出杨显之的创作风格与关汉卿、马致远、王实甫等人有着明显不同。

杨显之的杂剧作品，据《录鬼簿》的记载有八种，即《刘泉进瓜》《黑旋风乔断案》《丑驸马射金钱》《临江驿潇湘夜雨》《萧县君

[1] 元人陶宗仪：《南村辍耕录》卷之二十三《嚏》。
[2]《全元散曲·贾仲明》。

风雪酷寒亭》《蒲鲁忽刘屠大拜门》《大报冤两世辨刘屠》《借通县跳神师婆旦》。这些杂剧的内容今天已经很难知晓，但大多是以民间传说和历史故事为主的。

与关汉卿同时的，又有梁进之。梁进之是大都人，又在大都做官，曾任警巡院判、大兴县尹、大兴府判等职，"与汉卿世交"。后人作有《吊梁退之》诗，曰："警巡院职转知州，关叟相亲为故友。行文高古尊韩柳，诗宗李杜流，填词师苏柳秦周。翠红群里，挦羊糯酒，肥马轻裘。"[1]他的杂剧作品被著录的仅有《赵光普进梅谏》和《东海郡于公高门》两种，当为历史故事。

同时还有费君祥，也是大都人。生平不详。其子费唐臣，其生平亦不详。费君祥在大都的杂剧界也很活跃。据《录鬼簿》记载，他曾创作有《才子佳人菊花会》，其子费唐臣则创作有《斩邓通》《汉丞相韦贤篡金》《苏子瞻风雪贬黄州》。在后人所作纪念他父子二人的诗中留下有关信息。《吊费君祥》诗曰："君祥前辈效图南，关已相从看老耽，将楚云湘雨亲把勘。《爱女论》语句严；《菊花会》大石调监咸。珊瑚檐，翡翠槛，风月轻担。"他的作品，除《菊花会》外，应该还有一些，但没有流传下来。《吊费唐臣》诗曰："双歌莺韵配鸳鸯，一曲鸾箫品凤凰。醉鞭误入平康巷，在佳人、锦瑟傍。《汉韦贤》关目辉光。《斩邓通》文词亮，《贬黄州》肥普香，父是君祥。"在这首诗里，把他们父子的三部杂剧代表作都点到了。

值得一提的是还有两位在教坊司供职的杂剧作家，一位是张国宝，另一位是红字李二。张国宝是大都人，艺名"喜时营"。他的作品是以历史故事为主，创作有杂剧《汉高祖衣锦还乡》《薛仁贵衣锦还乡》《相国寺公孙汗衫记》等。一个是汉朝故事，一个是唐朝故事，还有一个是宋朝故事。红字李二是陕西人，他创作的杂剧则是以民间流传的水浒故事为主题，有《病杨雄》、《板踏儿黑旋风》和《折担儿武松打虎》等。从创作题材即可看出，这两位杂剧作家的文学修养是比较低的。

（二）关马白王四大家及作品

在元代杂剧的繁荣发展中，大都城是最辉煌的演艺场所之一，也是杂剧创作的中心之一。众多杂剧作者在此的创作活动，是推动

[1]《全元散曲·贾仲明》。

杂剧发展到鼎盛阶段的重要因素。而在诸多杂剧作者之中，关汉卿、马致远、白朴和王实甫，应该是最杰出的代表。今天，杂剧的演出技艺已经消失了，而他们创作出来的杂剧脚本却仍然得以流传，为我们提供了一份厚重的珍贵文化遗产。关于元代杂剧创作四大家，前人有过不同的说法和评价，而这里所指的四大家，则是和元大都有直接关系的四位杂剧创作的杰出代表。

关汉卿，无疑是元代杂剧脚本创作的顶尖人物。他的生平，虽然有专家特别加以研究，仍有许多存疑及不详之处，但有一点是大多数人都认同的，那就是他是大都人，也曾长期在大都生活。他所处的时代，大约是在元代前期。关汉卿的杂剧创作活动极为丰富，仅就《录鬼簿》一书所载的由他创作的杂剧脚本，有近六十部。这样的创作数量，鲜有人能及。

关汉卿创作的杂剧脚本，题材极为丰富，如表现历史题材的，有《薄太后走马救周勃》《隋炀帝牵龙舟》《唐太宗哭魏征》等；表现爱情故事的，有《升仙桥相如题柱》《闺怨佳人拜月庭》《杜蕊娘智赏金线池》等；反映民间传说的，有《关张双赴西蜀梦》《关大王单刀会》《汉元帝哭昭君》等；反映判案题材的，有《开封府萧王勘龙衣》《宋上皇御断姻缘簿》《双提尸冤报汴河冤》等，反映现实题材的，则有《感天动地窦娥冤》《金银交钞三告状》《风月状元三负心》等。其中，尤以《感天动地窦娥冤》的创作成就最为突出。

这部杂剧取材于历史故事，而关汉卿通过创作，却把这个故事的社会内涵提到了一个新的高度。他运用写实的逼真手法，通过描述窦娥这个下层市民的悲惨遭遇，表现出元代现实社会的黑暗面，窦娥的悲惨集中在一个"冤"字上：第一冤是冤在张驴儿让赛卢医开毒药，毒死了窦娥的公公，却把罪名安在窦娥的头上；第二冤是官府错判案，使窦娥被屈打成招；第三冤是窦娥被斩刑场而无法申诉。这种冤案在当时是普遍存在的社会黑恶现象。

关汉卿在表现窦娥被冤屈的时候，通过窦娥之口唱出了控诉之声。在她遭刑讯逼供时，窦娥唱道："我恰还魂，才苏醒，又昏迷。捱千般打拷，见鲜血淋漓。一杖下，一道血，一层皮。"一个无辜的弱女子，惨遭酷刑。在她被押到刑场临刑前，窦娥又唱道："有德的受贫穷更命短。造恶的享富贵又寿延。……我今日负屈衔冤哀告天。空教我独语独言。"[1] 最后，在窦娥临死时发下三个誓言：第一，

[1]《关汉卿戏曲集·感天动地窦娥冤》。

兰谷先生小景（影）（白朴像）
FOTOE 供图

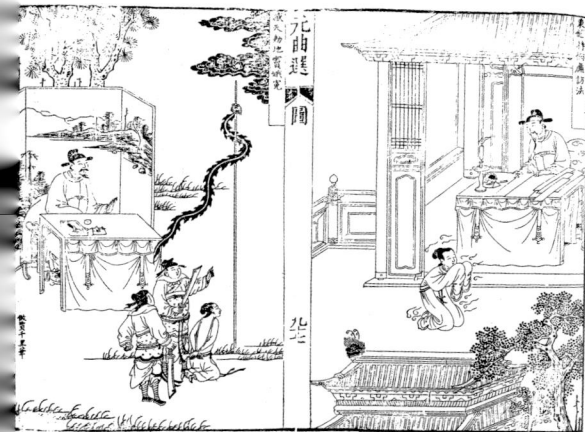

《窦娥冤》插图　FOTOE 供图

血飞白练；第二，六月下雪；第三，大旱三年。在她死后，这三个誓言都灵验了，故而这部杂剧又被人们称为《六月雪》。

马致远与关汉卿的创作风格完全不同，生活经历也不同。在《录鬼簿》中记载了他的十二部杂剧作品。其中，尤以《江州司马青衫泪》和《孤雁汉宫秋》最具特色。马致远的生活经历和人生追求与关汉卿完全不同，他的生活经历代表了中国古代知识分子的基本模式，做官从政，实现自己的政治抱负。但是他的生活又是一个失败的模式，一直都是中下层官吏，庸庸碌碌，无所作为。这种人生体验就直接表现在他的杂剧创作中。江州司马是被贬职外放的名士，完全可以和他自身状况相比；而《孤雁汉宫秋》里面的王昭君，也是不得志而被等同发配塞外的美女。马致远对这两位人物的描写，都有着自身感受的深刻共鸣。

马致远有一些传世的散曲作品，其中以《天净沙·秋思》最为脍炙人口。而最能体现他思想境界的当数《四块玉·叹世》：

"两鬓皤，中年过，图甚区区苦张罗？人间宠辱都参破。种春风二顷田，远红尘千丈波，倒大来闲快活。……白玉堆，黄金垛，一日无常果如何？良辰媚景休空过。琉璃钟琥珀浓，细腰舞皓齿歌，倒大来闲快活。风内灯，石中火，从结灵胎便南柯，福田休种儿孙祸。结三生清净缘，住一区安乐窝，倒大来闲快活。月满轮，花成朵，信马携仆到鸣珂，选一间岩嵌房儿坐。浅斟着金曲卮，低讴着白雪歌，倒大来闲快活。瓢有尘，门无锁，人海从教斗张罗。共诗朋闲访相酬和，尽场儿吃闷酒，即席间发淡科，倒大来闲快活。"[1]

在马致远高唱"快活"的背后，有着浓浓的苦涩。

白朴与关汉卿、马致远同时代的杂剧作家，他是河北真定人，曾经在大都的太常礼仪院供职。在《录鬼簿》中记载了他创作的十五部杂剧作品，其中，有些是以才子佳人的爱情故事为主题。主要有：《祝英台死嫁梁山伯》、《苏小小月夜钱塘梦》、《鸳鸯简墙头马上》、《董秀英花月东墙记》、《唐明皇秋夜梧桐雨》（简称《梧桐

尝谓门人曰:'分章析句,乃经生举子之业,求之于致知格物之理,则懵如也。为己之学,当以穷理为先。'故一时学者翕然咸师尊之。"[1] 当时的许多重要文章,如元世祖忽必烈的《中统建元诏》《赐高丽国王历日诏》《至元改元赦》等诏书,均是由王鹗撰写的。

稍后于王鹗的著名文士,则有徐世隆、郝经等。徐世隆,字威卿,也是金朝进士。他曾受到王鹗荐举,后任燕京宣抚使、太常卿、翰林侍讲学士等职。史称:"至元元年,迁翰林侍讲学士,兼太常卿。朝廷大政谘访而后行,诏命典册多出其手。世隆奏:'陛下帝中国,当行中国事。事之大者,首惟祭祀,祭必有庙。'因以图上,乞敕有司以时兴建。从之。逾年而庙成。遂迎祖宗神御,奉安太室,而大祫礼成。帝悦,赏赐优渥。……所著有《瀛洲集》百卷、文集若干卷。"[2] 元朝初年的礼仪制度大多都是由他主持制定的。

元代曹知白《溪山泛艇图》(复制品) 上海市历史博物馆藏 FOTOE 供图

徐世隆所著《瀛洲集》今已散佚,可得而见者,有一篇祭祀太保刘秉忠的祭文,称:"天兴大元,六十余年。王气所钟,有开必先。圣不独出,众贤从之,圣贤相逢,千载一时。岩岩刘公,首出襄国。学际天人,道冠儒释。……扈从王师,柔服哀牢,公于是时,蜀之韦皋。堂上出奇,鄂江飞渡,公于是时,晋之杜预。天王既尊,山人自晦,公于是时,唐之李泌。相宅卜宫,两都并雄,公于是时,周之召公。中统建元,宣抚十道,多举名儒,亲草其诏。至元入省,命赞万机,暂决大议,力辞以归。上亦知公,不屑细务,止解中书,仍居保傅。官制未定,公图列之,朝仪未肃,公奏阅之。方其弘化,仪形万方。天遽夺之,今也则亡。"[3] 这篇祭文,对刘秉忠的一生政绩,给予了充分肯定。

郝经,字伯常,泽州陵川(今山西晋城)人。幼承家学,又博览群书,元宪宗时,以才学受到皇弟忽必烈赏识,入藩府,屡出奇谋。他所著《东师议》《班师议》《立政议》等文章,不仅气势恢宏,分辨清晰,而且切中时弊。如《东师议》讲到元宪宗亲征川蜀时曰:"岂有连百万之众,首尾万余里,六飞雷动,乘舆亲出,竭天下,倒四海,

[1] 元人苏天爵:《国朝名臣事略》卷十二《内翰王文康公》。
[2]《元史》卷一百六十《徐世隆传》。
[3] 元人苏天爵:《国朝文类》卷四十八《祝文》。

腾掷宇宙，轩豁天地，大极于遐徼之土，细穷于委巷之民，撞其钟而掩其耳，啮其脐而蔽其目，如是用奇乎？是执千金之璧而投瓦石也。"[1]讲述元宪宗在蜀中钓鱼城被守城宋军击毙事情。

及元世祖即位，郝经受命出使南宋，被奸臣贾似道扣押十六年而不屈，被称为元朝的苏武。史称："经为人尚气节，为学务有用。及被留，思托言垂后，撰《续后汉书》《易春秋外传》《太极演》《原古录》《通鉴书法》《玉衡贞观》等书及文集，凡数百卷。其文丰蔚豪宕，善议论。诗多奇崛。拘宋十六年，从者皆通于学。书佐苟宗道，后官至国子祭酒。"[2]郝经的著述今多散佚，所幸存有《陵川集》三十九卷，大部分诗、文、赋等得以流传。

至元年间活跃在大都文坛的，有王恽及阎复。王恽，字仲谋，年轻时即与王博文、王旭齐名。中统元年（1260 年）来到燕京，在中书省任职，"裕宗在东宫，恽进《承华事略》，其目曰：广孝、立爱、端本、进学、择术、谨习、听政、达聪、抚军、崇儒、亲贤、去邪、纳诲、几谏、从谏、推恩、尚俭、戒逸、知贤、审官，凡二十篇。……太子善其说，赐酒慰喻之。令诸皇孙传观，称其书弘益居多。"[3]此后，他又在翰林国史院、御史台等处任职，参与了《世祖实录》的纂修。

王恽的著述十分丰富，史称："其著述有《相鉴》五十卷、《汲郡志》十五卷、《承华事略》、《中堂事记》、《乌台笔补》、《玉堂嘉话》，并杂著诗文，合为一百卷。"[4]合称《秋涧集》（《相鉴》及《汲郡志》除外）。王恽在大都任职的时间比较长，故而在诗文中有大量对大都的描写，如他在《中堂事记》中有一段对居庸关的描写，称："戊辰卯刻入居庸关。世传始皇北筑时居庸徒于此，故名。两山巉绝，中若铁峡。少陵云'硖形藏堂隍，壁色立积铁'者，盖写真也。控扼南北，实为古今巨防。"[5]寥寥数笔，把居庸关的名称、来历和景物特色均描绘出来。

阎复，字子靖，山东高唐人。幼年时曾得大文豪元好问赏识，与徐琰、李谦、孟祺齐名。至元年间来到大都城，在翰林国史院和集贤院任职，此后又历仕元成宗、元武宗二朝，文名为一时之盛。他的著述，曾被辑为《静轩集》五十卷，惜今已散佚。他曾作有《遗山先生挽诗》一首，曰："萧寺秋风卷玉荷，月明人影共婆娑。谁知别后骊驹曲，便是先生薤露歌。野史夜寒虫蠹简，锦机春暖凤停梭。

1]元人郝经：《陵川集》卷三十二。
2]《元史》卷一百五十七《郝经传》。
3][4]《元史》卷一百六十七《王恽传》。
5]元人王恽：《秋涧集》卷八十。

只应前日西州路，常使羊昙忍泪过。"[1] 以此纪念恩师元好问。

阎复还曾为名臣刘秉忠的《藏春集》作序，称："大傅文贞公学参天人，思周变通，早慕空寂，脱弃世务。一旦遭际圣主，运应风云，契同鱼水，有若留侯规划以兴汉业，召公相宅以营都邑，叔孙奉常绵蕝以定朝仪……当云霾草昧之世，天开地辟，赞成文明之治。"[2] 对刘秉忠的一生加以简要概括及高度评价。其他如所撰《太师广平贞宪王碑》《驸马高唐忠献王碑》，以及代拟《加封五岳四渎四海诏》、《建储诏》、元武宗《即位诏》等，皆为一时之大手笔。

元代中期，文章大家首推姚燧。姚燧，字端甫，号牧庵，洛阳人。他在年幼时即从伯父姚枢和名儒许衡学习，并且受到名士杨奂的赏识，把女儿许配给他。至元七年（1270年），许衡在大都国子学任祭酒，把十二个弟子召到国子学任教，姚燧即是其中之一。此后他历官中外，文名愈盛。史称："燧之学，有得于许衡，由穷理致知，反躬实践，为世名儒。为文闳肆该洽，豪而不宕，刚而不厉，舂容盛大，有西汉风，宋末弊习为之一变。盖自延祐以前，文章大匠莫能先之。"[3] 他的著述，被辑为《牧庵集》传世。

史又称："当时孝子顺孙，欲发挥其先德，必得燧文始可传信。其不得者，每为愧耻。故三十年间，国朝名臣世勋、显行盛德，皆燧所书。每来谒文，必其行业可嘉，然后许可，辞无溢美。"[4] 姚燧所撰名儒《杨恭懿神道碑》《姚枢神道碑》等，以及权臣《史天泽神道碑》《张柔神道碑》《邸泽神道碑》等，皆为大蒙古国时期的汉军万户，战功卓著。他所撰写的文章，不仅有名人碑传，还有为著名寺观写的碑铭，如《大长春宫碑》《大崇恩福元寺碑》《大普庆寺碑》，等等，使我们对元代前期道教和佛教的发展能够有更多的了解。

《元史》记载了这样一个故事："时高丽沈阳王父子，连姻帝室，倾赀结朝臣。一日，欲求燧诗文，燧靳不与，至奉旨，乃与之。王赠谢币帛、金玉、名画五十箧，盛陈致燧。燧即时分散诸属官及史胥侍从，止留金银，付翰林院为公用器皿，燧一无所取。人问之，燧曰：'彼藩邦小国，唯以货利为重，吾能轻之，使知大朝不以为意。'其器识豪迈过人，类如此。"[5] 姚燧的认识虽然有些偏颇，但是他在文坛的声誉之高，则是时人的共识。

与姚燧同时的还有名士元明善。元明善，字复初。年轻时在江

[1] 金人元好问：《遗山集》附录。

[2] 元人刘秉忠：《藏春集》原序。

[3][4][5]《元史》卷一百七十四《姚燧传》。

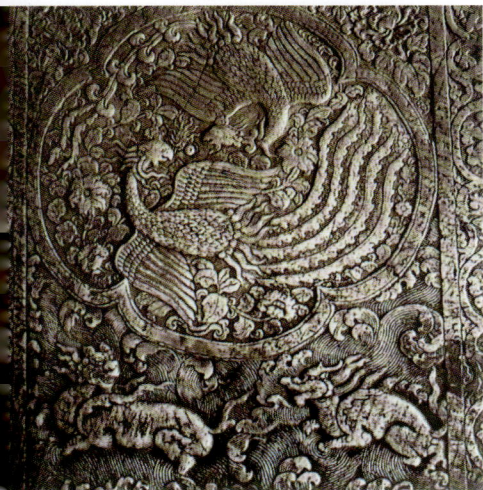

元代双凤麒麟石雕图案

南任官，已经在文坛初露头角。元武宗时，来到大都，任东宫官，元仁宗即位后，到翰林国史院供职，参与纂修《元成宗实录》《元顺宗实录》《元武宗实录》，并参与推行科举考试之事，史称："延祐二年，始会试天下进士，明善首充考试官，及廷试，又为读卷官，所取士后多为名臣。"[1] 元英宗时，他又参与《元仁宗实录》的纂修工作。史又称："明善早以文章自豪，出入秦、汉间，晚益精诣，有文集行世。"[2]

元明善的著述被辑为《清河集》。当时名士马祖常作《翰林学士元公神道碑》，称："其文，有赋五，诗凡一百六十三，铭赞传记五十九，序三十，杂著十五，碑志一百三十。出入秦汉之间，本之于六经，以涵泳其膏泽，参之于诸子百家，以骋其辨刻，而不见其迹，新而必自己出，蔚乎其华，敷镤乎其古声。倡古学于当世，为一代之文宗者，柳城姚燧暨公而已。"[3] 把他和姚燧并列，推崇为"一代之文宗"。

元明善的著述传于后世者，如《太师淇阳忠武王碑》《丞相东平忠宪王碑》《丞相淮安忠武王碑》《平章政事廉文正王神道碑》《河南行省左丞相高公神道碑》《藁城令董府君神道碑》《藁城董氏家传》等，皆为一代之大手笔。又如，他还作有《节妇马氏传》《张淳传》等，为小人物立传，以见当时社会底层人们的生活状况。

元代中后期，活跃在大都文坛上的则有黄溍、欧阳玄、许有壬、苏天爵等人。黄溍，字晋卿，延祐二年（1315年）进士，历官各地，在大都时，"入为应奉翰林文字、同知制诰，兼国史院编修官。转国子博士，视弟子如朋交，未始以师道自尊，轻纳人拜。而来学者滋益恭，业成而仕，皆有闻于世。"[4] 史称："溍之学，博极天下之书，而约之于至精，剖析经史疑难，及古今因革制度名物之属，旁引曲证，多先儒所未发。文辞布置谨严，授据精切，俯仰雍容，不大声色，譬之澄湖不波，一碧万顷，鱼鳖蛟龙，潜伏不动，而渊然之光，自不可犯。所著书有《日损斋稿》三十三卷、《义乌志》七卷、笔记一卷。"[5] 黄溍与虞集、揭傒斯、柳贯齐名，号"儒林四杰"。

黄溍的著述，后人辑为《文献集》，他的学生宋濂在为该书作

[2]《元史》卷一百八十一《元善传》。

元人苏天爵：《国朝文类》六十七《神道碑》。

[5]《元史》卷一百八十一《黄传》。

序时称："先生之所学，拥其本根则师群经，扬其波澜则友迁、固、沈浸之久，超然有会于心。尝自诵曰：'文辞各载夫学术者也，吾敢为苟同乎？无悖先圣人斯可已。'……今之论者徒知先生之文清圆切密，动中法度，如孙吴用兵，神出鬼没，而部伍整然不乱。至先生之独得者，又焉能察其端倪哉！"[1]《文献集》现仅存十卷，其中辑录的《程楚公小像赞》《三皇庙乐章》《李孟行状》《恭跋御书奎章阁记石刻》《跋静修先生遗墨》《黄节妇传》《梅孝子传》《监修国史题名记》《翰林国史院题名记》等，既有较高的文采，又有珍贵的史料价值。

欧阳玄，字原功。"弱冠，下帷数年，人莫见其面。经史百家，靡不研究，伊、洛诸儒源委，尤为淹贯。"[2]及元仁宗开科举，与黄溍同年进士，先是在外地任职，后入京，在国子学及翰林院任职，又与虞集等人一起纂修《经世大典》。到元顺帝时，编修四朝《实录》，又主持辽、金、宋三史的纂修工作，史称："玄性度雍容，含弘缜密，处己俭约，为政廉平，历官四十余年，在朝之日，殆四之三。三任成均，而两为祭酒；六入翰林，而三拜承旨。修实录、《大典》、三史，皆大制作。屡主文衡，两知贡举及读卷官，凡宗庙朝廷雄文大册、播告万方制诰，多出玄手。金缯上尊之赐，几无虚岁。海内名山大川，释、老之宫，王公贵人墓隧之碑，得玄文辞以为荣。片言只字，流传人间，咸知宝重。文章道德，卓然名世。"[3]元代后期的大都文坛，当以欧阳玄为之翘楚。

欧阳玄的著述，后人辑为《圭斋集》，今日得见者，已十不足一。该书中所辑录，如《天马赋》《辟雍赋》《许衡神道碑》《赵孟頫神道碑》《贯云石海涯神道碑》《虞集神道碑》《张起岩先世碑》等，皆为元代文坛重要史料。又如代作《命相出师诏》《再命出师诏》《进辽史表》《进金史表》《进宋史表》《进经世大典》等，皆为当时重大事件的真实写照。

欧阳玄的一些重要文章，没有收入《圭斋集》中，如《过街塔铭》。元顺帝时，在居庸关曾建有永明寺及过街塔，时人称："至正二年，今上始命大丞相阿鲁图，左丞相别儿怯不花创建。过街塔在永明寺之南，花园之东，有穹碑二，朝京而立。车驾往回或驻跸于寺，有御榻在焉。其寺之壮丽，莫之与京。关之南北有三十里，两京扈从大驾春秋往复，多所题咏。"[4]而在《析津志》一书中，即载有欧

[1] 元人黄溍：《文献集·原序》。

[2][3]《元史》卷一百八十二《欧阳玄传》。

[4] 元人熊梦祥：《析津志辑佚》"属县门"。

刘静修像（刘因），《古圣贤像传略》（共十六卷），清代顾沅辑录、孔莲卿绘，清道光十年刊本 FOTOE 供图

阳玄所作《过街塔铭》一文。铭文中称："皇畿南北为两红门，设扃钥、置斥候。每岁之夏，车驾消暑滦京，出入必由于是。今上皇帝继统以来，频岁行幸，率遵祖武。一日，揽辔度关，仰思祖宗勘定之劳，俯思山川拱抱之状，圣衷惕然，默有所祷，期以他日即南关红门之内，因山之麓，伐石甓基，累甓跨道，为西域浮图，下通人行，皈依佛乘，普受法施。"该寺及过街塔现皆已损毁无存，仅剩塔基，今称"居庸关云台"，为国家重点文物保护单位。

许有壬，字可用，与黄溍、欧阳玄为同年进士。此后，历官各地，多有建树。史称："有壬历事七朝，垂五十年，遇国家大事，无不尽言，皆一根至理，而曲尽人情。当权臣恣睢之时，稍忤意，辄诛窜随之。有壬绝不为巧避计，事有不便，明辨力争，不知有死生利害，君子多之。有壬善笔札，工辞章。欧阳玄序其文，谓其雄浑闳隽，涌如层澜，迫而求之，则渊靓深实，盖深许之也。所著有《至正集》若干卷。"[1] 他在元代后期，不仅以文章名世，亦以政务干练著称。

许有壬的诗文，今存于《至正集》和《圭塘小稿》等著述中，虽亦有散佚，得以保存的也不少，成为人们了解元代后期史实的珍贵资料。如他曾作有《斗驼赋》一文，描述元统二年（1334 年）九月九日，元顺帝在大都皇城内举行斗驼娱乐活动的情景，十分生动。又如他作有《国朝名臣事略序》《安南志略序》《宋诚夫文集序》《李遂初文集序》《击壤同声集序》《大元本草序》《林春野文集序》《张雄飞诗集序》等文章，对人们了解元代著述情况有很大帮助。

在元代，不仅文人学士作文吟赋，有些在文坛上寂寂无名的作者也写有很好的文章，如李洧孙和黄文仲，就都写有《大都赋》文，对元大都发展的盛况加以描述。如李洧孙所写《大都赋》称："昔颂商者，其诗曰：商邑翼翼，四方之极。歌周者曰：宅是镐京，维龟正之。盖当国家盛时，区宇博大，洪威远畅，湛恩旁洽，斯人归之，如众星之拱北极，如百川之朝东海。故于其作都之地，歆艳而咏歌之。赋者，古诗之流也，至班固始赋西都，而张衡、左思之赋继作。自尔循涂蹑辙，层见叠出。然其词章气象，大抵与王治相为高下。钦惟国朝，体元继天，奄有六合，凡上仁所未化，懋德所未绥者，莫不归极献状于王会图。上考元象，下据都会，度其鲜原，燕土维宅。其规模宏远，凛凛乎商、周、二汉之上。"[2]

李洧孙在描述大都城商业繁华时写道："凿会通之河，而川陕

[1]《元史》卷一百八十二《许有壬传》。
[2]《日下旧闻考》卷六《形胜》。

豪商、吴楚大贾，飞帆一苇，径抵辇下。置屯田之卒而野蒇旷土，民弗加赋，岁数十万具于畿内。往适其市，则征宽于关，旅悦于途，灵钟叩而蒲牢吼，掺鼓动而元鼍呼。榑桑腾景，皋门启枢。百廛悬旌，万货别区，匪但迩至，亦自远输。氀毹貂豽之温，珠玭香犀之奇，锦纨罗縠之美，椒桂砂芷之储，瑰绣耀于优坊，金璧饬于酒垆。伎效犁轩之术，工集般输之徒，烟尘坌而四合，岁月暇而多娱。"[1]

黄文仲所写《大都赋》称："窃惟大元之盛，两汉万不及也。然班固作《二都赋》，天下后世夸耀不朽。今宇宙升平，宜播厥颂。文仲幸生圣世，获睹大都，虽不克效其聱牙之文、繁艳之语，亦不愿闻其奢靡之政、浮夸之言，谨摭其事，撰《大都赋》，上于翰林国史，请以备采择之万一。"[2] 他认为，元朝发展之盛远过两汉，而大都之繁华，亦胜于汉代两都，故而作赋。

黄文仲在描述大都城的商业繁华时写道："论其市廛，则通衢交错，列巷纷纭，大可以并百蹄，小可以方八轮。街东之望街西，仿而见，佛而闻；城南之走城北，出而晨，归而昏。华区锦市，聚四海之珍异；歌棚舞榭，选九州岛之秾芬。招提拟乎宸居，廛肆至于宫门。酤户何晔晔哉，扁斗大之金字；富民何振振哉，服龙盘之绣文。奴隶杂处而无辨，王侯并驱而不分。屠千首以终朝，酿万石而一旬。"[3] 黄文仲之笔墨，与李洧孙有异曲同工之妙，皆生动描述了大都城商业之繁华。

（三）元代散曲创作

散曲创作，是元代文学创作中的一朵奇葩。但是，与诗文创作不同，散曲往往没有重大的历史主题，没有深远的社会影响。许多作品，在当时有些声誉，时过境迁，易被人们所遗忘。有些得以流传后世者，也主要是在词章雕琢方面略有新意而已。许多杂剧名家，如关汉卿、马致远等，皆为散曲创作高手，因为已经在杂剧创作中述及，故而在此不再复述。由于散曲作家大多社会地位低下，故而很少有在《元史》中立传者。

元代初期，在大都从事散曲创作的有卢挚和冯子振。卢挚，字处道，号疏斋，大都人。至元初年，他曾在国子学读书，其后进入仕途，元成宗时，先后在集贤院和翰林国史院任职。卢挚曾写有《论文章宗旨》一文:"夫诗,发乎情,止乎礼义。关雎乐而不淫,哀而不伤,斯得性情之正,古人于此观风焉。赋者,古诗之流也,前极宏侈之规,后归简约之制,故班固二都之赋,冠绝千古,前极铺张钜丽,故后必称典谟训诰之作终焉。厥后十数作者,仿而傚之,盖诗人之赋必丽以则也。古今文章,大家数甚不多见。"[1] 其论说十分精到。

卢挚的散曲创作风格雅而不俗,直追唐诗宋词。如他作有《【双调】沉醉东风·秋景》一曲:"挂绝壁松枯倒倚,落残霞孤鹜齐飞。四围不尽山,一望无穷水,散西风满天秋意。夜静云帆月影低,载我在潇湘画里。"与宋人之词无异。又如他作有《【双调】蟾宫曲·商女》一曲,曰:"水笼烟明月笼沙,淅沥秋风,硬咽鸣笳。闷倚篷窗,动江天两岸芦花。飞鹜鸟青山落霞,宿鸳鸯锦浪淘沙。一曲琵琶,泪湿青衫,恨满天涯!"[2] 此曲意境,完全脱胎于唐诗。

冯子振,字海粟,湖南长沙人。他在至元年间来到大都,以文才受到赏识。史称:"子振于天下之书,无所不记。当其为文也,酒酣耳热,命侍史二三人,润笔以俟,子振据案疾书,随纸数多寡,顷刻辄尽。虽事料酏郁,美如簇锦,律之法度,未免乖刺,人亦以此少之。"[3] 他的为人颇受指责,当权臣桑哥当政时,他对桑哥作诗加以吹捧。及桑哥败亡,"中书省臣言:'妄人冯子振尝为诗誉桑哥,且涉大言,及桑哥败,即告词臣撰碑引谕失当,国史院编修官陈孚发其奸状,乞免所坐遣还家。'帝曰:'词臣何罪,使以誉桑哥为罪,则在廷诸臣谁不誉之,朕亦尝誉之矣。'"[4] 虽然元世祖没有追究他的过失,但是他在大都也混不下去了。

冯子振的人品不好,他的作品却不错。如他曾作有《【正宫】鹦鹉曲·燕南八景》一曲,曰:"卢沟清绝霜晨住,步落月问倚阑父。蓟门东直下金台,仰看楼台飞雨。【幺】道陵前夕照苍茫,叠翠望居庸去。玉泉边一派西山,太液畔秋风紧处。"[5] 曲目"燕南八景"在当时通称"燕京八景"或是"燕山八景",用一首小曲而将"八景"尽括其中,表现出冯子振的才华还是较为出众的,只是不应该掺和到政治斗争之中去。

元代中期,张养浩当为散曲创作最著名的作家之一。张养浩,字希孟,号云庄,济南人。历官中书省礼部、御史台等处,以敢于直谏著称。他不仅在政事方面多有建树,在文学创作方面也有很高声誉,曾与元明善、曹元用齐名,被称为"三俊"。他在大都城任

[1]元人陶宗仪:《南村辍耕录》卷九《文章宗旨》。
[2]《全元散曲·卢挚》。
[3]《元史》卷一百九十《儒学传》。
[4]《元史》卷十七《世祖纪》。
[5]《全元散曲·冯子振》。

职期间，曾留下一些诗作，堪称佳品。如《游香山》一诗："常恐尘纷汨寸心，好山时复一登临。长风将月出沧海，老柏与云藏太阴。宝刹千间穷土木，残碑一片失辽金。丹崖不用题名姓，俯仰人间又古今。"[1] 是游览自然景观之作。《寒食游廉园》一诗："湖天过雨淡春容，辇路迢迢失软红。花柳巧为莺燕地，管纮遥递绮罗风。群仙出没空明里，千古销沈感慨中。免俗未能君莫笑，赏心吾亦与人同。"[2] 这是游览私家园林之作。

张养浩的散曲作品亦多佳作。如他所作《【双调】折桂令·咏胡琴》一曲："八音中最妙惟弦，塞上新声，字字清圆。锦树啼莺，朝阳鸣凤，空谷流泉。引玉杖轻笼慢捻，赛歌喉倾倒宾筵。常记当年，香案之前，一曲春生，四海名传。"可见，胡琴应该是当时非常普遍的乐器之一，但能将其惟妙惟肖地描述出来却是很难的。又如他所作《【中吕】山坡羊·潼关怀古》一曲曰："峰峦如聚，波涛如怒，山河表里潼关路。望西都，意踌蹰，伤心秦汉经行处，宫阙万间都做了土。兴，百姓苦；亡，百姓苦！"[3] 更是脍炙人口、千秋传诵的佳作，道出了社会发展的真谛。

与张养浩大致同时的还有贯云石。贯云石，又称小云石海涯，号酸斋，是来自西域少数民族人士。他的祖父和父亲都是元朝大将，他曾袭父职任两淮万户府达鲁花赤，后让其弟袭职，弃武从文。元仁宗即位后，他上疏六事："一曰释边戍以修文德，二曰教太子以正国本，三曰设谏官以辅圣德，四曰表姓氏以旌勋胄，五曰定服色以变风俗，六曰举贤才以恢至道。书凡万余言，未报。"[4] 此后不久，他辞去翰林侍读学士之职，浪迹江湖，与世浮沉。史称："晚年为文日邃，诗亦冲淡。草隶等书，稍取古人之所长，变化自成一家。所至士大夫从之若云，得其片言尺牍，如获拱璧。其视死生若昼夜，绝不入念虑，翛翛若欲遗世而独立云。"[5] 他的著述，今多散佚不存。

贯云石曾作有《神州寄友》诗："沧海茫茫叙远音，何人不发故乡吟。十年故旧三生梦，万里乾坤一寸心。秋

《秋夜梧桐雨》插图　FOTOE 供图

[1][2] 元人张养浩：《归田
稿》卷十九。
[3]《全元散曲·张养浩》。
[4][5]《元史》卷一百三十
《小云石海涯传》。

水夜看灯下剑，春风时鼓壁间琴。迩来自愧头尤黑，赢得人呼小翰林。"[1] 这应是他在翰林国史院任职时所作。他又曾作有《【双调】殿前欢》一曲，称："楚怀王，忠臣跳入汨罗江。《离骚》读罢空惆怅，日月同光。伤心来笑一场，笑你个三闾强，为甚不身心放？沧浪污你，你污沧浪。"[2] 这是对爱国诗人屈原的另类解读，也应该是他弃官浪世的思想根源。作为一位少数民族人士，他能够取得较高的文学创作成就，表明元代的民族融合已经达到了较为深入的层次。

元代中后期，创作散曲名家则有鲜于必仁，字去矜，号苦斋，是元代著名书法家鲜于枢之子。他的作品，今已不多见。他曾作有《【双调】折桂令·燕山八景》八首，《太液秋风》一首云："护凉云万顷玻璃，寒射鸾元，香润龙糜。风漱金波，天闲银汉，烟远瑶池。泛莲叶仙人未归，赏芙蓉帝子初回。翠绕珠围，凤舞麟翔，鱼跃鸢飞。"《居庸叠翠》一首云："耸颠崖万仞秋容，气共云分，势与天雄。玉润玻璃，翠开松桧，金削芙蓉。破山影低回去鸿，蘸岚光惊起游龙。往灭狐踪，尘冷边烽。海宇鳢生，愿上东封。"《蓟门飞雨》一首云："阿香车推下晴云，早海卷江悬，电掣雷奔。几点翻飘，数声引鼓，一霎倾盆。启蛰户龙飞地间，望蟾宫鱼跃天门。到处通津，头角峥嵘，溥渥殊恩。"《玉泉垂虹》一首云："跨寒流低吸长川，截断生绡，界破苍烟。噀壁琼珠，悬空素练，泻月金笺。惊翠嶂分开玉田，似银河飞下瑶天。振鹭腾猿，来往游人，气宇凌仙。"[3] 因为鲜于必仁年轻时曾在大都生活，故而对"燕山八景"之美是深有体会的，他的散曲，其格调足以媲美唐诗、宋词。

三 书画艺术的特色

元朝立国时间虽然不长，却也涌现出了一批较为著名的书画大家。如赵孟頫，他在书画及诗文创作方面取得了很高的艺术成就。此外，鲜于枢、邓文原等人的书法成就，高克恭、李衎、王振鹏等人的绘画成就，阿尼哥、刘元等人的雕塑成就，也是有目共睹、彪炳史册的。

值得特别注意的是，在元代有一批少数民族书画家和雕塑家活跃在大都的艺术界，并且取得了很高的艺术成就。表明这个时期的民族融合已经渗入各个文化领域。就连元朝帝王也是如此。元朝初

[1]《元诗选二集》丙集·侍读学士小云石海涯。
[2]《全元散曲·贯云石》。
[3]《全元散曲·鲜于必仁》。

年的世祖忽必烈，虽然建立元朝，大行汉法，却连汉语都很难听懂。但是到了元朝中后期，元仁宗、元文宗及元顺帝等人，不仅能够听懂汉语，还能够写一笔不错的汉字，作为书法，以赐大臣。

（一）书法名家及其作品

在中国古代，读书写字是一种文化修养。只要是念书人，都要用毛笔写字（最早是用刀刻字），也无所谓书法。只是随着中国汉字的字体变迁，人们有了进一步的领悟，才开始出现对字体美的追求。秦篆、汉隶的古拙，晋行、唐草的飘逸，字体美的变化越来越多，书法也才作为一门艺术蔚为大观，秦代的李斯，晋代的"二王"，唐代的欧、褚、颜、柳，宋代的苏、黄、米、蔡，以迄于元。

元代的书法，上承唐宋，下启明清，处于一个非常重要的阶段。而在这个阶段中，出现了一位在中国书法史上占有显著地位的大师，即赵孟頫。赵孟頫，字子昂，为宋朝皇室宗亲。南宋灭亡后，元世祖命大臣程钜夫到江南寻访贤才，被举荐入朝。赵孟頫于至元二十三年（1286 年）来到大都，由于他才华出众，得到元世祖赏识。史称："孟頫所著，有《尚书注》，有《琴原》《乐原》，得律吕不传之妙；诗文清邃奇逸，读之，使人有飘飘出尘之想。篆、籀、分、隶、真、行、草书，无不冠绝古今，遂以书名天下。天竺有僧，数万里来求其书归，国中宝之。其画山水、木石、花竹、人马，尤精致。前史官杨载称孟頫之才颇为书画所掩，知其书画者，不知其文章，知其文章者，不知其经济之学。人以为知言云。"[1] 赵孟頫的诗文，被辑为《松雪斋集》，得以流传后世。

许多古人书画作品，往往是在作者辞世后才得到赞誉，而赵孟頫的作品在当时就评价极高。时人称："魏国赵文敏公孟頫，以书法称雄一世，画入神品。其书，人但知自魏晋中来，晚年则稍入李北海耳。尝见千字文一卷，以为唐人字，绝无一点一画似公法度，阅至后，方知为公书。公自题云：'仆廿年来写千文以百数，此卷殆数年前所书，当时学褚河南《孟法师碑》，故结字规模八分。今日视之，不知孰为胜也。田君良卿，于骆驼桥市中买得此卷，持来求跋，为书其后。因思自五岁入小学学书，不过如世人漫尔学之耳，不意时人持去，可以鬻钱，而吾良卿又捐钱若干缗以购之，皆可笑也。

[1]《元史》卷一百七十二《赵孟頫传》。

元贞二年正月十八日，子昂题。'则知公之书所以妙者，无帖不习也。"赵孟頫的书法，跨越唐宋，直追两晋，颇得"二王"之神韵。

时人称："至元初，士大夫多学颜书，虽刻鹄不成，尚可类鹜。而宋末知张之谬者，乃多尚欧率更书，纤弱仅如编苇，亦气运使然耶。自吴兴赵公子昂出，学书者始知以晋名书。然吾父执姚先生尝云：'此吴兴也，而谓之晋可乎？'此言盖深得之。"[1]由此可见，赵孟頫虽然临习"二王"作品，却有着自己独特的艺术风格。

赵孟頫不仅书法作品成为元代魁首，他的绘画作品也非常出色，尤以画马为最。他画的马在当时广为流传。如名士虞集曾作有《天历改元十月题子昂马》一诗，曰："朝廷无事日从容，太仆承恩出九重。前代王孙今阁老，只画天闲八尺龙。"[2]又如名士宋濂曾作有《题赵子昂马图后》："赵魏公自云，幼好画马，每得片纸必画，而后弃去。故公壮年笔意精绝，郭祐之作诗，至以'出曹韩上'为言。公闻之微笑不答，盖亦自负也。此图用篆法写成，精神如生，诚可宝玩也。"[3]

在元代的书坛上，鲜于枢也占有重要地位。他是大都人，字伯机，号困学山民，故而其诗文被辑为《困学斋集》。他的诗文创作在当时也享有盛誉。后人称："元初，车书大同，弓旌四出，金、宋之故老，交相景慕，一时人物，称为极盛。伯机与李仲芳、高彦敬、梁贡父、郭祐之，皆以北人仕宦于南，俱嗜吟，喜鉴定法书、名画、古器物。而吴越之士因之引重，亦数人焉。"[4]鲜于枢的交游十分广泛，除上述诸人外，又与赵孟頫、邓文原等书法名家交往密切，情谊深厚。

时人曾谈及鲜于枢学习书法的经历，称："尝闻故老云：鲜于公早岁学书，愧未能若古人。偶适野，见二人挽车行淖泥中，遂悟。书法盖与昔人观舞剑器者同一机也。公生燕赵，宦吴越，而词翰有晋唐风。屡荐名馆阁不果，一试卒沈抑外官，命已夫。呜呼！士有怀异负奇不克显于世者，可胜叹哉！"[5]由此可见，对任何一种形势的艺术创作活动，都需要有悟性作为依托。

当时名士龚璛把鲜于枢和赵孟頫相提并论，称："书法不讲百余年。至元间，伯机、子昂二妙特起，古意复见于今。予尝谓：后有尚论国家文艺之盛，必来取斯。伯机殁既久，时人购藏，殆欲家有其书。而其合作，未有如此卷者，亦有钱唐佳山水，当时神情朗润以至此。昔人云：不恨臣无二王法，恨二王无臣法。非耶？诗逼王半山，叙事类崔德符，手评岂妄，盍就子昂学士正之。"这是认

[1]元人苏天爵：《国朝文类》。
[2]三十九《题吴傅朋书及李□山水》。
[3]元人虞集：《道园学古录》□四。
[4]明人宋濂：《文宪集》卷□二。
[5]元人苏天爵：《滋溪文□》卷二十八《题鲜于伯□诗帖》。
[5]明人赵琦美：《铁网珊瑚》□五《鲜于伯机遗墨》。

为鲜于枢与赵孟頫齐名。

明人聂大年又曾在鲜于枢的墨迹后题跋，称："书法盛于晋，至唐颜柳出，法度渐废。又至宋苏米出来，晋魏之风轨扫地矣。鲜于伯机与赵文敏同学书，而草有过文敏处。仆观此大书尤妙，兼观陈学士跋，为之汗出。"[1] 文中的"赵文敏"即指赵孟頫，"陈学士"即指陈敬宗。聂大年认为，鲜于枢的草书技艺是超过赵孟頫的。

赵孟頫像
FOTOE 供图

在元代，与赵孟頫和鲜于枢齐名的书法家还有邓文原，字善之。因为祖上为四川绵州人，故而又号巴西。他早年在地方任学官，元成宗时来到大都城，先后在翰林国史院、国子学和集贤院任职。名士黄溍称："公于经史百氏之书，无不究极。其根柢为文，精深典雅，东南遗老凋落既尽，文章之柄，悉归焉。及在朝廷，施于训诰者，温润而有体。志于简册者，确实而有征。诗尤简古而丽逸，凡所著有《读易类编》若干卷、《内制集》若干卷、《素履斋稿》若干卷，行于世。工于笔札，与赵魏公孟頫齐名。"[2] 可惜他的书法作品流传到今天的已不多见。

在元代，以篆书闻名于时的则有杨桓和郭贯。杨桓，字武子，兖州人。初任地方学官，后因修订《授时历》，被调到大都的太史院，此后又在秘书监、御史台任职。曾参与《授时历》和《元一统志》的纂修工作。史称："桓为人宽厚，事亲笃孝，博览群籍，尤精篆籀之学。著《六书统》《六书溯源》《书学正韵》，大抵推明许慎之说，而意加深，皆行于世。"[3] 杨桓的篆书写得好，是与他对古文字的研究有着密切关系的。

郭贯是河北保定人，字安道，稍晚于杨桓。曾在枢密院和各地监察部门任职。元仁宗时来到大都，先后在中书省、御史台、翰林国史院和集贤院任职。史称："贯博学，精于篆籀，当世册宝碑额，多出其手云。"[4] 郭贯的篆书，大多写在元代的碑额之上，今天能见到的一些元代石碑的碑额上，仍可看到他写的篆书。

元代后期的大都书坛，以周伯琦的书法最出名。周伯琦，字伯温，饶州人。其父周应极在至大年间来到大都，曾在集贤院任职。周伯琦自幼随父进京，入国子学学习，后以父荫入仕，曾入翰林院任修撰。元顺帝时，任宣文阁授经郎，负

[1]《石渠宝笈》卷三十七《元鲜于枢大书二十字一轴》。

[2] 元人黄溍：《文献集》卷十下《邓文原神道碑》。

[3]《元史》卷一百六十四《杨桓传》。

[4]《元史》卷一百七十四《郭贯传》。

赵孟頫作《水村图》 故宫博物院藏 FOTOE 供

[1][2]《元史》卷一百八十七
《周伯琦传》。

[3]《元史》卷一百四十三《康
里巙巙传》。

[4] 元人陶宗仪：《南村辍耕
录》卷十五。

[5]《元史》卷一百四十三《余
阙传》。

责教育贵族子弟。"帝以伯琦工书法，命篆'宣文阁宝'，仍题扁宣文阁；及摹王羲之所书《兰亭序》、智永所书《千文》，刻石阁中。"[1] 史称："伯琦仪观温雅，粹然如玉，虽遭时多艰，而善于自保。博学工文章，而尤以篆、隶、真、草擅名当时。尝著《六书正讹》《说文字原》二书，又有诗文稿若干卷。"[2] 即他的字虽然写得好，但是他对古文字研究的著述却遭到后人的贬抑。

在元代中后期，有两位少数民族人士享誉书坛，即康里巙巙和余阙。康里巙巙字子山，来自西域少数民族的康里部落，故而以之为姓。他的父亲康里不忽木年幼时即在大都国子学受教育，康里巙巙也是自幼在国子学学习，后在大都的集贤院、中书省、秘书监、太常礼仪院和御史台等处供职。能以所学儒家学说处理政务。史称其"善真行草书，识者谓得晋人笔意，单牍片纸人争宝之，不翅金玉"[3]。由此可见，他的书法造诣是很深的。

时人曾云："江浙平章子山公，书法妙一时，自松雪翁之后便及之。尝问客：'有人一日能写得几字。'客曰：'闻赵学士言，一日可写万字。'公曰：'余一日写三万字，未尝以力倦而辍笔。'公号正斋、恕叟，又号蓬累叟。康里人。"[4] 这从另一个方面，说明康里巙巙书法造诣之深厚，是与他天赋勤奋有直接关系。

余阙，字廷心，唐兀氏（即党项族），河西武威人，移居庐州。元顺帝时考中进士，进入仕途。他曾在中书省和翰林国史院任职，参加了辽、金、宋三史的纂修工作。及红巾军起义爆发，他受命前往镇压，死于安庆。史称："阙留意经术，五经皆有传注。为文有气魄，能达其所欲言。诗体尚江左，高视鲍、谢，徐、庾以下不论也。篆隶亦古雅可传。"[5] 时人又称其："风采峭整，负大节，以王佐自任。

工篆隶，字体淳古。"[1] 由此可见，时人对他的书法是十分推崇的。

[1]元人陶宗仪：《书史会要
卷七《元》。
[2]明人叶子奇：《草木子
卷四《谈薮篇》。
[3]元人倪瓒：《清閟阁全集
卷十二《论元画》。

（二）绘画名家及其作品

在元大都的画坛上，也活跃着一批著名画家，他们的绘画创作，种类丰富、技艺高超，得到了当时及后世人们的赞誉。许多作品都被人们珍藏，有些一直保存到今天，成为我国艺术珍品中的奇葩。在这个时期，家学传承十分突出，如绘画方面，赵孟頫、赵雍父子，李衎、李遵道父子；如书法方面，鲜于枢、鲜于必仁父子等，皆是如此。

赵孟頫的书画技艺，称雄当世，而其子赵雍的绘画技艺，也得到当时许多人的赞誉。赵雍，字仲穆，曾官至集贤院待制（一说翰林院待制），其生平今已不详。只是通过时人对其画作的题跋，略见一斑。其一，与赵雍交往者，多为江南文士。如后人曾言一故事云："赵仲穆者，子昂学士之子，宋秀王之后也，能作兰木竹石。有道士张伯雨题其墨兰诗曰：'滋兰九畹空多种，何似墨池三两花。近日国香零落尽，王孙芳草遍天涯。'仲穆见而愧之，遂不作兰。"[2]这是借江南道士张伯雨之口，讥讽赵氏父子入仕元朝，其实与赵雍画兰花没有任何关系。

后人把赵孟頫、赵雍父子等人的绘画称为士子之画："如赵松雪、黄子久、王叔明、吴仲圭之四大家，及钱舜举、倪云林、赵仲穆辈，形神俱妙，绝无邪学，可垂久不磨，此真士气画也。虽宋人复起，亦甘心服其天趣。然亦得宋人之家法，而一变者。"[3]认为

赵孟頫作《浴马图》局部　　故宫博物院藏

元代的士子之画（即文人画），比宋人的宫廷绘画有了较大的变化。这个变化，就是"天趣"。

赵雍的绘画题材极为广泛，有擅长的画马之作，如《沙苑牧马图》《二马图》《揩痒马图》《临李伯时凤头骢图》等；又有以山水为题材的《江山秋霁图》《看云图》《江圃归帆图》《秋山访隐图》等，还有以人物为主题的《挟弹游骑图》《画眉图》《药王佛像》等；在赵雍的画作上，往往有名人题字作诗，以抒发情怀。如他所画《江山秋霁图》上，名士柯九思题诗曰："国朝名画谁第一，只数吴兴赵翰林。高标雅韵化幽壤，断缣遗楮轻黄金……"[1] 显然，赵氏父子的书画艺术在元代占有十分重要的地位。

在元代前期，又有画家何澄，以高超的绘画技艺受到元代帝王的赏识。他的生平不详，仅从零散历史文献中得知，他在元世祖时就以画艺高超受到赏识，来到大都供职。至大初年，元武宗在皇城内为皇太后建造兴圣宫，他主持了宫殿中的绘画之事，官至秘书监，然后退休。此时他已经八十多岁了。及元仁宗即位，他又进上所画三幅画，分别是《姑苏台》《阿房宫》和《昆明池》，寓意吴王夫差、秦始皇和汉武帝的历史故事。再次受到元仁宗的赏识："今进此卷，上大异之，超赐官职，诏臣某为之诗，将藏之秘阁，示天下后世，工致妙巧，古人不得专美于前。"[2] 文臣程钜夫专门为这三幅画题了诗。

何澄的绘画主题之一是历史故事，而他自己又留下了一则历史故事："岳柱，字止所，一字兼山。自幼容止端严，性颖悟，有远识。方八岁，观画师何澄画《陶母剪发图》，岳柱指陶母手中金钏，诘之曰：'金钏可易酒，何用剪发为也？'何大惊，既异之。"[3] 何澄的绘画作品，绘画技艺应该是没有问题的，但是，在情节上却出了大问题，被一个八岁的幼童质疑。由此可见，历史题材的绘画比起花鸟、山水等题材的绘画，难度更大。

与何澄大致同时的还有画家高克恭。高克恭，字彦敬，居住在大都西面的房山，系从西域东迁的少数民族人士。他幼承家学，至元十二年（1275 年）入仕途，历官各地，多有善政，他的绘画独有天赋，时人称："高克恭，字彦敬，号房山。其先西域人，后居燕京，官至刑部尚书。善山水，始师二米，后学董源、李成，墨竹学黄华，大有思致。怪石喷浪，滩头水口，烘锁泼染，作者鲜及。"[4] 据此可知，

《元诗选三集》戊集·柯士九思。

元人程钜夫：《雪楼集》九《题何澄界画三首》。

《元史》卷一百三十《岳柱传》。

元人夏文彦：《图绘宝鉴》五《元》。

高克恭的绘画风格，集宋代画家之大成。

后人又集中当时人对高克恭绘画技艺的评价："高尚书画在元时推为第一。临川危素赠诗云：'房山居士高使君，系出西域才超群。'河东张翥云：'老笔精神如米虎，此山秀气敌天台。'鄱阳周伯琦云：'西域才人画似诗，云山高下墨淋漓。'闻尚书有墓在羊头冈，故西岩姚庸诗有云：'月射羊冈玉树林，山斋犹在白云深。'今土人已无知其处者。"从这些评价来看，他在元代画坛的地位是很高的。

高克恭曾为名士仇远画有《山村图卷》一幅，仇远题画称："大德初元九月十九日，清河张渊甫贰车会高彦敬御史于泉月精舍。酒半，为余作《山村图》，顷刻而成，元气淋漓，天真烂漫，脱去画工笔墨畦町。余方栖迟尘土，无山可耕，展玩此图，为之怅然而已。"[1] 名士赵孟頫亦题曰："彦敬所作山水，真杜子美所谓元气淋漓者耶！仁近得之，可为平生壮观也。"[2] 作为书画大师的赵孟頫如此评价，可见高克恭的这幅作品有着极强的感染力。

高克恭则曾画有一幅《古木奇石图》，赵孟頫见到后在上面又补画一些丛竹，最后虞集见到画作，又补题诗一首曰："不见湖州三百年，高公尚书生古燕。西湖醉归写古木，吴兴为补幽篁妍。国朝名笔谁第一？尚书醉后妙无敌。老蛟欲起风雨来，星堕天河化为石。赵公自是真天人，独与尚书情最亲。高怀古谊两相得，惨淡酬酢皆天真。侍郎得此自京国，使我观之三叹息。今人何必非古人，沦落文章付陈迹。"[3] 后人将高、赵之画，虞之题诗并称为"三绝"。

与高克恭一样同为大都人的李衎，在画坛上也享有盛誉。李衎字仲宾，号息斋道人，又号蓟丘，晚年号醉车先生。他先是在太常礼仪院供职，后又出外做官，并曾作为元朝政府使节出使安南（今越南一带），一生善政。他在绘画方面只擅长一样，就是画竹。赵孟頫曾经在一幅李衎所画《野竹图》上题词曰："吾友李仲宾为此君写真，冥搜极讨，盖欲尽得竹之情状。二百年来，以画竹称者，皆未必能用意精深如仲宾也。此《野竹图》尤诡怪奇崛，穷竹之变，枝叶繁而不乱，可谓毫发无遗恨矣。然观其所题语，则若悲。此竹之托根不得其地，故有屈抑盘躃之叹。夫羲尊青黄木之灾也，臃肿拳曲乃不夭于斧斤。由是观之，安知其非福耶。"[4]

在当时，与李衎画竹同样出名的还有张逊，字仲敏。时人称："昔人画竹咸钩勒，若王辋川、黄荃父子辈，尤臻其妙。山谷云：

[1]《日下旧闻考》卷一百三十二《京畿房山县》。
[2] 明人郁逢庆编：《续书画题跋记》卷九《高房山写山村图卷》。
[3] 元人虞集：《道园学古录》卷二《题高彦敬尚书赵昂承旨共画一轴为户部杨郎作》。
[4] 元人赵孟頫：《松雪斋集》卷五《题李仲宾野竹图》。

明人郁逢庆编：《续书画跋记》卷十。
明人钱穀编：《吴都文粹集》卷二十五《题画》。
明人杨士奇：《东里续集》六十《题高克恭墨竹》。
《元诗选三集》戊集。
元人马祖常：《石田集》二。

墨竹起于近代，不知所师，后人遂不事钩勒矣。溪云张仲敏与李息斋同时画墨竹，自以为不及，一旦弃去，而用钩勒。"[1] 由此而复唐人古法。当时名士多题其画。如张雨作《张仲敏钩勒风林》："墨君神骏出洋州，形似无如老蓟邱。可惜风林半窗月，试凭老眼为双钩。"诗中的"老蓟邱"即指李衎。又如倪瓒作《题张逊钩勒竹》："霜松雪竹当时见，笔底犹存岁晏姿。文采百年成异物，西风吹泪鬓丝丝。"[2]

明代学者杨士奇曾记一事，涉及了李衎、赵孟頫和高克恭，曰："高尝云：'息斋竹真而不妙，雪松竹妙而不真。吾乃于二者之间着笔。'然高甚少作竹，或问之，曰：'不欲以掩息斋。'雅度如此。"[3] 由高克恭对李衎和赵孟頫画竹的评论，可见其对画竹境界的理解要更深刻一些。因此，在元代的画家中，画竹已经成为一个较为普遍的题材。

李衎之子李士行在当时也是一位著名画家。李士行，字遵道，年幼时，其父李衎去江南做官，他随行吴越之地，从赵孟頫、鲜于枢等名士求学，书画技艺多受熏陶。元仁宗时，受召来到大都，进献所画《大明宫图》，得到赏识，留在京中做官。后人认为，他的画竹技法传自家学，而尤擅长画山水画。如名士柯九思作有《题李遵道画扇》诗曰："江清地僻野人家，门外桥通石径斜。不信东华尘十丈，万山晴雪看梨花。"[4] 在一幅小小的扇面上，表现出漫山遍野梨花盛开的景象。

与李衎父子大致同时的画家，又有商琦。他字德符，是元世祖时重臣商挺之子，元成宗时入备宿卫，元武宗时在集贤院供职，泰定帝时任秘书卿。他在元代中期交游广泛，绘画作品也受到当世赞誉。如名士马祖常作有《题商德符山水图》诗，曰："曹南山君画山水，幅绢咫尺千万里。古木樛枝障雾雨，苍石断裂蹲虎兕。路幽应有仙人室，楼阁恍惚云气入。翰墨黯黯绝丹碧，芙蓉峰高观海日。"[5] 通过这首诗的描述，商琦山水画中的景象仿佛历历在目。

又如名士虞集作有多首为商琦绘画

代琉璃板瓦

的题诗，其中一首曰："五老峰前屡往来，紫云如盖荫崔嵬。十年京国频看画，最爱高僧坐石苔。"[1] 诗中"五老峰"是庐山胜景，可见这里曾经是商琦活动的地方。而"十年京国"则是指商琦和虞集曾在大都城有过一段较长时期的交往。

后人亦称："商学士画不多见，此帧设色浓郁，林木坡渚有致，自具士气，非盛子昭辈所敢望也。元人饶太虚著《山水家法》，极推重之，谓商德符得山水之真趣。初学郭熙，层峦叠嶂，高树长林，形势浑厚，气脉连接。虽淋漓满幅，不觉其繁。又得古人张藻双管俱下之妙，唐希雅战笔之奇。饶氏之书，议论虽不甚高，然必有所见也。"[2] 这个评价，对商琦的绘画技艺而言，是很高的。

在元代中期，以界画享誉画坛的画家为王振鹏。他字朋梅，元仁宗时受到赏识，时人称："振鹏之学，妙在界画。运笔和墨，毫分缕析。左右高下，俯仰曲折，方圆平直，曲尽其体，而神气飞动，不为法拘。尝为《大明宫图》以献，世称为绝。"[3] 在元代前期和中期，界画十分盛行，而能在界画显示出超凡功力，可见王振鹏的绘画技艺是很高的。

王振鹏除了画有《大明宫图》，又曾画有《大安阁图》。时人称："世祖皇帝在藩，以开平为分地，即为城郭宫室，取故宋熙春阁材于汴，稍损益之，以为此阁，名曰大安。既登大宝，以开平为上都，宫城之内不作正衙，此阁巍然，遂为前殿矣。规制尊稳秀杰，后世诚无以加也。王振鹏受知仁宗皇帝，其精艺名世，非一时侥幸之伦。此图当时甚称上意，观其位置经营之意，宁无堂构之讽乎。止以艺言，则不足尽振鹏之惓惓矣。"[4] 因为元世祖在营建开平府时，尚未登上皇帝宝座，故而没有建造皇宫正殿，只是以大安阁权当正殿使用。

在元代中期，以肖像画享誉画坛的画家则有李肖岩。他的生平不详，只知是中山人，元仁宗至元文宗时在大都的秘书监供职，在大都城生活了四十多年。当时的许多大臣都曾请他画过肖像画。时人作诗描述他的绘画过程："既无开朗谪仙韵，又无图画凌烟功。君胡惠然肯相过，坐对熟视心神融。煤黳纸上略点画，稍类云月犹朦胧。须臾壁间出幻影，恍若面映新磨铜。人能肖吾不自肖，内发感愧颜生红。圣贤体貌等人尔，所贵践履惟能充。作诗答谢肖岩贶，但恨意远辞难工。"[5] 李肖岩画人像画的成功之处，就是他画得"传神"。

李肖岩在大都城是很忙碌的，因为请他画像的人很多，所谓："群

[1] 元人虞集：《道园学古录卷四《商德符小景》。
[2] 清人孙承泽：《庚子销夏记》卷二《商琦山水卷》。
[3] 元人虞集：《道园学古录卷十日《王知州墓志铭》。
[4] 元人虞集：《道园学古录卷十《跋大安阁图》。
[5] 元人蒲道源：《闲居丛稿卷二《赠传神李肖岩》。

公列卿日阗咽,过眼得皮仍得髓。含毫泚墨笑且谈,忽见威仪在屏几。精神遒遒出眉目，炯若寒蟾映秋水。自言貌尽千万人，不独形殊心更异。邪正惟存瞭眊间，英雄多在风尘里。"[1]李肖岩的绘画虽然很受欢迎，他却没有因此在仕途腾达，最后遁入道教。时人称其"一挈尘缘去学仙，鹤程风露渐高寒。白玉楼中逢鼻祖，为传吟貌寄予看。"[2]这个结局也可能是他看破红尘的归宿。

在元代后期，活跃在大都画坛的则有刘融与张彦辅。刘融，字伯熙，大都人，有史料显示，至正年间他曾在秘书监供职。刘融擅长的绘画题材为山水画。名士虞集曾作题画诗："燕城建者将百年，乔木往往辽金前。宫中屏帐爱奇古，每托画手驰风烟。房山绝笔商山老，内府人家迹如扫。画苑今惟刘伯熙，白发承恩最偏好……"[3]由此可知，刘融生活的时代应该是在元代中后期。

但是，也有人认为刘融生活在元代前期到中期，与赵孟頫为同时代人。"刘伯熙、孟頫题其所画山水图云：籍甚丹青誉，益知书画功。"[4]文中所引赵孟頫的诗见《松雪斋集》卷四《题杨司农宅刘伯熙画山水图》，诗曰："移得山川胜，坐来烟雾空。窗中列远岫，堂上见青枫。岩树参差绿，林花掩冉红。鸟飞天路迥，人去野桥通。村晚留迟日，楼高纳快风。……籍甚丹青誉，益知书画功。烦渠添钓艇，着我一渔翁。"显然，这位刘伯熙应该与赵孟頫同时，甚至更早一些。

张彦辅，生平不详。名士虞集曾称："太一道士张彦辅，族本国人，从玄德真人学道。妙龄逸趣，特精绘事。"[5]由此可知，第一，张彦辅的身份是太一教的道士。第二，所谓的"族本国人"即蒙古少数民族人士。元代人分四等，第一等"国人"即蒙古族人。第三，张彦辅的绘画水准很高。时人又称："六一道士张彦辅，多居京师，善画山水。"[6]文中"六一道士"应为"太一道士"之误。由此可知，他曾在大都城居住多年。元代后期名士许有壬作有《太乙宫待张彦辅练师不至和继学韵二首》诗，其一曰："京国三年负草亭，眼中空翠拥云屏。琳宫今日见秋意，风色萧萧月满庭。"[7]由此可知，张彦辅在大都城主要居住在著名道观太乙宫（又作"太一宫"）里。

张彦辅除了擅长山水画，也擅画马。时人陈基称："至正壬午，予客京师，而拂郎之马适至。其龙鬃凤臆，磊落而神骏。既入天厩，备法驾，而其绘以为图，传诸好事者，则永嘉周冰壶、道士张彦辅，

［1］元人程钜夫《雪楼集》卷十九《赠李肖岩》。

［2］元人许棐：《梅屋集》卷一《送写真李肖岩入道》。

［3］元人虞集：《道园遗稿》卷二《题游弘道所藏刘伯熙画》。

［4］《御定佩文斋书画谱》卷五十三《画家传九·元一》。

［5］元人虞集：《道园学古录》卷二三。

［6］元人夏文彦：《图绘宝鉴》卷五《元》。

［7］元人许有壬：《至正集》卷二十六。

以待诏上方，名重一时。然冰壶所作，论者固自有定论。至于彦辅，以解衣盘礴之余，自出新意，不受羁绁，故其超轶之势，见于毫楮间者，往往尤为人所爱重，而四方万里亦识九重之天马矣。此卷乃其最得意者。"[1] 由此可见，张彦辅的画马技艺也很高超，并受到时人赞誉。

（三）雕塑名家及其作品

在中国古代，人们通常都认为，书法和绘画是在同一个领域，也就是所谓的"书画同源"。而在西方美术界来看，绘画和雕塑则是同在一个领域。在元代，由于各种寺庙、祠堂等建筑众多，雕塑工程也就成为一项重要的工作。佛寺中的各种佛像，道观中的各路神仙，孔庙中的孔子和各位先贤塑像，都是人们随时前往观瞻、礼拜的尊崇偶像。

在元代，帝王们对宗教的尊崇超过了以往的各个朝代，因此，对于各种宗教偶像的塑造也是不遗余力的。从元世祖开始即是如此。如至元二十五年（1288年）四月，元世祖在皇城西侧建造大圣寿万安寺，史称："万安寺成，佛像及窗壁皆金饰之，凡费金五百四十两有奇、水银二百四十斤。"[2] 显然，塑造佛像的耗费是很大的。

元成宗时，又在大都城里建造有大天寿万宁寺，并在寺中塑造有许多藏传佛教一派风格的佛像（称"秘密佛像"，或是"欢喜佛"），史称："京师创建万宁寺，中塑秘密佛像，其形丑怪，后以手帕蒙覆其面，寻传旨毁之。"[3] 元成宗皇后不适应这种佛像造型，故而下令将其拆毁。

而元英宗似乎特别喜欢用铜铸造佛像，他在延祐七年（1320年）十二月，"铸铜为佛像，置玉德殿。"[4] 翌年十二月，他又下令："冶铜五十万斤作寿安山寺佛像。"[5] 这尊铜佛今仍保存在北京西郊的卧佛寺。

泰定帝，他在刚刚来到大都城不久，就在皇城里面动工，"塑马哈吃剌佛像于延春阁之徽清亭"[6]。延春阁在皇宫正殿大明殿的后面，是正宫皇后的居所，泰定帝在此塑

元代陶佛像

[1] 元人陈基：《夷白斋稿集》卷下《跋张彦辅画拂马图》。
[2]《元史》卷十五《世祖纪》。
[3]《元史》卷一百十四《妃传》。
[4][5]《元史》卷二十七《宗纪》。
[6]《元史》卷二十九《泰帝纪》。

白塔古韵　王经元 摄影

［｜《元史》卷八十五《百
｜官志》。

造佛像，而且是藏传佛教一派的欢喜佛像，可见他对这件事情是很
重视的。

元朝政府为此专门设置相关机构，称"梵像提举司"，隶属于
中书省工部。史称："董绘画佛像及土木刻削之工。
至元十二年，始置梵像局。延祐三年，升提举司，
设今官。"[1] 当然，上举仅为佛教制造。其实，
只要是政府主持的寺庙、道观、孔庙等设施的修
建，各种塑像工作，皆是由政府派出能工巧匠来
完成的。

在大都城，以雕塑技艺著称的，首推阿尼哥。
他是尼波罗国（今尼泊尔）人，自幼崇信佛教，
及藏地高僧八思巴建佛塔，阿尼哥参与其事，遂
拜八思巴为师，并随同八思巴来到大都城。受到
元世祖赏识，至元十五年（1278 年）命弃僧还俗
为官，主管将作院的工作。在此前后，凡是大都
与上都的许多重要工程，皆是由他主持完成的。

如至元十一年（1274 年），上都建乾元寺和
孔庙，寺中的佛像和庙中的孔子及十哲像，皆是
元世祖命阿尼哥塑造的。

至元十三年（1276 年），在涿州建寺，寺中

北京白塔寺（妙应寺）阿尼哥雕像
～峰 摄影　FOTOE 供图

佛像也是阿尼哥负责塑造的。

至元十六年（1279年）开始建造的大圣寿万安寺，不仅佛像是由阿尼哥主持塑造的，就连寺中的藏式大白佛塔，也是由他主持建造的。

元成宗元贞年间（1295—1296年），在大都建成三皇庙和崇真万寿宫，这里面的三皇像和道教神仙的像都是阿尼哥主持塑造的。

大德六年（1302年），大都城的孔庙建成，又是由阿尼哥塑造了孔子和十哲的雕像。

时人称："最其平生所成：凡塔三、大寺九、祠祀二、道宫一。若内外朝之文物、礼殿之神位、官宇之仪器，组织镕范、抟埴丹粉之绩缛者，不与焉。呜呼勤哉！盖自列圣肇基，往往草创。至我世祖，始建都邑，统一函夏，中外乂宁。年谷屡熟，故得以日力之余，展其工事，又得不世之巧智如凉公者，奉而成之。可谓天地之盛时，今古之庆会也。"[1]

与阿尼哥并称的有刘元，字秉元，蓟州宝坻人。初为道士，及在大都建大护国仁王寺，他被召参加建造工作，开始向阿尼哥学习雕塑技艺。时人称："神思妙合，遂为绝艺。凡两都名刹，有塑土、范金、抟换为佛者，一出正奉之手。天下无与比者。由是上两赐宫女为之妻，又命以官长其属，迨今四十余年，凡行幸，无所不从。今上皇帝尤重象教，尝敕正奉，非有旨，不许擅为人造它神象者。其见贵异如此。"[2]

刘元之所以技艺高超，与他用心钻研密不可分，所谓"神思妙合"。时人曾忆及他为南城（旧中都城）东岳庙制作神像时的情景："初，正奉欲造侍臣象，心计久之，犹未措手也。适阅秘书图画，见唐魏徵象，乃蘧然曰：'得之矣。非若此，莫称为相臣者。'遽走庙中为之，即日成。异哉！非直艺矣。"经刘元塑造的神像"正殿仁圣帝、两侍女、两中侍、四丞相、两介士。其西，炳灵公、两侍女、两侍臣。其东，司命君、两道士、两仙官、两武士、两将军，皆正奉之手。善观者知非他工所可杂其间也"[3]。在当时人看来，他的雕塑技艺远远超过了其他工匠。

[1] 元人程钜夫：《雪楼集》卷七《凉国敏慧公神道碑》。

[2][3] 元人虞集：《道园学古录》卷七《刘正奉塑记》。

第七章

中外神灵　济济一堂

——多元的宗教文化

元大圣寿万安寺（白塔寺）　刘海　摄影

在元代，由于疆域的不断拓展，对外文化交流的不断加强，使得来自中外的多种宗教文化皆汇集到大都地区来，共同形成了一个多元宗教文化既相互冲突，又相互融合的繁荣发展局面。在这时的大都城里，有着传统中原地区的佛教和道教的恢复及进一步发展，也有着来自江南地区的佛教和道教各派别的融入。南北疆域的统一，加速了南北宗教文化的进一步发展和繁荣。

这时，更有着来自西陲之地的藏传佛教文化的传入与融合，为大都的宗教文化增添了新的动力和色彩。藏传佛教不仅仅是一种宗教文化，而且有着强大的政教合一的管理功能。元朝统治者设置的帝师制度和宣政院的机构，为中央政府直接管理西藏各地的政教事务提供了有力的支持。也为此后明清政府管理西藏等地事务，提供了珍贵的历史经验。

随着大蒙古国向西亚、东欧等地的拓展，那里活跃的基督教和伊斯兰教文化也陆续传入大都地区，并带来了一些新的文化元素。就基督教而言，最初是由传教士的活动带来的文化传播，此后则有教堂的建造及各种宗教活动，带来信教民众人数的增多。就伊斯兰教而言，则是因为有信奉该宗教的大量民众迁入中原及江南各地，才有了该宗教派别的传播。

由于元朝统治者对于各种宗教皆采取一视同仁的政策，遂使得这些宗教在大都城里均有着独立发展的空间。各种宗教活动场所遍及大都城内外。其中，由皇家建造的寺庙大多数都是藏传佛教一系的，而汉传佛教和道教的活动场所，主要是由高僧和著名道士及信奉者集资建造的。此外，信奉基督教和伊斯兰教的，主要是少数民族民众，广大汉族民众和这两种新由域外传入的宗教则有着较深的文化隔阂。

◉ 汉传佛教与道教的发展

在元朝建立之前，南北分裂，宗教的发展也是如此。雄踞于北方的金朝自定鼎金中都城之后，这里就变成了整个北方地区的宗教活动中心。而其宗教派别，也主要是佛教和道教。就佛教而言，最有势力的派别主要是律宗，而禅宗也开始从宋朝占据的中原及江南地区北上，在中都城占有一席之地。及蒙古军队攻占金中都城之后，

白云观 朱天纯 摄影

佛教的发展出现较大变化，许多寺庙改律为禅，使得禅宗一派的势力迅速增加。

就道教而言，在金代中后期也出现较大变化，新产生了三个派别，即全真教、真大道和太一教。这三个派别在北方地区都有较快发展，尤以王重阳创立的全真教发展最为迅速。王重阳曾经培养了七大弟子，号称"北七真"。而在"北七真"之中，又以丘处机的名气最大。成吉思汗建立大蒙古国后，在西征途中听说丘处机懂得"长生不老"之术，即派遣使臣迎接丘真人西去。丘处机在见到成吉思汗之后，以道家的"戒杀"和"养生"来劝导成吉思汗，被封为"丘神仙"，由此导致全真教的发展臻于极盛。

元世祖忽必烈统一江南之后，则把位于江西龙虎山的正一教领袖张天师请到大都城来，由此南方道教开始在这里传播，并有了进一步的发展。正一教的北上，使江南道教开始在大都城不断扩展其影响。新道观的建造产生了广泛的社会影响，而道士们与文人学者的交往，又提高了他们在文化圈里的地位，从而使得这个道教派别的势力有了与全真教并驾齐驱的态势，其影响则一直延续到此后的明清时期。

（一）京城佛教的恢复与发展

在金朝鼎盛时期，中都城就是佛教活动的中心。及蒙古军队攻打中都城之后，金朝帝王逃到汴京（今河南开封），大量百姓随之南逃，宗教界人士也是如此。故而当蒙古政权占据中都城之后，这

万松老人塔　周明星 摄影

里已经成为一片废墟，人烟稀少，只有极少数的人能够不顾死亡威胁，留在这里。禅宗高僧万松行秀就是其中的存留者。

万松早在金泰和年间就受到金章宗赏识，并主持仰山栖隐寺的佛教活动。他弘扬的主要是禅宗中的曹洞宗一派佛法。金章宗曾经到仰山狩猎，万松前往进见："因手录偈一章，诣行宫进之，大蒙称赏。有'成汤狩野恢天网，吕尚渔矶浸月钩'之句，诚仁人之言也。"[1] 万松把金章宗比喻为古圣贤之君成汤，自然会受到章宗的赞同。

作为回报，"翌日，章庙入山行香，屡垂顾问，仍御书诗一章遗之，师亦淡如也。车驾还宫，遣使赐钱二百万。使者传敕命，使跪听。师曰：出家儿安有此例？使者怒曰：若然，则予当回车。师曰：传旨则安敢不听，不传则亦由使者意。竟焚香立听诏旨。章庙知之，责其使曰：朕施财祈福耳，安用野人闲礼耶？上下悚然，服吾师不屈王公之前矣。"[2] 万松由此而得"不惧权贵"的美名。

在金中都城里，作为万松好友的耶律楚材，在被蒙古军队围困

[1][2] 元人耶律楚材：《湛然居士集》卷十三《释氏新闻序》

[1]元人耶律楚材:《湛然居士文集》附录。

[2][4]元人程钜夫:《雪楼集》卷六《海云简和尚塔碑》。

[3]《元史》卷三《宪宗纪》。

时,开始向万松学习佛法,并领悟了"以儒治国,以佛治心"的境界。后人称:"文正师事万松老人,称嗣法弟子从源。其于禅学所得最深,然其所用以佐蒙古安天下者,皆儒术也。公对儒者则唱以儒治国,以佛治心之说。而寄万松老人书(文集十三)。则又自谓此语为行权。然予谓致万松一书亦未始非公之行权也。公虽洞达佛理,而其性格实与儒家近,其毅然以天下生民为己任,古之士大夫学佛者,绝未见有此种气象。"[1]这种儒、佛并举的态度,是金元之际许多政治家的基本文化特征。

稍后于万松行秀的中土高僧则有海云印简。海云与万松一样,也是早年云游四海,到处弘扬佛法,晚年隐居于大都庆寿寺。他是禅宗一派中临济宗的第二十七代传人。时人称:"师历事太祖、太宗、宪宗、世祖,为天下禅门之首。"由此可见,海云进入中原地区之后,就开始受到蒙古统治者的宠信,这与他在佛教界的活动有直接关系。他在年幼时先是学习儒家的《孝经》,此后,才皈依佛法。

海云去过各地的很多寺庙:"年十九,住兴州仁智寺,历燕之庆寿、竹林,易之兴国,兴安之永庆,昌平之开元,真定之临济,云中之龙官、华严诸大刹,而主永庆者二、庆寿者三。放浪辽海上,手刺血和金泥,书《大乘三聚戒本》十有六部,布之天下,为国祝厘焉。……凡主大会七度,弟子千余名,王才侯受戒律者百数,士民奔走依向者以千万计。皇太后尤深敬礼,累号燕赵国大禅师、佑圣安国大禅师、光天镇国大士。"[2]在当时,四处活动的僧侣有不少,而能够得到蒙古统治者崇奉的却不多。

元宪宗在即位后,曾正式下令,命"以僧海云掌释教事,以道士李真常掌道教事"[3]。这是任命海云主持整个中原地区的佛教事务。元世祖忽必烈在即位前也曾向海云求教佛法,他回答说:"殿下亲为皇弟,重任藩寄,宜稽古审得失,举贤错枉,以尊主庇民为务。佛法之要,孰大于此。"[4]他把自己的弟子子聪(即刘秉忠)留在忽必烈身边,后者发挥了非常重要的作用。

元朝帝王对海云所传禅宗临济一派尤为推崇,到元代中期,特命名士赵孟頫撰写有《临济正宗之碑》,刻石临济禅院。据赵孟頫所撰碑文,可知临济宗的大致传承关系。自达摩入中国,在少林寺面壁而立禅宗,至慧能为六传。而慧能往下,禅宗分为五派,临济宗为其中一派。"自能后禅分为五,唯师所传,号为正宗。一传为

万松老人塔旧影

兴化奖，再传为南院颙，三传为风穴昭，四传为首山念，又五传而为五祖演。演传天目齐，齐传懒牛和，和传竹林宝，宝传竹林安，安传海西堂容庵。容庵传中和璋，璋传海云大宗师简公。"[1]文中所云"唯师"即指临济大师。"临济生于曾州，游学江左，事黄檗，黄檗种松，劚地有声，师闻之，豁然大悟。归镇州，筑室滹沱河之上，今临济院是也，因号临济大师"[2]。而元代临济宗在大都城的活动场所，即名刹大庆寿寺。

和义门瓮城遗迹

比万松、海云稍后的，又有高僧万山行满。他在至元十七年（1280年）从五台山来到大都，拜在仰山栖隐寺泽庵大师门下，学习禅宗曹洞一派佛法。十年之后，又出云游，"尔后复参云门、临济，皆能得其骨髓。"[3]到大德七年（1303年），再次回到仰山栖隐寺，弘扬佛法，名声越来越大。

时人称："武宗皇帝在北边时，下令施钞万贯，造文殊菩萨像。既即位，驾幸其寺，施金百两、银五百两、钞六万贯，赐号佛慧镜智普照大禅师。敕尚方造织成金龙锦缘僧伽黎大衣，穷极工巧，经岁乃成。召师至禁中，出以赐焉。"[4]到元仁宗即位后，对他的推崇更甚，重建庙宇，再塑佛像，并命名士赵孟𫖯撰文刻石，立碑寺中。

元代中期，又有曹洞宗高僧宝印在大都弘扬佛法，受到元朝帝王的赏识。他年轻时也是游历四方，遍访名师，最后居于大都名刹万寿寺。他在这里开展各项佛事活动，成效卓著："凡修严祖德会同二塔，筑丈室、东轩，作圣寿下生院新邸舍，复侵田，种种胜因，皆以慈忍力而得成就，名德彰升。仁宗皇帝诏锡银章，领曹洞正宗。诸方衲子来学京师，以万寿为法奥，青州为不死，嗣音有人。"[5]仁宗赐给宝印"领曹洞正宗"银印，使他在佛教界的地位有了极大提高。

在大都地区，除了禅宗一派的佛教十分兴盛，其他教派也较为兴盛。如大都名刹大宝集寺的高僧妙文，"九岁为浮图，年十有八畦服游学，跋涉云朔之墟，观风燕赵之邦。二十一，预苾刍戒，抵京师依大德明公，学圆顿之道，陆沉于众者积年。"此后曾居于蓟州云泉寺，名声远扬。"世祖闻其道，召见之，顾谓侍臣曰：福德

[1][2]元人赵孟𫖯：《松雪斋集》卷九《临济正宗之碑》。
[3][4]元人赵孟𫖯：《松雪斋外集·仰山栖隐寺满禅师道行碑》。
[5]元人柳贯：《柳待制集》卷十二《万寿长老佛心宝印大禅师生塔碑铭》。

[2]元僧念常:《佛祖历代
通载》卷二十二。

僧也。诏居宝集。时禅学浸微，教乘益盛。性相二宗，皆以大乘并
驱海内。相学之流囿于名数，滞于殊途。蔽情执之见，惑圆顿之旨。
师独大弘方等，振以圆宗。使守株于文字者，有以荡涤情尘，融通
寂照。是以龙象蹴踏，竞附一乘之驾焉。"[1]

又如大都名刹崇恩福元寺的高僧德谦。他自幼学习佛法，"长
时周游秦洛汴汝，咨访先德，学苾刍之道。又逾河而北，观风齐魏
燕赵之郊。初受般若于邠州宁公，瑞应于原州忠公，又受幽赞于好
時仙公，圆觉于乾陵一公。后受唯识、俱舍等论于陕州政公，听楞严、
四分律疏于阳夏闻公，凡六经四论一律，皆辞宏旨奥，穷三藏之蕴。
而数公并以识法解义，驰声四远。公皆亲熏而炙之，跻其堂而噬其胾。
故年未逾立，已有盛名于时。"[2]他的博学深研精神十分难得。

德谦后他来到大都，继续学习及弘扬佛法，"受华严圆顿之宗
于故大司徒万安坛主拣公之门。拣以公博学多能，甚器重之。初以
诏居万宁寺，后又以诏居崇恩寺。万宁成宗所创，崇恩武宗所创也。
两居大寺，前后一纪。道德简于宸衷，流声洋于海隅，未尝以宠遇
显荣为之志而改其素。尝语人曰：'畎衣之士抗尘世表，苟不愧于
朝闻夕死可矣，尚何慕于外哉。'自以重居官寺，久佩恩荣，而浮

白塔寺山门　安琪 摄影

图之道,恬退为高。乃以让其弟子,退居幽僻,谢绝人事,括囊一室,以乐其道。"[1]德谦在大都弘扬的是佛教华严宗一派的佛法。

元代中期的大都城,弘扬律宗的代表人物则有高僧定演。他"自幼性不能肉食,祖母教之佛经,应声成诵。七岁,入大崇国寺,事隆安和尚为弟子,遍习五部大经,服勤左右,朝夕不懈,隆安亟称之"。此后,他多次出游五台山,又回到大都上方寺及崇国寺,弘扬佛法。"世祖皇帝闻而嘉之,赐号佛性

崇国寺山门旧影

圆明大师。至成宗时,别赐地于大都,建大崇国寺,复受诏,主旻天寺戒坛。宿德号雄辨大师,授之以金书戒经,于是祝发之徒以万计,咸稽首座下,尊礼师为羯磨首。"[2]他的活动,对大都华严宗一派的佛教发展,助力极大。

元代中期,又有律宗一派的高僧法闻为其代表。他也是早年云游各地,"历诸讲肆,研究教乘。从大德温公学法华、般若、唯识、因明及四分律。温以公任重道远克振吾宗。托以弘传之寄。尝对佛像灼肌然指。庸表克诚。刺血书经。以彰重法。遂隐于台山不踰闉者六载。读藏教五千卷者三番。是以业进行修。身藏名著。"[3]由此可见,在当时的北方地区,五台山在佛教界占有非常重要的地位。而在五台山修行后的僧人,又往往会来到大都城,弘扬佛法。

而法闻在五台山出名后,一度回到陕西故里,弘扬佛法,并受到安西王的赏识,命居于义善寺。后由于他的名声越来越大,"天子闻之,征至阙庭,诏居大原教寺。授荣禄大夫、大司徒。未几,诏居大普庆寺,加开府仪同三司、大司徒,银章一品。赐辽世金书戒本,求戒者皆从公而师受焉。王公大臣皆仰止高风,犹景星凤凰之瑞于明时也。"[4]法闻于延祐四年(1317年)坐化于大都城。

(二)丘处机与全真教

在中国古代,文化发展有三个重要时期。第一个是先秦时期,这个时期是中华文明的奠基时期,儒、墨、道、法等各个教派形成百家争鸣的局面。第二个时期是隋唐时期,这个时期是中华文明的

[1][3][4] 元僧念常:《佛祖历代通载》卷二十二。

[2] 元人赵孟頫:《松雪斋集》卷九《大元大崇国寺佛性圆明大师演公塔铭》。

[1][2]《元史》卷二百〇二《释老传》。

形成时期，随着佛教和道教的不断发展，形成了儒、释、道三家鼎立的局面。第三个时期是宋元时期，这个时期是中华古代文明发展昌盛时期，开始出现儒、释、道三家文化的大融合局面。更准确地说，金元之际的大融合局面表现尤为突出。

　　而在中华文化大融合的潮流中，尤以全真教的出现最为显著。在金朝中后期的北方地区，三股新的道教派别崛起，即全真教、真大道和太一教。在这三个教派中，太一教成立的时间最早。史称："太一教者，始金天眷中道士萧抱珍，传太一三元法箓之术，因名其教曰太一。四传而至萧辅道。世祖在潜邸闻其名，命史天泽召至和林，赐对称旨，留居宫邸。以老，请授弟子李居寿掌其教事。至元十一年，建太一宫于两京，命居寿居之，领祠事，且禋祀六丁，以继太保刘秉忠之术。十三年，赐太一掌教宗师印。"[1] 至元年间，太一教正式得到元朝政府的册封。

　　真大道教成立的时间，据史称是在金朝末年，但是，这个教派的第五代传人郦希成是在元宪宗时得到太玄真人封号的。而太一教的第五代传人李居寿是在元世祖时得到认可的。由此可知两教的创立时间相差不会太远。史称："至元五年，世祖命其徒孙德福统辖诸路真大道，锡铜章。二十年，改赐银印二。又三传而至张清志，其教益盛，授演教大宗师、凝神冲妙玄应真人。"[2]文中的孙德福当是真大道教第六代传人。

　　全真教是王重阳在金朝大定年间在陕西创始的。其后东游，在山东各地收了马钰、谭处端、丘处机等七大弟子，使该教派的势力得到极大发展。王重阳在创立全真教时，即提出了"三教兼修"的主张，即要达到全真的境界，必须修习儒家的《孝经》、道教的《道德经》和佛教的《心经》。王重阳这种三教合一的主张，是与当时三教融合的文化发展大趋势相一致的。

　　而在王重阳的七大弟子中，又以丘处机的作用和影响最大。在大蒙古国南下伐金，而金、宋之间仍然处在军事对抗的乱世中，三方统治者都希望能够得到宗教势力的支持，以巩固自己的统治。因此，大蒙古国和金朝、宋朝皆派出使臣，聘请丘处机等人为其所用。对于金、宋两方的使者聘请，丘处机予以拒绝，而对于大蒙古国使者的聘请，

丘处机像

他却欣然接受。这个选择，决定了他人生道路的走向，也决定了全真教此后的发展方向。

是时，正是成吉思汗在西征途中，此时的成吉思汗年事已高，听说丘处机有"长生不老之术"，派遣使臣札八儿和刘仲禄不远万里，前往山东聘请丘处机。在见到大蒙古国的使臣后，丘处机没有丝毫犹豫，立刻决定西行，随后带领十八名弟子启程，先是在燕京逗留了一段时间，又在成吉思汗使臣的一再催促下，于元太祖十六年（1221年）出发："经数十国，为地万有余里。盖蹀血战场，避寇叛域，绝粮沙漠，自昆仑历四载而始达雪山。常马行深雪中，马上举策试之，未及积雪之半。既见，太祖大悦，赐食、设庐帐甚饬。"[1]对于这次会面，可以说有着重要意义。

首先，丘处机向成吉思汗（即元太祖）坦诚交代，自己没有"长生不老之术"，只有道家的养生之道。其次，丘处机劝说成吉思汗少杀戮，以"敬天爱民"为本。这个劝说在当时还是起到了一定的作用。第三，丘处机万里跋涉的举动得到了成吉思汗的信任，被他封为"丘神仙"，由此而为全真教的进一步发展铺平了道路，使得各地的大蒙古国官员都支持他的传教活动。

丘处机从西域回到燕京之后，就利用自己的政治影响开展活动。史称："时国兵践蹂中原，河南、北尤甚，民罹俘戮，无所逃命。处机还燕，使其徒持牒招求于战伐之余，由是为人奴者得复为良，与滨死而得更生者，毋虑二三万人。中州人至今称道之。"[2]文中的"国兵"即指大蒙古国军队。战乱时期，大批中原民众被大蒙古国军队掠为奴隶，却在加入全真教之后得以免除奴隶身份，获得新生。

丘处机在燕京从事道教活动的主要场所为长春宫。这座道观始建于唐代，到了金代称天长观，是金中都城里的著名道观，丘处机西行回到燕京，就被安置在这里。因为丘处机道号长春子，故而元朝帝王将其改名为长春宫。及丘处机死后，历代全真教的掌门人皆住在这里，主持全真教的道教活动。

元世祖建新大都城之后，旧燕京城的民众大多迁居新城，旧城日渐荒芜，长春宫却一直是全真教的活动中心。同时，又成为文人墨客游览的一处胜迹。如诗人李继本作有《游长春宫》一诗，曰："飞观连霄汉，山门一径幽。青林藏雨暗，白水抱城流。未脱尘中趣，虚传物外游。回骖西日晚，清磬起层楼。"[3]可见当时长春宫的建

[1][2]《元史》卷二百〇二《释老传》。
[3]元人李继本：《一山文集》卷二。

筑仍然十分宏伟，直上"霄汉"，而其环境则已经十分清幽了。

在当时，以燕京为中心，全真教得到迅猛发展，其势力远远超过了真大道和太一教。丘处机的弟子李志常把丘处机的这次西行过程撰写为《长春真人西行记》一书，对提高丘处机的社会地位产生了较大影响。在丘处机死后，全真教的发展势头并没有终止。元太宗时，曾任命全真教的道士主持设在燕京的国子学的教育工作。元宪宗即位后，在任命高僧海云主持中原地区佛教事务的同时，又任命丘处机的弟子李志常主持中原地区的道教事务。

但是，凡事都会出现"物极必反"的现象。全真教的迅猛发展，导致了众多全真教的徒众仗势欺人，霸占寺庙，驱赶僧众的事情普遍出现，由此引发了佛教和道教之间的矛盾冲突。后来由于双方矛盾的激化，蒙古统治者不得不出面加以干涉，最后在元世祖时导致了扶持佛教、打压道教的局面，使全真教的势力受到极大摧残，几乎一蹶不振。直到元成宗即位之后，道教的势力才逐渐得到恢复。全真教虽然遭受严厉打击，却没有动摇它在北方成为第一大道教势力的地位。

（三）正一教的北上及活动

在辽、宋、金分裂时期，道教的发展也是分裂的，北方道教很难与南方道教在文化上加以交流。及元世祖一统天下之后，也带来了南方道教北上大都，不断发展的机遇。其中，南方道教中的一个重要派别——正一教的北上，就使得大都城的道教发展格局出现较大变化，形成北方全真教与南方正一教并立的局面。

早在元宪宗执政时期，忽必烈作为皇弟，受命主持中原地区的军政事务。及元宪宗亲率大军攻伐南宋时，为了绕开长江天险，主攻方向是在川蜀一带。而这时的忽必烈率一支偏师佯攻鄂州（今湖北武汉），以牵制宋军不能支援蜀中的守军。正是在这个时候，即元宪宗九年（1259 年）前后，忽必烈派出使臣来到江西龙虎山，向正一教（又称"天师教"）的第三十五代天师张可大询问天下大计。当时张可大称："后二十年天下当混一。"不料还不到二十年，忽必烈就攻灭南宋，一统天下，因此，忽必烈把张天师视为神仙。

在至元十三年（1276 年），元军攻占临安（今浙江杭州），南宋灭亡，元世祖忽必烈把第三十六代天师张宗演请到大都城，"赐宴，特赐玉芙蓉冠、组金无缝服，命主领江南道教，仍赐银印"。[1]正一教正式来到大都城。此后，张宗演又在至元十八年（1281年）和至元二十五年（1288年）两次来到大都城，为统治者举办道教活动。

张宗演因系正一教领袖，不愿意长期居住在京城，于是在第一次来到大都不久，就返回了江西龙虎山。为了能够在京城占有一席之地，张宗演把他的弟子张留孙，代表正一教留在了京城。这也就给了张留孙一次难得的发挥才干的机会。史称：一次，"昭睿顺圣皇后得疾危甚，亟召留孙请祷。既而后梦有朱衣长髯，从甲士，导朱辇白兽行草间者。觉而异之，以问留孙，对曰：'甲士导辇兽者，臣所佩法箓中将吏也；朱衣长髯者，汉祖天师也；行草间者，春时也。殿下之疾，其及春而瘳乎！'后命取所事画像以进，视之果梦中所见者。帝后大悦，即命留孙为天师，留孙固辞不敢当，乃号之上卿，命尚方铸宝剑以赐，建崇真宫于两京，俾留孙居之，专掌祠事。"[2]显然，张留孙的话是一派胡言。然而，皇后很快病好了。张留孙抓住这次机会，巩固了他在元朝统治者心目中的地位。

此后，张留孙又历仕元成宗、元武宗、元仁宗、元英宗四朝。成宗时，"加号玄教大宗师，同知集贤院道教事，且追封其三代皆魏国公，官阶品俱第一"。到仁宗时，"进开府仪同三司，加号辅成赞化保运玄教大宗师，刻玉为玄教大宗师印以赐"。到文宗时，再次"追赠道祖神应真君"[3]。其被尊崇的程度，在元代道教界堪称第一。

张留孙在大都城从事道教活动的主要场所是崇真万寿宫。至元十四年（1277年），元世祖下令，在大都和上都同时建造名称相同的崇真万寿宫，以供正一教的张天师居住，并开展道教活动。因为元朝帝王实行"两都巡幸"的制度，春天去上都，秋天回大都。如果张天师留在都城，也要随同陪行。而天师张宗演不住在都城，而是回归江西龙虎山，这两座道观就变成张留孙居住的地方。此后，正一教在大都城的代表人物皆居住在这里。

大都的崇真宫建在新城蓬莱坊，俗称"天师庵"。这里虽在新城繁华之地，却也是文人墨客的游览胜地。诗人张翥曾写有《中秋玩月崇真万寿宫》一诗，曰："西风吹月出云端，松柏流光绕石坛。上国山河天广大，仙家楼观夜高寒。似闻玉杵鸣元兔，疑有瑶笙下

[1][2][3]《元史》卷二百〇二《释老传》。

[1] 元人张翥:《蜕庵集》卷三。
[2][3]《元史》卷二百〇二《释老传》。
[4] 元人刘敏中:《中庵集》卷五。
[5] 元人贡师泰:《玩斋集》卷四《崇真宫醮罢敕画吴宗师像》。

翠鸾。只把酒杯供醉赏,不知零露满金盘。"[1] 由此可知,这些道观不仅白天可供游人玩赏,晚上也可以进来。

张留孙死后,在大都城继掌正一教事务的是道士吴全节,字成季,"年十三学道于龙虎山。至元二十四年至京师,从留孙见世祖"[2]。他历经世祖、成宗、武宗、仁宗、英宗、泰定帝、文宗、顺帝八朝,堪称正一教在大都城的元老级人物。史称:元成宗时,"赐古雕玉蟠螭环一,敕每岁侍从行幸,所司给庐帐、车马、衣服、廪饩,著为令"。元武宗时,"赐七宝金冠、织金文之服。"[3] 被尊崇的程度,堪比其师张留孙。

吴全节的活动能力极强。张留孙准备在大都齐化门(今朝阳门)外建东岳庙,未能办成而逝去。吴全节倾全力助成其事,所建东岳庙遂成为正一教在京城的一处重要活动场所,到明清时期仍然是香火旺盛,信众云集。吴全节又能诗文、善书法,与士大夫的交往十分密切。文士刘敏中曾赠诗曰:"闲闲谁道不闲闲,身似苍松耐岁寒。读罢黄庭静无事,一帘冰雪淡相看。"[4] 文中的"冰雪淡相看",系指吴全节在崇真万寿宫里面的居所——"冰雪相看"室。

元朝帝王还曾命画师为吴全节画像,"海日瞳昽照九衢,灵旄霞旆拥高居。尚方敕画仙官像,中使传宣学士书。剑气朝寒垂白练,丹光夜暖出红蕖。石坛醮罢清如水,犹听松阴起步虚。"[5] 由此可见,

东岳庙岱岳殿　张旭 摄影

吴全节在道教界的地位十分重要。

到了明代，道教界的各个不同派别基本上被全真教和正一教所同化，形成两派并立的局面。大都城的长春宫逐渐消亡，被其东侧的白云观所取代，成为全真教的活动中心。而崇真万寿宫也逐渐消亡，被朝外东岳庙所取代，成为正一教的活动中心。这两处地方，如今都成为全国重点文物保护单位。

二　藏传佛教的传播及其影响

由于受到自然环境的阻隔，青藏高原一带的民众和中原地区的民众之间很少有文化交流，像唐代文成公主入藏的类似事件也很少发生。随着大蒙古国的崛起，则进一步加强了青藏高原与中原地区的交往，特别是受到蒙古帝王尊崇的藏传佛教开始传往蒙古大草原，随后又进一步流传到中原地区。及元世祖忽必烈统一天下之后，藏传佛教则开始传播到江南地区，并有了进一步的发展。

元世祖定鼎大都城之后，藏传佛教很快传到这里，成为都城的一种新的宗教文化。从元世祖开始，几乎每个帝王在即位后皆会在大都地区建造一座藏传佛教寺庙，以安放其御容，并设置有神御殿，供四时祭祀。这些由帝王建造的寺庙，规模之宏伟，远远超过都城的其他寺庙，堪比皇宫。如元世祖时建造的大圣寿万安寺，寺中的藏式大白佛塔，不仅在当时成为全城的标志性建筑，就是在今天仍然保存完好，具有极为珍贵的文化价值。

元世祖在把藏传佛教引入京城的同时，又将藏传佛教高僧请到京城，封为帝师，形成代代藏地高僧相传的帝师制度。更为重要的是，在形成这项制度的同时，又专门设置了宣政院，以管理西藏等地的军政事务。这个机构的官员直接由帝师任命，第一次确立了中央政府对西藏等地区的直接管理。此后的明、清两朝政府，也都或多或少地借鉴了元朝的相关经验。

（一）藏传佛教传入京城

大蒙古国自从崛起之后，中原地区就成为其扩张的首选目标。随着蒙、金之间长期战争的持续，大蒙古国的势力逐渐进入中原地区。及大蒙古国与南宋联合出兵攻灭金朝之后，蒙、宋之间又开始了长期的军事对抗，这个对抗的战线沿着江淮东西绵延数千里。虽然蒙军占有很大优势，却被长江天险的阻隔所屏蔽。于是，蒙军想要绕过长江阻隔，就出兵青藏高原，试图包抄云南，转攻宋朝。这个战略决策，带来了大蒙古国与青藏高原地区各族民众之间的交往。

在青藏高原地区，基本上流传的是藏传佛教，各地高僧对世俗部落首领有着极大的影响。而在与大蒙古国统治者打交道的过程中，藏地高僧也发挥了重要的调解作用。一些藏地高僧长途跋涉，来到大蒙古国都城和林，成为大蒙古国帝王的尊崇对象。这种状况，一直延续到元世祖忽必烈建立元朝以后。因此，当忽必烈废除和林城的统治中心地位，又新建大都城作为统治中心之后，更多的西藏高僧开始来到大都城，同时也就把藏传佛教文化带到这里。

藏传佛教传入大都的表现，首先是在宗教仪式方面的活动，帝王"受佛戒"即是其中之一。时人称："累朝皇帝先受佛戒九次，方正大宝。而近侍陪位者，必九人或七人，译语谓之暖答世，此国俗然也。今上之初入戒坛时，见马哈剌佛前有物为供，因问学士沙剌班曰：'此何物。'曰：'羊心。'上曰：'曾闻用人心肝者，有诸？'曰：'尝闻之，而未尝目睹。请问剌马。'剌马者，帝师也。上遂命沙剌班传旨问之。答曰：'有之。凡人萌歹心害人者，事觉，则以其心肝作供耳。'以此言复奏。上复命问曰：'此羊曾害人乎？'帝师无答。"[1]

文中的"马哈剌佛"即俗称的欢喜佛。"剌马"今多写作"喇嘛"，是高僧的意思，类似于汉传佛教中的"和尚"，不是帝师之意。所谓"累朝皇帝"即是指前后各位皇帝，在举行登基仪式前，都先要受藏僧的"佛戒"。由此可见，给帝王授戒的藏僧，其地位是很高的，通常皆是帝师。史称：泰定元年（1324 年）五月，"帝受佛戒于帝师。"[2]这是在已经举行登位仪式之后。又如致和元年（1328 年）三月，"帝御兴圣殿受无量寿佛戒于帝师"[3]。这是因为泰定帝病重，希望通过受佛戒来减轻病情。

因为帝王的生活与藏传佛教高僧联系密切，故而藏传佛教高僧受到特别的尊崇。如第一位被封为帝师的高僧八思巴，他的称号就十分隆重，时人称："巴思八帝师法号曰'皇天之下，一人之上，开教宣文，辅治大圣，至德普觉真智祐国，如意大宝法王西天佛子，

[1]元人陶宗仪：《南村辍耕录》卷二《受佛戒》。
[2]《元史》卷二十九《泰定帝纪》。
[3]《元史》卷三十《泰定帝纪》。

大元帝师板的达巴思八八合失'。"[1] 封号中所谓的"一人之上"，
一人指的就是元朝帝王。在帝王之上的老师，是无比尊贵的。

元朝帝王对藏传佛教高僧的尊崇，在政治上产生了极大影响，
于是引起了一些尊崇儒家学说的大臣的不满。一次，元世祖命大臣
廉希宪受藏僧戒，"上尝语王曰：'受戒国师，因参内典，开益神智。'
对曰：'臣幸蒙圣训，久受孔子戒矣。'上曰：'孔子何戒？'曰：'臣
也尽忠，子也尽孝。'上颔之。"[2] 文中的"王"指廉希宪，死后受
封为"恒阳王"。廉氏所说的，作为臣子要尽忠、尽孝，确实是儒
家学说中的核心价值观，这是在佛法里面所没有的。元世祖虽然尊
崇佛教，却也不得不尊重廉希宪的见解。

藏传佛教的一些活动仪式，也随之传到大都城来。如元世祖至
元六年（1269 年）十二月，"作佛事于太庙七昼夜。"[3] 又称："(至元)
六年冬，时享毕，十二月，命国师僧荐佛事于太庙七昼夜，始造木
质金表牌位十有六，设大榻金椅奉安祐室前，为太庙荐佛事之始。"[4]
据此可知，这次七昼夜的佛教活动是由藏传佛教僧人（即国师）主
持的。

此后，这种藏传佛教活动的次数越来越多，史称：至元二十二
年（1285 年）这一年，"命帝师也怜八合失甲自罗二思八等递藏佛
事于万安、兴教、庆寿等寺，凡一十九会"[5]。三年以后，"命亦
思麻等七百余人作佛事坐静于玉塔殿、寝殿、万寿山、护国仁王等
寺凡五十四会"[6]。而到了至元二十七年（1290 年），"命帝师西
僧递作佛事坐静于万寿山厚载门、茶罕脑儿、圣寿万安寺、桓州南
屏庵、双泉等所，凡七十二会。"[7] 佛事活动不仅次数猛增，而且
范围不断扩大，从寺庙扩大到皇宫，再扩大到京城以外的地方。

在藏传佛教的活动次数和活动范围不断增扩的同时，佛教活动
的种类也是五花八门。史称："若岁时祝釐、祷祠之常，号称好事者，
其目尤不一。有曰镇雷阿蓝纳四，华言庆赞也。有曰亦思满蓝，华
言药师坛也。有曰撒思串卜，华言护城也。有曰朵儿禅，华言大施
食也。有曰朵儿只列朵四，华言美妙金刚回遮施食也。有曰察儿哥
朵四，华言回遮也。有曰笼哥儿，华言风轮也。有曰嗒朵四，华言
作施食也。有曰出朵儿，华言出水济六道也。有曰党剌朵四，华言
回遮施食也。有曰典朵儿，华言常川施食也。有曰坐静，有曰鲁朝，
华言狮子吼道场也。……又有作擦擦者，以泥作小浮屠也。又有作

[1] 元人陶宗仪：《南村辍耕录》卷十二《帝师》。
[2] 元人苏天爵：《国朝文类》卷六十五载元人元明善撰《平章政事廉文正王神道碑》。
[3]《元史》卷六《世祖纪》。
[4]《元史》卷七十四《祭祀志》。
[5]《元史》卷十三《世祖纪》。
[6]《元史》卷十五《世祖纪》。
[7]《元史》卷十六《世祖纪》。

答儿刚者。其作答儿刚者，或一所、二所以至七所；作擦擦者，或十万、二十万以至三十万。"[1] 显然，藏传佛教的佛事活动（即文中所称"祝釐、祷祠"），有着独特的方式，与汉传佛教的佛事活动差异较大。

在大都城举行的藏传佛教活动，又往往与宫廷政治斗争密切联系在一起。如元仁宗之子英宗即位后，于延祐七年（1320 年）二月"修镇雷佛事于京城四门"。三月"作佛事于宝慈殿"。六月"修佛事于万寿山"。十二月"修秘密佛事于延春阁"[2]。这是因为元仁宗死后，应该把皇位传给元武宗的儿子，他却传给了自己的儿子。故而元英宗即位后，多作佛事，以保平安。

又如泰定帝在泰定元年（1324 年）二月，"修西番佛事于寿安山寺，曰星吉思吃刺，曰阔儿鲁弗卜，曰水朵儿麻，曰飒间卜里喃家，经僧四十人，三年乃罢"。四月，"命咒师作佛事厌雷"。六月，"丁卯，大幄殿成，作镇雷坐静佛寺。……辛未，修黑牙蛮答哥佛事于水晶殿"。十月，"命帝师作佛事于延春阁"。[3] 泰定帝频繁举行佛事活动，是因为蒙古贵族发动宫廷政变，杀死元英宗，而把他扶上皇帝宝座的。他即位后大作佛事，有着安慰英宗亡灵的用意。

再如，元文宗在天历元年（1328 年）十二月，"幸大崇恩福元寺谒武宗神御殿。分命诸僧于大明殿、延春阁、兴圣宫、隆福宫、万岁山作佛事。……命高昌僧作佛事于宝慈殿。……西僧百人作佛事于徽猷阁七日"[4]。翌年五月，"幸大圣寿万安寺，作佛事于世祖神御殿，又于玉德殿及大天源延圣寺作佛事"。九月，"作佛事于大明殿、兴圣、隆福诸宫"。十月，"畏兀僧百八人作佛事于兴圣殿。……作佛事于广寒殿"。十一月"受佛戒于帝师，作佛事六十日。……后八不沙请为明宗资冥福，命帝师率群僧作佛事七日于大天源延圣寺"。十二月，"命帝师率其徒作佛事于凝晖阁"。[5] 元文宗系元武宗之子，在泰定帝死后，发动政变，从泰定帝幼子手中夺得皇权，又害死自己的哥哥元明宗，以巩固自己的统治。在这种情况下，让西藏高僧多作佛事，以求消灾避难。

随着藏传佛教传入大都，独特的藏传佛教乐舞也跟着传入，时人称之为"十六天魔舞"，尤以元顺帝在位时特别盛行。史称：至正年间，"时帝怠于政事，荒于游宴，以宫女三圣奴、妙乐奴、文殊奴等一十六人按舞，名为十六天魔，首垂发数辫，戴象牙佛冠，

[1]《元史》卷二百〇二《释老传》。
[2]《元史》卷二十七《英宗纪》。
[3]《元史》卷二十九《泰定帝纪》。
[4]《元史》卷三十二《文宗纪》。
[5]《元史》卷三十三《文宗纪》。

身被缨络、大红绡金长短裙、金杂袄、云肩、合袖天衣、绶带鞋袜，各执加巴剌般之器，内一人执铃杵奏乐。又宫女一十一人，练槌髻，勒帕，常服，或用唐帽、窄衫。所奏乐用龙笛、头管、小鼓、筝、秦、琵琶、笙、胡琴、响板、拍板。以宦者长安迭不花管领。遇宫中赞佛，则按舞奏乐。"[1] 对于这种宗教乐舞文化，中原地区的人们并不接受。

（二）皇家建造的藏传佛教主要寺庙

在元代，帝王们对于藏传佛教的信奉是十分狂热的，因此，他们在大都城为藏僧建造的寺庙，其规模之大、奢华程度之高，远远超过了汉传佛教的寺庙，成为大都城里最为显眼的建筑之一。而且这种造庙活动历久不衰。泰定帝时的大臣曾称："世祖建大宣文弘教等寺，赐永业，当时已号虚费。而成宗复构天寿万宁寺，较之世祖用增倍半。若武宗之崇恩福元、仁宗之承华普庆，租权所入，益又甚焉。英宗凿山开寺，损兵伤农，而卒无益。"[2] 这从一个侧面反映出，元代帝王的造寺活动已经带来了较为严重的后果，耗费了巨额的民脂民膏。

自元世祖定鼎大都城之后，建造的第一座皇家寺庙为大护国仁王寺。史称：至元七年（1270年）十二月，"建大护国仁王寺于高良河"[3]。高良河，又作高梁河，从大都城西流入京城，汇入积水潭。这座寺庙建于大都城外西侧，历经四年，到至元十一年（1274年）三月，"建大护国仁王寺成"[4]。为了管理这座寺庙的财务及修缮工作，政府又专门设置了会福总管府和仁王营缮司。到元成宗时，又在寺中设置神御殿，"奉安昭睿顺圣皇后御容于护国仁王寺。"[5] 昭睿顺圣皇后是元成宗的祖母，由此可知这处寺庙的重要地位。

元世祖在大都城里建造的皇家寺庙为大圣寿万安寺，位于皇城西侧。这座寺庙始建于至元九年（1272年），到至元二十五年（1288年）四月才建成，历时十六年。这座寺庙的规模十分宏大，堪比皇宫。史称："此寺旧名白塔，自世祖以来，为百官习仪之所，其殿阶阑楯一如内廷之制。成宗时，置世祖影堂于殿之西，裕宗影堂于殿之东，月遣大臣致祭。"[6] 文中的"影堂"即神御殿，是安放帝王遗像的场所。史称："奉仁宗及帝御容于大圣寿万安寺。"[7] 由此可见，这座寺庙中，不仅有安放元世祖和裕宗（元成宗之父）的神御殿，而且有曾经安

[1]《元史》卷四十三《顺帝纪》。
[2]《元史》卷三十《泰定帝纪》。
[3]《元史》卷七《世祖纪》。
[4]《元史》卷八《世祖纪》。
[5]《元史》卷二十《成宗纪》。
[6]《元史》卷五十一《五行志》。
[7]《元史》卷二十七《英宗纪》。

元大圣寿万安寺（妙应寺）白塔　赵德春 摄影

放元仁宗（元英宗时）和元英宗（泰定帝时）的神御殿。

在建造这座寺庙时，耗费钱财也很多。史称："万安寺成，佛像及窗壁皆金饰之，凡费金五百四十两有奇，水银二百四十斤。"[1] 该寺应该是大都城里最奢华的寺庙之一。自该寺建成之后，就经常有各种重要活动在此举行，如安置佛像的活动。在至元二十六年（1289 年），也就是寺庙建成的第二年，元世祖下令，将从西域传人的旃檀佛像安置在寺中，并"命帝师及西僧作佛事坐静二十会"[1]。文中的"帝师及西僧"即是藏传佛教的高僧，帝师的地位极高，故而作佛事的规模也很隆重。

在大圣寿万安寺举行的另一项大规模活动为"习仪"，也就是演习重要的礼仪活动。如每年的元旦（即今春节）、万寿节（帝王生日）等，都要在皇宫举行庆祝活动，而活动之前的彩排，在当时就称为"习仪"。时人曾作有《万安寺观习仪》一诗以描述其景象："卫士金吾塞梵宫，旌麾妍丽映寒空。仿陈元会千官肃，恭习朝仪万国同。礼乐雍容全盛日，衣冠文雅太平风。小儒拭目还心醉，归对书灯守岁穷。"[2] 描述百官及卫士齐集寺中，场面十分壮观。

在大圣寿万安寺举行的，还有祭祀御容的活动。时人称："窃惟有功德于天下者，莫如太祖皇帝、世祖皇帝。太祖皇帝不闻有原庙，世祖皇帝神御奉安大圣寿万安寺，岁时差官以家人礼祭供，不用太常礼乐。"[3] 当时人把御容殿当成原庙一样重视，岁时加以祭祀。

元成宗即位后，于大德九年（1305年）二月，"建大天寿万宁寺"[4]。这座寺庙，位于城中心的钟鼓楼东侧，由此可见其位置十分重要。而在元成宗死后，相继即位的武宗、仁宗、英宗三朝皆没

[1]《元史》卷十五《世祖纪》。
[2] 元人胡助：《纯白斋类稿》卷八。
[3] 元人苏天爵：《国朝文类》卷十五元永贞《真定玉华宫罢道太常礼乐议》。
[4]《元史》卷二十一《成宗纪》。

远眺妙应寺　傅忠庆 摄影

有为成宗设置神御殿，直到泰定四年（1327年）五月，才"作成宗神御殿于天寿万宁寺"[1]。而这座寺庙也是一座藏传佛教寺庙，寺中曾塑有欢喜佛，后被拆除。

元成宗时，顺宗（元成宗之兄）曾为其母裕圣皇太后建有佛殿，元武宗（顺宗之子）即位后，又在至大元年（1308年）将佛殿加以扩建，"乃市民居，倍售之估，跨有数坊"。其规模之大，略逊色于大圣寿万安寺，"其盘础之安，陛所之崇，题榱之骞，藻绘之辉，巧不劣焉，亦大役也"。[2] 扩建之后，称该寺为大承华普庆寺，并将顺宗神御殿设在寺中。及仁宗死后，元英宗又曾将仁宗神御殿设置在这里。

元仁宗即位不久，就下令："赐大普庆寺金千两，银五千两，钞万锭，西锦、彩缎、纱罗、布帛万端，田八万亩，邸舍四百间。"[3] 作为该寺的日常费用。到泰定帝即位后，于泰定元年（1324年）八月，"祭太祖、太宗、睿宗御容于大承华普庆寺，以翰林院官执事。"又下令："命亦烈赤领仁宗神御殿事，大司徒亦怜真乞剌思为大承华普庆寺总管府达鲁花赤，仍大司徒。"[4] 到元文宗时，又曾"命中书省、翰林国史院官祀太祖、太宗、睿宗御容于普庆寺"。由此可见，在元代中期，大承华普庆寺具有十分重要的地位。

元武宗时，又建有一座皇家寺庙，称"大崇恩福元寺"。该寺建于旧南城，规模也十分宏大。"敕行工曹甓其外垣，为屋再重，踰五百础。门其前而殿于后，左右为阁楼，其四隅，大殿孤峙，为制正方，四出翼室，文石席之，玉石为台，黄金为趺，塑三世佛。后殿五佛，皆范金为席台及趺，与前殿一诸天之神，列塑诸庑，皆作梵像，变相诡形，怵心骇目，使人劝以趋善，惩其为恶，有不待翻诵其书，已悠然而生者矣。至其榱题梲桷，藻绘丹碧，缘饰皆金，不可赀筭。楯槛衡纵，捍陛承宇，一惟玉石，皆前名刹所未曾有。榜其名曰：大崇恩福元寺。"[5] 奢华程度，毫不逊色于世祖、成宗等所建佛寺。

福元寺始建于至大三年（1310年），尚未竣工，武宗死去，由仁宗继续建造，到皇庆元年（1312年）四月建成。其间，在寺中又建有武宗神御殿。此后，元文宗（武宗之子）夺得皇位，多次到崇恩福元寺祭拜武宗神御殿，并在天历二年（1329年）下令："以明年正月武宗忌辰，命高丽、汉僧三百四十人预诵佛经二藏于大崇恩福元寺。"[6] 在寺庙中设置神御殿，一方面，帝王可以到此举行

[1]《元史》卷三十《泰定帝纪》。
[2]元人姚燧：《牧庵集》卷十一《普庆寺碑》。
[3]《元史》卷二十四《仁宗纪》。
[4]《元史》卷三十《泰定帝纪》。
[5]《元史》卷三十三《文宗纪》。
[6]《元史》卷三十三《文宗纪》。

祭祀仪式；另一方面，则可以命寺中僧人举行佛事活动，类同于祭祀的功能。

这些在元代建造的皇家寺庙，在当时显赫一时，改朝换代之后，有些依然香火旺盛，有些却逐渐没落无闻了。清代中期人称："天寿万宁寺在今鼓楼东偏，详内城北城卷中。承华普庆寺即宝禅寺，在今宝禅寺胡同，详内城西城卷中。崇恩福元寺，据元人《舆地要览》，有大德十一年碑，学士欧阳元撰，今莫详其处。"[1] 到了今天，天寿万宁寺和承华普庆寺也已经不复存在。仅存者为圣寿万安寺，俗称"白塔寺"。

（三）藏传佛教高僧的活动及重要作用

在藏传佛教进入大都城后，一些西藏高僧陆续来到京城，弘传该教派之佛法。有些受到帝王赏识的高僧还被委以重任，管理佛教事务。元朝帝王又为这些高僧在京城建有寺庙，成为他们开展佛教活动的主要场所。藏传佛教势力以后来居上的态势，很快就凌驾于汉传佛教之上，成为整个佛教界的新权贵。在这些来到大都城的西藏僧人之中，有些是得道高僧，精研佛法，严守戒律；也有些则是借佛法之威，行私欲之弊。

在来到大都城的得道高僧中，以帝师八思巴的名声最为显赫。史称："帝师八思巴者，土番萨斯迦人，族款氏也。……八思巴生七岁，诵经数十万言，能约通其大义，国人号之圣童，故名曰八思巴。少长，学富五明，故又称曰班弥怛。"[2] 文中所云"土番萨斯迦人"，系指八思巴信奉的是藏传佛教中萨迦派的佛法，而"族款氏"系指他出家前的姓氏。在西藏即有圣童之号，可见，八思巴在很小的时候就领悟了佛法。

元宪宗三年（1253 年），八思巴年仅十五岁，即从西藏前往大蒙古国，并在六盘山见到时为宗王的忽必烈，并且受到忽必烈的赏识。及忽必烈即位，请他前来大都城，尊他为国师，又尊为大宝法王。至元六年（1269 年），八思巴为元世祖忽必烈制作蒙古新字成。"其字仅千余，其母凡四十有一。其相关纽而成字者，则有韵关之法；其以二合三合四合而成字者，则有语韵之法；而大要则以谐声为宗也。"[3] 元世祖遂命颁行天下，成为元朝公开使用的官方文字之一。

[1]《日下旧闻考》卷一百五十五《存疑》。
[2][3]《元史》卷二百〇二《释老传》。

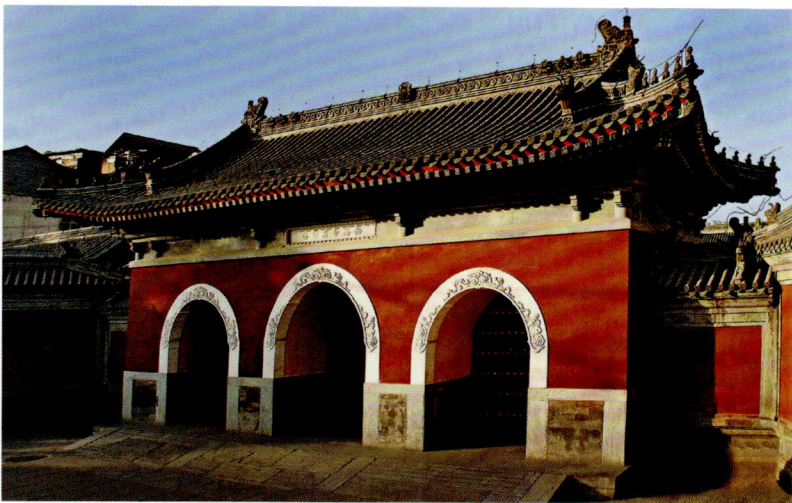

妙应寺山门　　陈宝文 摄影

　　八思巴在来到大都城之后，曾经为元世祖等蒙古贵族"第一次灌密宗顶"作为回报，元世祖命藏地十三万户归他管辖。作为藏传佛教高僧，八思巴是很有政治头脑的。"一次，皇帝对上师说：'我想在西藏只准弘扬萨迦教法，禁止其他各派教法。'上师回答说：'这样做对陛下社稷和我们萨迦教法都无好处，不如让各派依其自愿修法为好。'皇帝同意了八思巴的意见，依此下达了命令。如果八思巴是门户之见很深的僧人，对皇帝的这个打算就不仅不会劝阻，而且会极力鼓动皇帝，把这当作消灭其他教派的大好机会。虽然八思巴那时还不满二十岁，但他不仅精通教法，而且在政治上提出了这样有远见的建议，这有利于元朝的国政和萨迦教派稳定发展，声望提高。"[1]

　　至元十一年（1274 年），八思巴离开大都城，回到西藏，六年后死去。元世祖特下令："赐号：皇天之下一人之上宣文辅治大圣至德普觉真智佑国如意大宝法王、西天佛子、大元帝师。"[2] 此后元朝诸帝仍然对他崇奉有加，如元英宗时，"诏各郡建帝师八思巴殿，其制视孔子庙有加。"又下令："建帝师八思巴寺于京师。"[3] 泰定帝时，又"绘帝师八思巴像十一，颁各行省，俾塑祀之"[4]。显然，帝师八思巴在政治上和文化上的影响远远超过了他在宗教方面的影响。

　　稍后于帝师八思巴的，有胆巴。史称："八思巴时，又有国师胆巴者，一名功嘉葛剌思，西番突甘斯旦麻人。幼从西天竺古达麻失利传习梵秘，得其法要。"[5] 胆巴得到元朝帝王的宠信，主要靠

[1]元人蔡巴司徒·贡噶多杰：《红史·萨迦派世系简述》。

[2][5]《元史》卷二百〇二《释老传》。

[3]《元史》卷二十七《英宗纪》。

[4]《元史》卷二十九《泰定帝纪》。

各种法术。如中统年间，"时怀孟大旱，世祖命祷之，立雨。又尝咒食投龙湫，顷之奇花异果上尊涌出波面，取以上进，世祖大悦"。[1]元世祖在大都城首建大护国仁王寺，即命胆巴出任住持。

此后，在元成宗时他仍然受到赏识。如"成宗北巡，命胆巴以象舆前导。过云州，语诸弟子曰：'此地有灵怪，恐惊乘舆，当密持神咒以厌之。'未几，风雨大至，众咸震惧，惟幄殿无虞，复赐碧钿杯一"[2]。当然他的法术也有失败的时候，时人称："大德间，僧胆巴者，一时朝贵咸敬之。德寿太子病瘝薨，不鲁罕皇后遣人问曰：'我夫妇崇信佛法，以师事汝，止有一子，宁不能延其寿邪？'答曰：'佛法譬犹灯笼，风雨至，乃可蔽，若烛尽，则无如之何矣。'此语即吾儒死生有命之意。异端中得此，亦可谓有口才者矣。"[3]胆巴死于成宗大德七年（1303年），到元仁宗时，追加"大觉普惠广照无上胆巴帝师"之号。这种以法术得到元朝帝王宠信的西藏僧人，在当时也不少。

元朝政府为了管理这些西藏僧人，又设置有专门机构，称"宣政院"。史称："元起朔方，固已崇尚释教。及得西域，世祖以其地广而险远，民犷而好斗，思有以因其俗而柔其人，乃郡县土番之地，设官分职，而领之于帝师。乃立宣政院，其为使位居第二者，必以僧为之。出帝师所辟举，而总其政于内外者，帅臣以下，亦必僧俗并用，而军民通摄。"[4]显然，宣政院的设置，就其功能而言，是为了管理宗教相关事务。而其作用，则不仅仅如此，还包括管理西北川藏高原的军政事务。

对于宣政院的设置过程，史称："宣政院，秩从一品。掌释教僧徒及吐蕃之境而隶治之。……至元初，立总制院，而领以国师。二十五年，因唐制吐蕃来朝见于宣政殿之故，更名宣政院。"[5]总制院的全称为释教总制院，改为宣政院系由当时权臣桑哥提出，而且由他自己主持宣政院的工作。"桑哥又以总制院所统西蕃诸宣慰司，军民财谷，事体甚重，宜有以崇异之，奏改为宣政院，秩从一品，用三台银印。世祖问所用何人，对曰：'臣与脱因。'于是命桑哥以开府仪同三司、尚书右丞相，兼宣政使，领功德使司事，脱因同为使。"[6]此后历任宣政院的主持人都是权倾朝野的重臣。

宣政院成立后，一项重要工作是执掌全国的佛教事务。在至元二十八年（1291年），"宣政院上天下寺宇四万二千三百一十八区，

[1][2]《元史》卷二百○二《释老传》。
[3][4]元人陶宗仪：《南村辍耕录》卷五《僧有口才》。
[5]《元史》卷八十七《百官志》。
[6]《元史》卷二百○五《奸臣传》。

《元史》卷十六《世祖纪》。
《元史》卷十七《世祖纪》。
《元史》卷二十《成宗纪》。
《元史》卷二十三《武宗纪》。

僧、尼二十一万三千一百四十八人"。[1] 这是元朝在册的合法寺庙和僧人的数字，应该是经过统计和核实的数字，也是极为珍贵的信息。当然，在统计的合法数字之外，也应该有不少的非法僧人在从事佛教活动。

宣政院的另一项重要工作是掌管西藏地方的军政事务。如在至元二十九年（1292 年），中央政府"从宣政院言，置乌思藏纳里速古儿孙等三路宣慰使司都元帅"[2]。显然，三路宣慰使司的设置，对"乌思藏"地区的管理有了进一步的加强。几乎所有西藏地方军政官员的任命和罢免，都要经过帝师和宣政院官员的批准。

此外，对于那些犯法的僧官及僧人，在处理的过程中，也要由宣政院和御史台共同出面。如大德六年（1302 年），元成宗亲自下诏："自今僧官、僧人犯罪，御史台与内外宣政院同鞫；宣政院官徇情不公者，听御史台治之。"[3] 由此可见，此前僧人犯法是由宣政院直接处理的。此后，正是因为宣政院过多庇护犯法僧人，才有了元成宗命御史台参与处理的诏令。

又如在至大二年（1309 年），"皇太子言：'宣政院先奉旨，殴西番僧者截其手，詈之者断其舌。此法昔所未闻，有乖国典，且于僧无益，僧俗相犯已有明宪，乞更其令。'又言：'宣政院文案不检核，于宪章有碍，遵旧制为宜。'并从之。"[4] 文中所谓"宣政院先奉旨"，就是打着圣旨的旗号而胡作非为，无人敢管，只有皇太子（即元仁宗）出面，才纠正了这种荒谬的做法。

⊜ 其他宗教的传入与发展

在大蒙古国迅猛崛起并快速向四方扩张的过程中，使得以前相互分割的政区之间有了进一步相互交流的机会，而且这种交流的频率达到了空前的程度。原来活跃在西亚、欧洲的基督教文化（元代称为"也里可温教"），随着蒙古军队的西征而东传到蒙古草原，又随着蒙古军队的南伐而传入中原地区，进而又扩展到江南各地。基督教在中国都有了或多或少的发展，特别是在大都城，由于元朝统治者的庇护和扶持，更是有了很大发展。此时基督教的发展，

义门南水门遗址

主要是通过传教士们的不懈努力活动来实现的。

与此同时，活跃于西亚一带的伊斯兰教，则是以另外一种形式开始在中原地区及江南各地传播开来。在蒙古军队的西征过程中，有大量西域地区信奉伊斯兰教的民众迁入中原地区，由此而将伊斯兰教带入这里。这些穆斯林民众并没有主动传播伊斯兰教，而是随着信教民众进入中原地区的数量不断增加，活动范围不断扩大，而使伊斯兰教的传播范围也随之不断扩大。后人曾称"元代回回遍天下"，就是这个历史过程的真实写照。由于元代实行"四等人"制度，这些穆斯林少数民族民众大多被列为第二等的"色目人"的范围内，政治地位要高于大多数的"汉人"及"南人"。因此，对伊斯兰教的发展也提供了更为良好的环境。

（一）基督教的传入与发展

早在大蒙古国的势力进入中原地区之前，草原上的大多数民众信奉的都是萨满教，其巫师在民众中有着极高的威望。但是，也有一些活跃在西域及西亚等地的基督教派别聂斯托利派逐渐进入大草原，并且受到有些部落首领的尊崇。如草原上的一些大部落——乃蛮部、克烈部、汪古部等，其首领中即有信奉该教派的教徒。

法国传教士鲁布鲁克在元宪宗时来到大草原，并且受到元宪宗蒙哥的接见。他曾描述道："那些契丹人居住在我所经过的高地（alpibus），而在这些高地的某个地方，住着一个聂思脱里人，他是一个强大的、统辖一支叫作乃蛮民族的君王和牧人。乃蛮人是聂思脱里基督徒。……聂思脱里人习惯把他叫作约翰王。"此外，"这个约翰有个兄弟，也是强大的牧人，他的名字是汪。……他是一座叫作哈剌和林的小城的主人，他手下的民族叫作克烈和蔑儿乞，他们是聂思脱里基督徒。但他们的君主已经抛弃了基督的信仰，改宗偶像教……"[1] 文中的"聂思脱里"指唐代以来的"景教"。而"偶像教"则或指佛教（或道教）。

由此可见，在这个时期，蒙古草原上的各个部落首领所尊崇的宗教是较为混乱的，有佛教、道教，也有基督教和伊斯兰教等不同教派。但是，基督教中的聂斯托利派已经有了较大发展。这种情况，主要是通过欧洲天主教的传教士们（如柏朗嘉宾和鲁布鲁克等人）

[1]《鲁布鲁克东行纪》第十七《撒里答、蒙哥汗和贵由汗敬基督徒。有关汪罕的传说》

《马可·波罗游记》插图　FOTOE 供图

来到蒙古草原之后才得到的信息。

　　此后，欧洲商人兼旅行家的马可·波罗在他的游记中也记载了相关的信息。这时元世祖忽必烈已经建立元朝、统一全国，而从西域一直到江南地区，都有聂斯托利派宗教的活动。马可·波罗从欧洲来到中国，途经西域，沿途所见，如喀什噶尔城，以信奉伊斯兰教的居民为主，但也有聂斯托利派的基督徒。"终于我们到达一个叫喀什噶尔的地方，据说这里从前是一个独立的王国，但现在隶属于大汗的版图。居民信奉回教。……居民除回教徒外，还有一些聂斯托利派的基督教徒，他们按自己的法律生活，并有自己的教堂。"[1]

　　再往东走，是钦赤塔拉斯城。"这个地区隶属于大汗，有许多城市和要塞。居民分成三个教派。少数居民奉行聂斯托利派的教义，相信基督；第二派为回教徒；第三派为偶像崇拜者。"[2] 再向东行，到了宁夏，"主要的城市叫作卡拉沙。居民大都是偶像崇拜者，但聂斯托利派的基督教教徒也有三个教堂"。[3] 再向东的另外一个重要城市京兆（今陕西西安），情况大致如此："离开开昌府，向西走八日，连续看到许多城市和商业市镇，经过许多果园与耕地。这里有大量的桑树，十分有利于丝的生产。居民大多崇拜偶像，但也有聂斯托利派的基督教教徒、土库曼族人和萨拉森人。"[4] 文中的"崇拜偶像"即信奉佛教，"萨拉森人"即指信奉伊斯兰教的民众。

　　在大都城里，这些聂斯托利派的基督教应该也是从西域传入蒙古草原，再传入这里的。当元世祖在位时期，这一派的基督教徒在

《马可·波罗游记》卷一《喀什噶尔城及其居民的商业》。
《马可·波罗游记》卷一《钦赤塔拉斯城》。
《马可·波罗游记》卷一《宁王国》。
《马可·波罗游记》卷二《京府城》。

城里占据了主导地位。因为许多蒙古贵族信奉这一教派，故而在大都城里建造有豪华的教堂，并开展各种相关的宗教活动。政府并为此设置了相关的管理机构："崇福司，秩二品。掌领马儿哈昔列班也里可温十字寺祭享等事。"[1] 由此可见，这时的聂斯托利派教士也要参加政府组织的各种"祭享"活动，岁时为元朝帝王祈福。这时在大都城里的基督教徒大致都是聂斯托利派的人。

到了元成宗即位以后，这种情况开始发生变化。至元三十一年（1294 年），元世祖死去不久，有欧洲方济各会的传教士约翰·孟特戈维诺受教皇尼古拉四世派遣，来到大都城，传播欧洲天主教的教义。但是，那些被欧洲教会视为邪教的聂斯托利派教徒也把天主教的教义视为邪教，因此把孟特戈维诺加以囚禁，阻止他在大都城开展传教活动，长达五年之久。

但是，在孟特戈维诺的不懈努力之下，他终于得到元成宗的支持，得以开展传教活动，并且在大都城里建造了第一座天主教堂。经过六年的努力，使得大都城的六千居民开始信奉天主教。孟特戈维诺还收留了大都的孤儿四十人，组成唱诗班，为平常的祈祷活动唱诗。此后，随着传教活动的不断发展，他又在大都城建造了第二座天主教堂，这座教堂与皇宫仅有一街之隔，位置十分醒目。

由于孟特戈维诺的传教活动成效卓著，受到罗马教皇的重视，故而教皇又派出一些传教士组团前来中国。其中的一支传教士团队在主教热拉德等人的率领下，于元仁宗皇庆年间到达大都城，并代表教皇，任命孟特戈维诺为东方总主教，主持天主教在中国的传教活动。直到元文宗天历年间，孟特戈维诺死于大都，天主教的发展一直较为顺利。

元顺帝即位不久，就派遣使臣前往欧洲，请求教皇再派大主教前来大都。教皇本笃十二世遂派遣约翰·马黎诺里为特使，来到大都，进见元顺帝，同时又带来骏马一匹，成为众人关注焦点。时名士周伯琦作有《天马行应制作》一诗，诗前序文称："至正二年岁壬午七月十有八日，西域拂郎国遣使献马一匹，高八尺三寸，修如其数而加半，色漆黑，后二蹄白，曲项昂首，神俊超逸，视他西域马可称者，皆在髃下。金辔重勒，驭者其国人，黄须碧眼，服二色窄衣，言语不可通，以意谕之，凡七度海洋，始达中国。"[2] 由此可见，马黎诺里作为教皇特使来到大都城的时间是在至正二年（1342 年），

[1]《元史》卷八十九《□□官志》。

[2] 元人周伯琦：《近光集》卷二。

而他此来的社会影响远远超过了宗教影响。

此后不久，元朝灭亡。不论是活跃在欧洲的天主教，还是活跃在西亚各地的聂斯托利教一派，也都随之灰飞烟灭。因为信奉这两个基督教派别的教徒绝大多数都是少数民族民众，而这些民众在元朝灭亡后，也随着元朝统治者北逃大漠，使大都城里的宗教活动基本绝迹。直到明朝后期，随着传教士在中国的活动逐渐增加，基督教才在北京城有了进一步的发展。

（二）伊斯兰教的传入与发展

元代对于伊斯兰教的传入与发展是一个十分关键的时期。在此之前，伊斯兰教在西域各地与佛教之间已经展开了十分激烈的争夺，有时，又加入聂斯托利派基督教的斗争。在当时许多西域的重要城镇中，都出现了三个教并立，谁也消灭不了其他两方面的形势。这种形势，逐渐有了进一步向北面的蒙古草原和东面的中原地区不断扩展的情况。显然，从西域直接向中原地区的扩张更加便利，影响也更大。

最初伊斯兰教进入中原地区，并不是伊斯兰教的宗教领袖主动传教的结果。从成吉思汗崛起之时，在他身边就有一些伊斯兰教的宗教领袖不断从事宗教活动，并希望以此来影响成吉思汗的政治和军事活动。这种影响一直延续到窝阔台汗、贵由汗及蒙哥汗等各位帝王的执政时期。与此同时，又有许多信奉伊斯兰教的大臣在大蒙古国中受到重用，他们也会为伊斯兰教的发展提供便利条件。

例如大臣赛典赤赡思丁，史称："赛典赤赡思丁，一名乌马儿，回回人，别庵伯尔之裔。其国言赛典赤，犹华言贵族也。太祖西征，赡思丁率千骑以文豹白鹘迎降，命入宿卫，从征伐，以赛典赤呼之而不名。"[1]文中所谓"回回人"，即是信奉伊斯兰教的西域人士。自元太宗时开始，他就在燕京任断事官，一直到元世祖即位，仍任燕京宣抚史。这十几年间，赛典赤赡思丁在燕京是主要的地方长官。

赛典赤赡思丁在任职期间，与西域商人的联系是较为密切的。如元宪宗七年（1257 年），"回鹘献水精盆、珍珠伞等物，可直银三万余锭。帝曰：'方今百姓疲敝，所急者钱尔，朕独有此何为。'

[1]《元史》卷一百二十五《赛典赤赡思丁传》。

却之。赛典赤以为言，帝稍偿其直，且禁其勿复有所献。"[1] 这件事在当时肯定是大事，三万余锭白银也不是个小数目，赛典赤赡思丁却能从中促成此事。由此可见，一是元宪宗对他十分信任，二是他与回鹘商人的关系肯定不一般，才会为商人求情。

难得的是，赛典赤赡思丁虽然信奉伊斯兰教，却对儒家学说并不排斥，甚至加以弘扬。史称：他在从燕京来到云南主持政务之后，"创建孔子庙、明伦堂，购经史，授学田，由是文风稍兴"。而他的儿子忽辛也能够继承父业，弘扬儒学。"先是，赡思丁为云南平章时，建孔子庙为学校，拨田五顷，以供祭祀教养。赡思丁卒，田为大德寺所有，忽辛按庙学旧籍夺归之。乃复下诸郡邑遍立庙学，选文学之士为之教官，文风大兴。"由此可见，传入中国后的伊斯兰教，虽然与佛教和聂斯托利派基督教有冲突，而与儒学还是能融洽相处的。

那些从西域进入中原地区的伊斯兰教民众随着不断迁徙，也把伊斯兰教传播到了全国各地。如赛典赤赡思丁，他从西域来到燕京，也就把伊斯兰教从西域带到燕京。此后他又从燕京来到云南，则又把伊斯兰教从燕京带到云南。这些信奉伊斯兰教的民众由于信仰相同、生活习俗相近，往往聚族而居，由此而产生了宗教领袖，称"哈的"（或者"合的"）大师。这些宗教领袖在当时不仅主持信教民众的宗教活动，而且负责处理民众日常生活中的婚丧、纠纷等事务。为此，元朝政府曾设置有相关的独立机构。

但是，由于受到元朝帝王宗教信仰变化的影响，对于伊斯兰民众的管理制度也经常发生变化。如元武宗和泰定帝时，对伊斯兰教的扶持力度比较大，但到了此后的元仁宗和元文宗时就出现了变化。元武宗死后不久，元仁宗在至大四年（1311 年）四月下令："罢回回合的司属。"[2] 同年十月，"中书省钦奉圣旨：哈的大师每只教他每掌教念经者。回回人应有的刑名、户婚、钱粮、词讼、大小公事，哈的每休问者，教有司官依体例问者。外头设立来的衙门并委付来的人每，革罢了者。么道圣旨了也。钦此。"[3] 翌年，元仁宗又下令："敕回回合的如旧祈福，凡词讼悉归有司，仍拘还先降玺书。"[4] 进一步明确，哈的大师的职能只是为帝王"祈福"，其他职能都要划归政府相关部门。

元仁宗死后，英宗即位，继续秉承排挤伊斯兰教的政策，在至治元年（1321 年）五月下令："毁上都回回寺，以其地营帝师殿。"[5]

[1]《元史》卷三《宪宗纪》。
[2][4]《元史》卷二十四《仁宗纪》。
[3]《通制条格》卷二十九《僧道》。
[5]《元史》卷二十七《英宗纪》。

直到元英宗被弑，泰定帝即位，因为宰相倒剌沙信奉伊斯兰教，才使得伊斯兰教的活动有所恢复。但是，这种情况没有持续太久。泰定帝死后，元文宗夺得皇权，又开始压制伊斯兰教的势力，下令："罢回回掌教哈的所。"[1]显然，元仁宗时罢废回回哈的司属，及泰定帝时又重新设置，到元文宗时再度罢废。

当然，在元代信奉伊斯兰教的民众是较多的，影响是很大的。元文宗在肃清泰定帝势力的时候，也要加以区别对待。为此，元文宗在天历元年九月称："近以奸臣倒剌沙、乌伯都剌潜通阴谋，变易祖宗成宪，既已明正其罪，凡回回种人不预其事者，其安业勿惧。有因而扇惑其人者，罪之。"[2]文中的"回回种人"即是指信奉伊斯兰教的广大民众。

在元代，许多伊斯兰教的相关活动是在回回司天台举行的。如元世祖至元八年（1271年）七月，"设回回司天台官属，以札马剌丁为提点。"[3]到元仁宗皇庆元年（1312年）五月，"升回回司天台秩正四品。"[4]而宗教活动是通过祭星来完成的，如至元二十六年（1289年）十二月，"命回回司天台祭荧惑。"至大四年（1311年）四月，"策星于回回司天台。"[5]史称："日星始祭于司天台，而回回司天台遂以策星为职事。"[6]这种"策星"活动，应该是为了元朝统治者消灾解难的。

在元代中期，因为政治局势动荡不安，帝王们对"天变"格外重视。如泰定帝的即位是靠着蒙古贵族发动叛乱、杀死元英宗得来的，故而在泰定三年（1323年），"以回回阴阳家言天变，给钞二千锭，施有道行者及乞人、系囚以禳之。"[7]但是，皇位继承制度这个大问题解决不了，仅靠阴阳家的法术是消除不了动乱的。

在伊斯兰教传入的同时，伊斯兰文化也随之传入，并产生了较大影响。除了上文所说的回回司天台、回回国子监和广惠司（又称"回回京师医药院"），西域的制造工艺也随之传入中国，如回回炮的制作。史称："至元八年，世祖遣使征炮匠于宗王阿不哥，王以阿老瓦丁、亦思马因应诏，二人举家驰驿至京师，给以官舍，首造大炮竖于五门前，帝命试之，各赐衣段。"史又称："亦思马因，回回氏，西域旭烈人也。善造炮，至元八年与阿老瓦丁至京师。十年，从国兵攻襄阳未下，亦思马因相地势，置炮于城东南隅，重一百五十斤，机发，声震天地，所击无不摧陷，入地七尺。宋安抚吕文焕惧，以城降。

[1][2]《元史》卷三十二《文宗纪》。
[3]《元史》卷七《世祖纪》。
[4][5]《元史》卷二十四《仁宗纪》。
[6]《元史》卷七十二《祭祀志》。
[7]《元史》卷三十《泰定帝纪》。

既而以功赐银二百五十两，命为回回炮手总管，佩虎符。"[1] 由此可见，回回炮传入中国，为元世祖忽必烈统一全国发挥了重要作用。

（三）萨满教的传入与发展

在北方大草原上生活的游牧民族，大多数都信奉原始宗教萨满教，蒙古族也不例外。但是，当许多游牧民族的民众在进入中原地区以后，接触到了更高层次的宗教——如佛教、道教等，就会放弃萨满教，转而信奉佛教或者道教等宗教。而蒙古族却不是这样的。一方面，他们对新接触到的各种宗教派别采取一视同仁的尊崇态度；另一方面，他们仍然尊崇萨满教，并且把这种原始宗教也带到中原地区，继续加以尊崇，由此在中原地区形成多种宗教共存的局面。

早在成吉思汗崛起之初，由于众多蒙古族民众皆信奉萨满教，故而萨满巫师的影响是很大的。经过与萨满巫师的斗争，成吉思汗终于确立皇权的至高无上地位，而成吉思汗自己仍然对萨满教十分信服。当他攻占金中都城后，得到耶律楚材的辅佐时，他是把耶律楚材作为中原巫师来看待的，史称："帝每征讨，必命楚材卜，帝亦自灼羊胛，以相符应。"[2] 文中所谓"必命楚材卜"就是让耶律楚材用中原的办法占卜。而成吉思汗又命萨满巫师加以占卜，即文中所称"帝亦自灼羊胛"，由此来决定重大战略决策。

这种习俗一直延续到元宪宗时期。史称："帝刚明雄毅，沉断而寡言，不乐燕饮，不好侈靡，虽后妃不许之过制。……自谓遵祖宗之法，不蹈袭他国所为。然酷信巫觋卜筮之术，凡行事必谨叩之，殆无虚日，终不自厌也。"[3] 显然，这种做法对于国家大政而言，是有害而无益的。元宪宗在亲征川蜀之前，应该也是经过"巫觋卜筮之术"验证的，却没有得到"大凶"的征兆，最终兵败钓鱼城，自己也重伤身亡。显然，到这时为止，萨满巫师对蒙古帝王的影响还是很大的。

忽必烈建立元朝之后，各项政治制度逐渐完善，萨满巫师已经很难在国家大政方针方面有发言权，他们只能在有些宗教礼仪活动中作为主角。例如，在祭祖活动中，这时元世祖忽必烈已经采用了中原王朝的太庙祭祖仪式，有着一整套活动程序。而与此同时，忽

[1]《元史》卷二百〇三《工艺传》。
[2]《元史》卷一百四十六《耶律楚材传》。
[3]《元史》卷三《宪宗纪》。

必烈又保留了萨满教祭祖的程序。史称："每岁，驾幸上都，以六月二十四日祭祀，谓之洒马你子。用马一，羯羊八，彩段练绢各九匹，以白羊毛缠若穗者九，貂鼠皮三，命蒙古巫觋及蒙古、汉人秀才达官四员领其事，再拜告天。又呼太祖成吉思御名而祝之，曰：托天皇帝福荫，年年祭赛者。礼毕，掌祭官四员，各以祭币表里一与之；余币及祭物，则凡与祭者共分之。"[1] 中原祭祖活动是在大都城的太庙，而蒙古萨满教的祭祖活动则是在上都城。

此外，作为萨满教的祭祖活动，在大都城也有自己的场所，称为"烧饭园"。史称："每岁，九月内及十二月十六日以后，于烧饭院中，用马一，羊三，马湩，酒醴，红织金币及里绢各三匹，命蒙古达官一员，偕蒙古巫觋，掘地为坎以燎肉，仍以酒醴、马湩杂烧之。巫觋以国语呼累朝御名而祭焉。"[2] 文中的"烧饭院"即"烧饭园"。时人记载颇详，"烧饭园：在蓬莱坊南。由东门又转西即南园红门，各有所主祭之，树坛位。其园内无殿宇，惟松柏成行，数十株森郁，宛然窭高凄怆之意。阒与墙西有烧饭红门者，乃十一室之神门，来往烧饭之所由，无人敢行。往有军人把守。每祭，则自内庭骑从酒物，呵从携持祭物于内。烧饭师婆以国语祝祈，遍洒湩酪酒物。以火烧所祭之肉，而祝语甚详。先，烧饭园在海子桥南，今废为官祭场。"[3] 这种祭祖活动，是由萨满巫师（即文中所称"烧饭师婆"）来主持的，祝语也是要用"国语"（即蒙古语）来祈福的。

萨满巫师在大都城还有一项重要的活动，史称："每岁，十二月下旬，择日，于西镇国寺内墙下，洒扫平地，太府监供彩币，中尚监供细毯铖线，武备寺供弓箭环刀，束秆草为人形一，为狗一，剪杂色彩段为之肠胃，选达官世家之贵重者交射之。非别速、札剌尔、乃蛮、忙古台、列班、塔达、珊竹、雪泥等氏族，不得与列。射至糜烂，以羊酒祭之。祭毕，帝后及太子嫔妃并射者，各解所服衣，俾蒙古巫觋祝赞之。祝赞毕，遂以与之，名曰'脱灾'。国俗谓之'射草狗'。"[4] 文中所谓"射草狗"是指这种活动的形式，而"脱灾"则是指其目的。通过描述可知，这种活动的规模是很大的，活动的地点是在著名寺庙中。而除了"蒙古巫觋"作为主持人，元朝帝王、后妃、太子及各部落的贵族子弟皆参与进来。文中"西镇国寺"位于今西城护国寺一带，寺庙已废毁，仅存残迹。

由萨满巫师主持的，还有一种"脱灾"活动。"每岁，十二月

[1][2]《元史》卷七十七《祭祀志》。

[3] 元人熊梦祥：《析津志辑佚》"古迹门"。

[4]《元史》卷七十七《祭祀志》。

十六日以后，选日，用白黑羊毛为线，帝后及太子，自顶至手足，皆用羊毛线缠系之，坐于寝殿。蒙古巫觋念咒语，奉银槽贮火，置米糠于其中，沃以酥油，以其烟熏帝之身，断所系毛线，纳诸槽内。又以红帛长数寸，帝手裂碎之，唾之者三，并投火中。即解所服衣帽付巫觋，谓之脱旧灾、迎新福云。"[1] 这项活动，是在皇宫里面举行的。从被捆绑到脱困，确实表达了"脱旧灾"的寓意。

在萨满巫师主持的活动中，最具特色的是丧葬仪式。史称："凡宫车晏驾，棺用香楠木，中分为二，剜肖人形，其广狭长短，仅足容身而已。殓用貂皮袄、皮帽，其靴袜、系腰、盒钵，俱用白粉皮为之。殉以金壶瓶二，盏一，碗碟匙箸各一。殓讫，用黄金为箍四条以束之。舆车用白毡青缘纳失失为帘，覆棺亦以纳失失为之。前行，用蒙古巫媪一人，衣新衣，骑马，牵马一匹，以黄金饰鞍辔，笼以纳失失，谓之金灵马。日三次，用羊奠祭。至所葬陵地，其开穴所起之土成块，依次排列之。棺既下，复依次掩覆之。其有剩土，则远置他所。送葬官三员，居五里外。日一次烧饭致祭，三年然后返。"[2] 这种丧葬仪式充分体现了游牧文化的特色。

从金代到清代，生活于北京的诸多帝王在死后皆在都城附近建造有皇陵，如房山的金皇陵，昌平的明皇陵，以及位于今河北境内的清东陵、清西陵，均成为重要的历史遗迹，唯独元朝的帝王没有在北京及附近地区留下皇陵，这不能不说是个遗憾。但是，这种丧葬仪式也给人们留下了一个万古不解之谜。迄今，许多专家学者都在尽力寻找元朝帝王的墓葬，却一直没有重大发现。

[1][2]《元史》卷七十七《祭祀志》。

第八章

佳节同庆　喜乐洋洋

——丰富的娱乐活动

下马飞放泊（南海子）　宏揩　摄影

作为全国的都城，城市空间最为辽阔，居住着上自帝王将相，下至平民百姓的众多居民。他们生活在这里，每天都有着数不尽的悲欢离合。而娱乐活动，则是人们日常生活中的一项重要内容。都城作为帝王及权贵们长期生活的地方，他们的一举一动都会给整个城市带来巨大影响。作为最高级别的宫廷各项娱乐活动，始终是都城最有影响的娱乐活动。

元代的宫廷庆典活动，有着自己的文化特色。首先是模式化的礼仪进程，这是以往众多王朝皆遵行的一种程式。主题之一是农耕为本，农耕立国。主题之二是皇权至上，家国一体。主题之三是祈求吉祥，国泰民安。因此，宫廷的大朝会主要是在元旦（今春节）、帝王生日等时候举行，也就成为宫廷庆典活动的主要内容。

在大都城，与宫廷庆典活动相互辉映的则是民间的娱乐活动。例如，在每年春节举行元日大朝会的同时，广大市民也要走亲访友，互相祝福，共庆佳节，使得这种庆典活动变成了全民参与的庆祝仪式。每个人、每个家庭、每个家族，都有自己表达庆祝的方式，这些不同方式汇聚到一起，组成了都城的欢乐海洋。

不论是宫廷的，还是民间的娱乐庆典活动，皆在年复一年地延续下去，并在延续的过程中形成文化上的惯性。但是，有些不同文化因素的加入，使得庆典活动也在不断发生变化，有些前朝的习俗得到传承，也有些以往的习俗被新的习俗所取代。这种变迁，有时在短时间内是不易察觉的，但是放到长时段的历史进程中，就会留下明显的变迁痕迹。

一　宫廷的重要庆典活动

在元代，宫廷的重要庆典活动主要有三项，即大朝会、大宴会及大狩猎。大朝会通常是在重要的节日举行，如每年的元旦、帝王的生日等。这种活动的主题就是庆祝年景风调雨顺、帝王益寿延年。大宴会一般是在举行重大活动前后，如大规模的军事行动前后。之前举行宴会，是召集众多权贵一起商讨军事行动的各项事宜；之后举行宴会，则是在军事行动中掠获的大量财富要在宴会上分配。至于大狩猎，则是一种惯用的练兵方法，同时，也是一种娱乐活动。

[1]《元史》卷六十七《礼乐志》。

（一）大朝会

在元代，大朝会是传统游牧文化的体现。史称："元之有国，肇兴朔漠，朝会燕飨之礼，多从本俗。太祖元年，大会诸侯王于阿难河，即皇帝位，始建九斿白旗。世祖至元八年，命刘秉忠，许衡始制朝仪。自是，皇帝即位、元正、天寿节，及诸王、外国来朝，册立皇后、皇太子，群臣上尊号，进太皇太后、皇太后册宝，暨郊庙礼成、群臣朝贺，皆如朝会之仪。而大飨宗亲、锡宴大臣，犹用本俗之礼为多。"[1] 文中"太祖元年"即 1206 年，成吉思汗建立大蒙古国的这一年。而"皇帝即位、元正、天寿节"则是元朝（帝王即位除外）规模最大的三次朝会。其他各项活动，虽然也要举行朝会，规模是无法与大朝会相比的。

帝王即位的大朝会活动，又被称为"忽里台"大会，所有大蒙古国的重要人物都必须参加。在 1206 年的"忽里台"大会上，成吉思汗被众多蒙古贵族共同推举为大汗（即帝王）。此后，自窝阔台汗（即元太宗）开始，凡是登基的帝王皆须举办"忽里台"大会，以示其帝王的合法身份。这种召开"忽里台"大会的方法，正是蒙古大草原上众多种部落共同推举部落首领的原始习俗。这个习俗，一直延续到元朝末年。

元大都护城河（朝阳区段）　曲扬　摄影

从元世祖至元八年（1271年）开始，制定的"朝仪"，也就是举行大朝会时的各种礼仪制度，与"忽里台"大会的仪式是完全不同的，是对中原王朝礼仪制度的承袭和改革。主持这项重要文化工程的是刘秉忠和许衡，在当时被称为"大儒"。因此，由他们制定的"朝仪"程序，基本上是对儒家礼仪制度的全面恢复和进一步发展。当然，这个朝仪制度在制定之后，随着实行过程的延续，也在不断改进和完善。

对于元世祖时制定的这项朝仪制度，首先提出建议的也是一位"大儒"徐世隆。时人称："时宫阙落成，而朝仪未立，公奏曰：'今四海一家，万国会同，朝廷之礼，不可不肃，宜定百官朝会仪。'从之。"[1] 文中的"宫阙落成"是指元大都的皇宫正殿大明殿刚刚建好，要在这里举行大规模的庆祝活动，因此要制定相关的礼仪程序。这件事情，关系到大元帝国的威仪，"不可不肃"，当然要予以足够的重视。

帝王即位的庆祝活动虽然重要，但却不是每年固定的活动，而每年必须举办的大朝会活动，主要有两项：一项是元旦（即春节）的庆祝活动，另一项则是帝王的生日。就元旦的大朝会而言，因为中国自古是以农耕立国，故而有着十分发达的历法（今天称旧历或是阴历），旧历每年的第一天（称为"三始"：一年之始、一月之始、一日之始）会格外受到重视。这一天举行庆祝活动，是希望从此开始的这一年都会有好运气。

在元代，元旦大朝会的场所是皇宫正殿大明殿，类似于此后紫禁城里的太和殿，是元代皇城里面的最大建筑之一。许多参加过大朝会的人对这场隆重的庆典活动加以描述。如元仁宗延祐元年（1314年）的元旦，刚好下完一场大雪，天气晴朗，当时的道士张雨参加了在大明殿举行的大朝会，他作诗一首："才设中庭燎，俄看密霰飘。岁开环甲纪，星动指寅杓。凤集天门榜，珂鸣月殿桥。卿云同四表，和气集三朝。陛级防初截，云层玉旋雕。句陈分彩队，步辇簇青腰。积屑承盘重，吹花到笋消。逶迤光斧座，凌乱缀珠翘。乐共炉烟合，班随翠袖招。阆风游广汉，玉局道逍遥。北戏鱼龙舞，中虡虎豹调。旌旗攒虪虪，冠剑掠招摇。穆酒曾觞母，洪崖及见尧。万年临紫极，一日庆璇霄。……"[2] 诗中把雪后初晴的大朝会气象十分生动地描述了出来。

[1] 元人苏天爵：《国朝名臣事略》卷十二《太常徐公（世隆）》。
[2] 元人张雨：《句曲外史集》卷上《元日雪霁早朝大明宫和辛良史省郎廿二韵》。

在大朝会的隆重活动中，人们的着装是逐渐发生变化的。史称："元初立国，庶事草创，冠服车舆，并从旧俗。世祖混一天下，近取金、宋，远法汉、唐。至英宗亲祀太庙，复置卤簿。今考之当时，上而天子之冕服，皇太子冠服，天子之质孙，天子之五辂与腰舆、象轿，以及仪卫队仗，下而百官祭服、朝服，与百官之质孙，以及于士庶人之服色，粲然其有章，秩然其有序。大抵参酌古今，随时损益，兼存国制，用备仪文。于是朝廷之盛，宗庙之美，百官之富，有以成一代之制作矣。"[1] 这个评价是比较客观的。

意大利著名旅行家兼商人马可·波罗，曾经参加了一次元日的大朝会，并从一个外国人的角度记录了大朝会情景："这种集合的秩序如下：第一排位置指定给皇子、皇孙和所有皇家成员。次一等的指定给各省的亲王、帝国的贵族。官员按他们的等级，依次排班。当所有的人都站在指定的地方后，有一位高级官员，或者应当说是一位大主教，站起来高声叫道：'叩首致敬。'于是众人一起跪在地上叩头，这样重复四次。行礼完毕后，大主教走到一个陈设富丽的法坛前，坛上有一块红牌，写着大汗的御名，靠近牌位的地方有一个香炉焚着贡香。大主教以朝会众会众人的名义，手捧香火，对着牌位和祭坛毕恭毕敬地敬礼。这时，每个人都必须跪在地上。"[2] 文中的"大主教"不可能是天主教的传教士，应该是萨满教的大巫师。

马可·波罗继续描述道："这个仪式完毕后，众人回归原位，然后献出各自的礼物。这些礼物前面已经介绍过了。礼物呈上，大汗

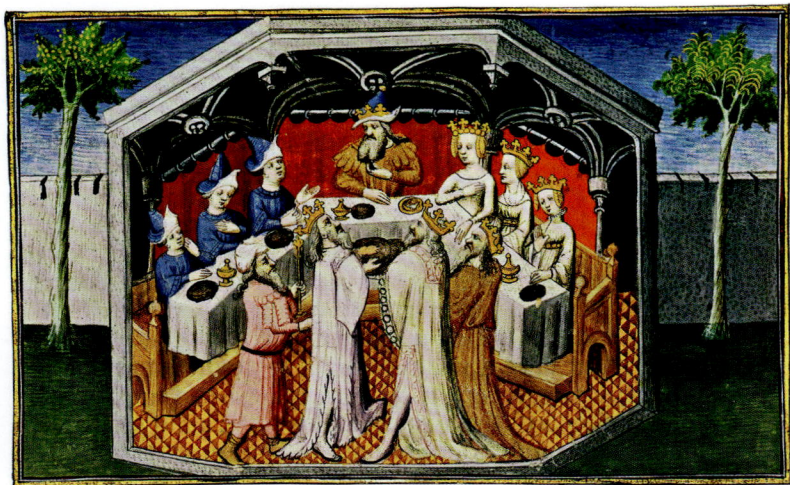

《马可·波罗游记》插图　　FOTOE 供图

[1]《元史》卷七十八《舆服志》。
[2]《马可·波罗游记》卷二《元旦日的白色节和当天呈送礼物的数目》。

过目后，就开始举行宴会，男女宾客按照前面所描写的情形和次序，相继入席。席散后，由乐师和梨园弟子表演节目，这和前面所描写的一样。这个时候有一头狮子被带到大汗面前，狮子非常驯服，可以叫它躺在大汗的脚下。宴乐完毕后，大家才尽兴散去。"[1] 各种活动使得大朝会的庆祝活动达到高潮。大朝会结束后，百官退朝，回家继续参加各种民间的娱乐活动。

[1]《马可·波罗游记》卷二《元旦日的白色节和当天呈送礼物的数目》。
[2][3]《元史》卷七十八《舆服志》。

（二）大宴会

在元代，由帝王组织的大宴会，是一项十分重要的皇家娱乐活动，参与大宴会的人可以随意饮酒吃肉，观赏演出，尽兴而散。同时，大宴会也是一项重要的政治活动，众多贵族和权臣聚在一起，在宴会上商量征伐四面八方的军事行动。此外，大宴会还是权贵们瓜分各种财宝的场所，帝王把从各处掠夺来的金银珠宝，以及从百姓身上搜刮来的巨额税钱，分发给与会的权贵们。

因为大宴会如此重要，所以元朝帝王就制定了一套严密的参会体制。这套制度称为"质孙"制度。史称："质孙，汉言一色服也，内庭大宴则服之。冬夏之服不同，然无定制。凡勋戚大臣近侍，赐则服之。下至于乐工卫士，皆有其服。精粗之制，上下之别，虽不同，总谓之质孙云。"[2] 质孙服，即参加宴会的服装，百官的质孙服皆由帝王赐予，凡有宴会，只有穿着质孙服的人才能够参与。

不论是帝王还是百官，质孙服皆分为冬、夏两个种类。这是因为元朝帝王冬天在大都生活，夏天去到上都，故而分为两大类。史称："天子质孙，冬之服凡十有一等……夏之服凡十有五等……"而"百官质孙，冬之服凡九等……夏之服凡十有四等……"[3] 由此可见，这种大宴会每年有二十六次左右，在上都举行的次数要比大都多一些。而百官能够参加的大宴会，最多也就是二十三次。当然，帝王赐予百官的质孙服，其数量是不一样的，有的只有一件或两件，有的多达十几件。

这些质孙服是以统一的颜色为标志，如果帝王穿大红的质孙服，那么所有拥有大红质孙服的官员皆可以参加，其他官员虽然也拥有质孙服，如果颜色不一样，也不能参加大宴会。帝王应该是每次大宴会都会换一种颜色的质孙服，百官也就只能轮流参加不同的大宴

元代质孙服

会了。从质孙服的颜色来看，当以大红色为多，如在百官质孙服中，即有：大红纳石失一，大红怯绵里一，大红官素一，这是冬服九种中的三种。大红官素带宝里一，大红明珠答子一，这是夏服十四种中的两种。

这种参加大宴会的质孙服制度起源很早，至迟在窝阔台汗（元太宗）时就已经有了。他曾在太宗六年（1234 年）五月下令称："诸妇人制质孙燕服不如法者及妒者，乘以骟牛徇部中，论罪，即聚财为更娶。"[1] 文中的"质孙燕服"即质孙服。由此可见，帝王对质孙服的制作是十分重视的。如果在制作过程中没有达到标准，就要受到极为严厉的处罚。

又如自窝阔台时即受到重用的汉人吕昌龄，以勤劳恭谨著称，官至提点尚食局事。"凡群臣预燕衎者，冠佩服色例一体，不混淆，号曰只孙，必经赐兹服者，方获预斯宴。于以别臣庶疏近之殊，若古命服之制。公前后被赐只孙锦服十余袭，宠数之隆，于斯可见。"[2] 文中的"只孙"即指质孙服。所以，至少到元宪宗时，大臣拥有的质孙服已经有十几种颜色了。到元世祖时，这种质孙服的制度已经进一步规范化。

因为这种大宴会参加的人数较多，故而元朝政府专门设置有相关的管理机构，称为"侍仪司"。至元八年（1271 年）礼仪制度实行后，元世祖特下敕令称："元正、圣节、朝会，凡百官表章、外国进献、使臣陛见、朝辞礼仪，皆隶侍仪司。"[3] 即凡是参加大宴会的百官如有失仪之处，即由侍仪司的官员加以纠劾。

元朝政府曾明确规定：大宴会时，"大会诸王、宗亲、驸马、大臣，宴飨殿上，侍仪使引丞相等升殿侍宴。凡大宴，马不过一，羊虽多，必以兽人所献之鲜及脯鱐，折其数之半。预宴之服，衣服同制，谓之质孙。四品以上，赐酒殿上。典引引五品以下，赐酒于日精、月华二门之下。宴毕，鸣鞭三。侍仪使导驾，引进使导后，还寝殿，如来仪。"[4] 文中的"侍仪使"即侍仪司的官员，在整个大宴会的活动中发挥着重要的作用。

在这些大宴会上，得到利益最大的是那些蒙古贵族宗王，他们在参加大宴会的时候会从帝王那里分到巨额钱财。如元世祖死后，元成宗即位不久就在元贞二年（1296 年）立下规矩，"定诸王朝会赐予：太祖位，金千两、银七万五千两；世祖位，金各五百两、银

[1]《元史》卷二《太宗纪》。
[2] 元人王恽：《秋涧集》卷五十七《大元故关西军储大使吕公神道碑铭》。
[3]《元史》卷七《世祖纪》。
[4]《元史》卷六十七《礼乐志》。

二万五千两；余各有差。"[1] 即所有参加大宴会的蒙古贵族都可以得到或多或少的赏赐。

对于这种赏赐，数量是在不断增加的。如元成宗刚死，元武宗从漠北和林城回到大都，大臣就赏赐之数量多少向元武宗请示："臣等议：宪宗、世祖登宝位时赏赐有数，成宗即位承世祖府库充富，比先例，赐金五十两者增至二百五十两，银五十两者增至百五十两。"元武宗回答："其遵成宗所赐之数赐之。"[2] 而那些到和林城拥戴元武宗即位的蒙古权贵随同武宗来到大都城，又参加大宴会，有的大臣认为这些人已经得到了赏赐，这次的大宴会就不应该再加赏赐。元武宗却说："和林之会，国事方殷，已赐者，其再赐之。"[3] 国家的财富就这样流进蒙古权贵们的口袋里。

对于这种经常举行的大宴会，许多文臣也参与其中，并作诗加以描述。如名士柯九思就曾作有《宫词十五首》以述其事。其中一首曰："万里名王尽入朝，法宫置酒奏箫韶。千官一色真珠袄，宝带攒装稳称腰。"诗后注文称："凡诸侯王及外番来朝，必锡宴以见之。国语谓之'质孙宴'，'质孙'，汉言一色，言其衣服皆一色也。"[4] 因为质孙服上面缀有许多名贵的珍珠，故而诗中称之为"真珠袄"。

当时名士张昱曾作有《辇下曲》组诗一百多首，以述其在大都城的所见所闻，其中一首曰："只孙官样青红锦，裹肚圆文宝相珠。羽仗执金班控鹤，千人鱼贯振嵩呼。"又一首曰："黄金酒海赢千石，龙杓梯声给大筵。殿上千官多取醉，君臣胥乐太平年。"[5] 诗中的"只孙"也是指质孙服。而"控鹤"则是指在大宴会中维护秩序的军士。

当时文士杨允孚曾随同元朝帝王一起到上都度夏，作组诗《滦京杂咏》，其中有些诗句就是描述上都大宴会情景的。其中一首曰："千官万骑到山椒，个个金鞍雉尾高。下马一齐催入宴，玉阑干外换宫袍。"诗后注文称："每年六月三日诈马筵席，所以喻其盛事也。千官以雉尾饰马，入宴。"还有一首曰："锦衣行处狻猊习，诈马筵开虎豹良。特敕云和罢弦管，君王有意听尧纲。"诗后注文称："诈马筵开，盛陈奇兽。宴享既具，必一二大臣称青吉斯皇帝，礼撤，于是而后，礼有文，饮有节矣。云和署隶仪

[1]《元史》卷十九《成宗纪》
[2][3]《元史》卷二十二《武宗纪》。
[4] 元人柯九思：《草堂雅集》卷一。
[5] 元人张昱：《可闲老人集》卷二。

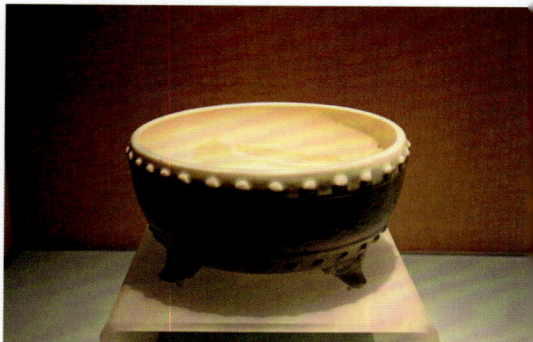

元大都遗址出土的元代青白釉刻莲花纹三足炉
海峰 摄影　FOTOE 供图

凤司,掌天下乐工。"[1]文中"青吉斯皇帝"即指成吉思汗（元太祖）,在大宴会前,往往有宗王宣读成吉思汗的圣训,以示不忘祖先之意。

元世祖时,又有安南国（今越南）王陈益稷参加了两次大宴会,并作诗加以描述。其中一首《大明殿侍宴》曰:"班陪玉笋侍红云,日表熙熙瑞气温。万派朝宗沧海阔,众星环拱紫宸尊。雍容湛露歌诗什,仿佛钧天入梦魂。孤孽秋毫皆帝力,愿殚忠赤报深恩。"另一首为《万岁山侍宴》,曰:"碧汉銮隔世尘,玉京开宴会星辰。舞回鳌背千山雪,酒上龙颜万国春。物被仁风荣御苑,水涵圣泽溢天津。越南羁旅陪宾列,咫尺光瞻日月新。"[2]由此可知,这两次大宴会,一次是在大明殿,一次是在万岁山上的广寒殿,皆是在皇城里面。

这种由帝王主办的大宴会,在被称为"质孙宴"的同时,又被称为"诈马筵"。元代名士周伯琦作有《诈马行》一诗,诗前有序文称:"国家之制,乘舆北幸上京,岁以六月吉日,命宿卫大臣及近侍服所赐只孙,珠翠金宝,衣冠腰带,盛饰名马。清晨,自城外各持彩仗列队驰入禁中。于是,上盛服御殿临观,乃大张宴为乐。唯宗王、戚里、宿卫、大臣前列行酒,余各以所职,叙坐合饮。诸坊奏大乐,陈百戏,如是者凡三日而罢。其佩服日一易,大官用羊二千嗷、马三匹,它费称是,名之曰'只孙宴'。'只孙',华言一色衣也,俗呼曰'诈马筵'。"[3]这场大宴会应该就是上文杨允孚所说的六月三日开始的大宴会。而在三天时间里,要换三次质孙服,许多官员大概只能参加一至两天的大宴会。

而对"诈马筵"的解释,杨允孚称是"千官以雉尾饰马",为其起因;而周伯琦则认为是"盛饰名马"。这两种表述皆有道理,但是,几百年后的清乾隆帝却给了另一种解释,他认为:"诈马为蒙古旧俗,今汉语俗所谓跑等者也。然元人所云'诈马',实'咱马'之误。蒙古语谓掌食之人为'咱马',盖呈马戏之后,则治筵以赐食耳。所云'只孙',乃马之毛色,即今蒙古语所谓'积苏'者,是亦属鱼鲁。兹扎萨克于进宴时,择名马数百,列二十里外,结束鬃尾,去羁鞯,驰用幼童,皆取其轻捷致远,以枪声为节,递施传响,则众骑齐骋,骉骙山谷,腾跃争先,不踰晷刻而达抢其先至者三十六骑,优赉有差。所以柔远人、讲武事也。"[4]这种"诈马筵"的习俗一直传承到清朝。

[1]元人杨允孚:《滦京杂咏》。
[2]《元诗选初集》壬集《安南国王陈益稷》。
[3]元人周伯琦:《近光集》卷一。
[4]《钦定皇舆西域图志卷首三·天章三》。

元大都遗址出土元代清白釉梅花纹瓶
戴国庆 摄影
FOTOE 供图

《元世祖出猎图》　FOTOE 供图

并在此设置行宫，称柳林行宫。

对于元朝帝王组织的大狩猎活动，规模很大，皇太子及蒙古贵族、百官、文臣、近侍军人等，都要参加。因此，许多文人皆曾对这项活动加以描述。如窝阔台汗时，大臣耶律楚材就曾作诗描述其情景曰："湛然扈从狼山东，御闲天马如游龙。惊狐突出过飞鸟，霜蹄霹雳飞尘中。马上将军弓挽月，修尾蒙茸卧残雪。玉翎犹带血模糊，骄骃嘶鸣汗微血。长围四合匝数重，东西驰射奔追风。鸣鞘一震翠华去，满川枕藉皆豺熊……"[1] 诗中所述"狼山"指大都城西北群山中的一座山。

元世祖时，文士王恽也曾作诗以述其参加大狩猎的情景，诗曰："一声画鼓肃霜威，千骑平岗卷晴雪。长围渐合汤山东，两翼闪闪牙旗红。飞鹰走犬汉人事，以豹取兽何其雄。马蹄蹴躏麋麑左兴，赤绦撤镞惊龙腾。锦云一纵飞尘起，三军耳后秋风生……"[2] 诗中所述"汤山"在今昌平区内，而狩猎的时间是在中统二年（1261 年）的十一月，也是一次冬狩活动。

当时文士马祖常也曾作有《驾发》诗一首，曰："苍龙对阙夹天阊，秋驾凌晨出国门。十万貔貅骑骤裹，一双日月绣旗幡。讲搜猎较黄羊圈，锡宴恩沾白兽尊。赫矣汉家人物盛，马卿有赋在文园。"[3] 这是元朝帝王在秋天出都城狩猎的情景，场面十分壮观，只是没有说明出猎的场所。

在漷州柳林行宫的狩猎活动，通常是在每年春天的二月，因为这一大片湿地是候鸟栖息的最佳场所，春季南归的鸟群极多，为元朝帝王的狩猎提供了大量猎物。时人参与狩猎，亦多赋诗以述其景。如安南国王陈益稷就曾作有《驾畋柳林随侍》诗，曰："仙仗平明拥翠华，景阳钟发海东霞。千官捧日临春殿，万骑屯云动晓沙。白鹘辅翻山雾薄，黄龙旗拂柳风斜。太平气象民同乐，南北梯航共一家。"[4] 诗中描述了"千官""万骑"的景象。

文士柯九思，曾作有《宫词一十五首》，其中一首即描述柳林行宫狩猎的情景，曰："元戎承命猎郊坰，敕赐新罗白海青。得俊归来如奏凯，天鹅驰送入宫廷。"诗后注文称："海青者，海东俊鹘也。白者尤贵，有数十金者。"[5] 诗中提到了两个与狩猎相关的重要史实，一个是"天鹅"，另一个是"白海青"。天鹅是猎物，自辽代开始，帝王就把在这里猎获的天鹅作为供奉太庙的最好祭品，元朝帝王也

[1] 元人耶律楚材：《湛然居士文集》卷十《扈从羽猎》。
[2] 元人王恽：《秋涧集》卷六《飞豹行》。
[3] 元人苏天爵：《国朝文类》卷七《七言律诗》。
[4] 元人苏天爵：《国朝文类》卷六。
[5] 元人柯九思：《草堂雅集》卷一。

元代 赵孟頫绘 《蒙古宗王狩猎图》（局部） FOTOE 供图

沿袭了这项传统。

白海青是一种猎鹰，元朝帝王在去柳林行宫狩猎时必备的助手。这种猎鹰出自东北，极为名贵。文士刘因就曾作有《白海青》一诗，曰："扶余玉爪旧曾闻，青鸟犹沾海气昏。掌上风标有如此，眼中神骏更怜君。平芜未洒头鹅血，春水谁开猎骑门？过雁昏鸦莫回首，霜拳高兴在空云。"[1] 诗中"扶余"是古国名，在东北地区。"头鹅"是指第一个被捕获的天鹅，通常作为进供太庙的祭品。"春水"则是指春猎活动。

白海青又被称为"白翎鹊"，当时文士杨维桢曾作有《白翎鹊辞二章》，对它在狩猎活动中的重要作用加以描述。其一曰："白翎鹊，西极来。金为冠，玉为衣。百鸟见之不敢飞，雄狐猛虎愁神机。先帝亲手鞲，重尔西方尔。海东之青汝何为？下攫草间雉兔肥，奈何猛虎雄狐狸。白翎鹊，来西极，地从翼旋山目侧。边风朔气劲折胶，材官猛箭与之敌，黄狼紫兔不余力。须臾白雪轻，一举千仞直，驾鹅洒血当空掷。金头玉颈高千尺，千秋万岁逢玉食。"[2]

白翎鹊又称"白翎雀"，元世祖曾命乐工硕德闾为之作乐曲，一时盛传，遂为元代名曲。时人称："白翎雀者，国朝教坊大曲也。始甚雍容和缓，终则急躁繁促，殊无有余不尽之意，窃尝病焉。后见陈云峤先生云：白翎雀生于乌桓朔漠之地，雌雄和鸣，自得其乐，世皇因命伶人硕德闾制曲以名之。曲成，上曰：'何其末有怨怒哀瀺之音乎？'时谱已传矣，故至今卒莫能改。"[3] 当时不仅有诗人作诗、乐人作曲、歌者吟唱，还有画家作画，使之成为当时最流行的文艺创作主题之一。

[1] 元人刘因：《静修集》卷十六。
[2] 元人杨维桢：《铁崖古乐府》卷七。
[3] 元人陶宗仪：《南村辍耕录》卷二十《白翎雀》。

② 民间的主要娱乐活动

在大都城，与宫廷活动相比，民间的娱乐活动也很热闹。其中的许多活动皆与岁时节令密切相关。因为中国古代是以农耕生产为主体，故而有着十分发达的历法体系，直接联系着气候的变化。在元代修订的通行全国的《授时历》，就是以大都地区的气候变化为修订依据的。而在历法中所制定的二十四节气中，有些即成为人们从事娱乐活动的标志性节日。

元大都城作为全国的文化中心，同时也成为宗教文化的中心。因此，在这里的宗教活动十分频繁，其中，庆祝宗教节日的活动，就是一项主要内容。这种宗教节日的庆祝活动，与人们的宗教信仰之间没有直接关系，而是转变为人们的普遍娱乐活动。当然，就当时大都城的宗教节日活动而言，主要是佛教和道教的庆祝活动为主，而基督宗教及伊斯兰教的节日则因信奉者较少，未能形成遍及全民娱乐活动的局面。

（一）岁时节令

在民间的岁时娱乐活动中，以春季和秋季的活动较多，夏季和冬季的活动较少，这是和农耕生产以及气候变化密切相关的。春天是万物生长的季节，树木、花草历尽冬寒而出现花红柳绿的美好景象，给人们的感观带来浓浓的生机和愉悦，引起人们对未来生活的美好憧憬。每年的春天又是农耕生产的最好季节，人们祈盼着有好的收成，因此各项娱乐庆祝活动也就会多一些。而到了冬天，人们一年的生产已经有了结果，在收获了大量成果之后，进入万木萧瑟、满眼荒凉的境界，人们的各项活动也就变得越来越少。

在一年之中，最重要的节令是元日，又称"元旦"（今称"春节"）。元朝政府组织的大朝会十分热闹，除了百官向帝王行祝贺礼外，各种演出也十分精彩。时人汤舜民曾作有《元日朝贺》散曲一套，其中有几段写得颇为传神："【倘秀才】鹓鹭班文僚武僚，熊虎队龙韬豹韬，八府三司共六曹。象牙牌犀角带，龟背凯雁翎刀，有丹青怎描？【脱布衫】椒花颂万代歌谣，柏叶杯九酝葡萄。茵陈簇雕盘翠缕，金花插玳筵宫帽。【小梁州】一派仙音奏九韶，端的是锦瑟鸾箫。红牙象板紫檀槽，中和调，天上乐逍遥。【幺篇】瑶池青鸟传音耗，说神仙飞下丹霄。一个个跨紫鸾，一个个骑黄鹤，齐歌齐笑，共王母宴蟠桃。"[1] 通过作者的描述可以看出，表演的内容多以吉祥、神仙为主题。

除了都城，各州县的官员也会组织相关的表演庆祝活动。如大德七年（1303 年）的中央政府官员曾奏报："切见外路府州司县遇圣节、正旦拜贺行礼，勾集诸色社直行户妆扮，预先月余整点，将寺观祝寿万岁牌迎引至于公厅置位，或将万岁牌出其坊郭郊野之际以就迎接，拣选便于百姓观看处所，然后官吏率领僧道撞异坛面、铙钹、鼓板、幢幡、宝盖，差遣诸色行户装扮社直、娼妓、宫监之类，沿街摆拽，实为亵渎。"[2] 在中央政府官员的眼里，地方州县组织的庆祝娱乐活动格调很低，被称为"亵渎"。但是，这种娱乐活动在广大民众眼里并无"亵渎"之意，而是大家普遍参与的娱乐活动。

有些士大夫没有参加大朝会的资格，元日会例行参加一些庆祝仪式："桃板休题只任真，也无艰苦与悲辛。屠苏后饮身虽老，毛颖频挥道不贫。昨夜灯花今岁兆，今朝元日昨宵春。迩来时俗全非古，乌帽长衫能几人。"[3] 在诗人笔下的元日活动，其一，是题桃符，即诗中所说的"桃板"。其二，是饮屠苏酒。其三，是看灯花，用以判断新的一年的气运。

又有人作诗曰："炉瓶得火自喧喧，守岁何妨更不眠。爆竹四传知欲旦，屠苏首饮记它年。破愁未许疏椰榼，助煖还思买艾毡。天运先从梅柳见，向人偏自作清妍。"[4] 诗中所述各项活动，其一，饮屠苏酒，与上相同。其二，不眠守岁，今天称为"熬夜"。其三，放爆竹，而且是四遍。这个习俗，也一直延续到今天。

元代名士欧阳玄曾作有《渔家傲》词十二首，每月一首。第一首写的就是元日的景象："正月都城寒料峭，除非上苑春光到。元日班行相见了。朝回早，阙前递帕欢相抱。汉女姝娥金搭脑，国人姬侍金貂帽。绣毂雕鞍来往闹。闲驰骤，拜年直过烧灯后。"[5] 大朝会之后的第一项就是官员之间相互祝贺，交换手帕；然后是与亲朋好友之间的"拜年"，至晚方归，即各家已经点灯照明之后，才回家。在这里，欧阳玄提到了汉族妇女和蒙古族妇女的装扮是不相同的，汉族妇女是"金搭脑"，而蒙古族妇女（即词中的"国人姬侍"）则是"金貂帽"。

[1]《全元散曲·汤舜民》。
[2]《通制条格》卷二十七《杂令》。
[3] 元人杨公远:《野趣有声画》卷下《癸未元日》。
[4] 元人刘诜:《桂隐诗集》卷四《元日和尚文韵》。
[5] 元人欧阳玄:《圭斋文集》卷四《杂咏》。

元大都城垣遗址公园内的海棠花溪　　程铁良　摄影

　　过了元日不久，就是元宵节，又称"上元"或者"元夕"。元日的热闹，表现在放爆竹；而元宵的热闹，则在点花灯，故而元宵节又被称为"灯节"。元代的许多诗人都曾作诗描述大都城的元宵节。如诗人郑玉就曾作有七首诗，描述其热闹的景象。其一曰："斗簇鳌山十万人，皇都今夕几分春。六街三市浑如昼，寄语金吾莫夜巡。"诗中的"十万人"是形容观赏花灯的民众特别多，由于花灯的数量太多，照得都城就像白昼一样。其二曰："神前儿女舞妖娆，社下游人弄管箫。到处人家说元夕，不知元夕是今宵。"[1]观灯的年轻人载歌载舞，又有音乐（即诗中的"管箫"）伴奏，更增添了节日的热闹气氛。

　　元宵节在正月十五，恰逢明月满圆之时，在明月的映照之下，花灯显得更加亮丽。人们对这新的一年的圆月是有感触的，《京师上元夜》一诗中："华月澄澄宿雾收，万家灯火见皇州。天阎虎豹依霄汉，人海鱼龙混斗牛。公子锦鞯鸣玉勒，内家珠箔控银钩。道旁亦有扬雄宅，寂寞芸窗冷似秋。"[2]写出了在满满的"华月"之下，连冬日的雾气都消失不见了。

　　在元代的大都城里，百姓元宵节闹花灯，而宫廷中却很少有热闹的活动。史称："英宗即位，命参议中书省事，会元夕，帝欲于内庭张灯为鳌山，即上疏于左丞相拜住。拜住袖其疏入谏，其略曰：

[1]元人郑玉：《师山遗文》卷五《元宵诗用仲安韵》。
[2]《元音》收此诗，称为李孝光之作，《元诗体要》《元艺圃集》称为雅勒呼之作。

元大都城垣遗址　蒋颖洁 摄影

不相逢生又别，绕阶愁看蜀葵花。"[1]诗中的一项活动是邻里之间互赠白米团，这项习俗源自唐代的宫中娱乐活动；另一项是小儿额头点朱砂，可能是为了辟邪；第三项是用石灰和百草芽以制药，据说可治金疮。

端午节的又一个活动是帝王为宫人赐新衣及赐扇。诗人张昱曾作有《宫中词》二十一首，其中一首曰："颁赐三宫端午节，金丝缠扇绣红纱。谢恩都作男儿跪，拜起深深鹬尾斜。"[2]描述的即是赐扇的情景。文士虞集在《题宋高宗书便面》一文中称："前代端午赐扇，内廷戚畹至于馆阁，皆有之。此谚草诗，当时已亡其画，徒存扇背者尔。"[3]文中所云"前代端午赐扇"，亦始于唐代，沿行

[1] 元人滕安上:《东庵集》卷三《胄学端午感怀》。
[2] 元人张昱:《可闲老人集》卷二《五言绝句》。
[3] 元人虞集:《道园学古录》卷十《题跋》。

于宋、元二代，后盛行于明朝。不仅赐给宫人，而且赐给大臣，扇子的制作也越来越精美。

元人又描述大都城端午节情景，作有《渔家傲》词，曰："五月天都庆端午，艾叶天师符带虎。玉扇刻丝金线缕。怀荆楚，珠钿彩索呈宫御。进上凉糕并角黍，宫娥彩索缠鹦鹉。玉屑蒲香浮绿醑。葵榴吐，銮舆岁岁先清暑。"词后注文称："节前三日，中书礼部办进上位御扇，扇面用刻丝作诸般花样，人物、故事、花木、翎毛、山水、界画，极其工致，妙绝古今。若退晕、淡染如生成，比诸画者反不及矣。仍有金线戏绣出升降二龙在云中。以玉为柄，长一尺，琢云龙升。上以赤金填于刻文内，又用金线条缚之如线系，或扇团以银线缠之，如是者凡数样，制俱不同。有串香柄、玛瑙、犀角，成雕龙凤，金涂其刻。又有拂子，用洁白细冗软牛毛，亦有染色者不一。"[1] 文中所称的"上位御扇"，就是用于赐给宫人及大臣的礼物。

端午节有一项活动，称为"射柳"。这项活动，源自辽金，是少数民族民众在端午节的一项娱乐活动，寓练兵习武于娱乐之中。元朝大将张弘范曾作有《射柳》一诗，曰："年少将军耀武威，人如轻燕马如飞。黄金箭落星三点，白玉弓开月一围。箫鼓声中惊霹雳，绮罗筵上动光辉。回头笑煞无功子，羞对熏风脱锦衣。"[2] 因为这时元朝帝王及军卫皆已来到上都，故而射柳活动也多在上都举行。文臣马祖常作诗曰："燕子泥融兰叶短，叠叠荷钱水初满。人家时节近端阳，绣袂罗衫双佩光。共笑江南五杂组，画鹈浮波供角黍。沙苑射柳追风驹，古来北地为名区。"[3] 在上都的大草原上驰骋射猎，会更加尽兴。

到了秋天，岁时节令又多了一些。主要有中秋节和重阳节。八月十五为中秋节，其中，最普遍的娱乐活动为赏月。时人作《渔家傲》词，曰："八月两京秋恰半，金闺胜赏冰轮碾，玉管南宫音乍转。霓裳燕，穆清一曲云中按。宝钏生凉侵玉腕，瑶觞九酝瓜新荐，月色人心同缱绻。深宫晚，一声促织瑶阶畔。"因为这时元朝帝王及百官等尚在上都未回，故而大都城的庆祝活动主要是在民间举行的。"市中设瓜果、香水梨、银丝枣、大小枣、栗、御黄子、频婆、奈子、红果子、松子、榛子诸般时果发卖。宣徽院起解西瓜等果、时蔬北上，迎接大驾还宫。"[4] 秋天各种水果上市，成为人们过节的主要食品，而这时吃月饼似乎尚未形成习俗。

[1][4] 元人熊梦祥：《析津志辑佚》"岁纪门"。
[2] 元人张弘范：《淮阳集》。
[3] 元人马祖常：《石田文集》卷二《上京书怀》。

中秋节赏月，独赏不如共赏，在大都城的士大夫们也往往相聚在一起，饮酒赋诗，为一时之雅会。如至元三十一年（1294年）中秋节，文臣王恽与朋友聚会宴饮，作诗："赤囊无骑海无波，今岁中秋乐事多。为爱颐轩吟兴逸，来陪词客醉时歌。红云照眼瞻天近，白发欺人奈老何。连夜暮归惊梦翼，林间金背看陂陀。"[1]与好友饮酒赏月，赋诗唱和，确为一时之"乐事"。

到了深秋，九月初九的重阳节也成为人们举行娱乐活动的佳节。在这一天，赏红叶，看菊花，登高处，佩戴黄叶，是士大夫们活动的习俗。而吃肥蟹、饮美酒更是不可或缺的节日娱乐项目。文士许有壬曾作诗曰："千岩万壑郁苍苍，叶正殷红菊正黄。莫讶荒游倦回辔，要因高处过重阳。"[2]诗中涉及赏红叶、看菊花、登高处等习俗。

重阳节也是文士雅集的节日，许有壬曾记一事曰："湖广省掾汝南周子嘉出诗一轴十四首，盖其在京师至顺庚午岁中秋、重九会诸公如舟亭所赋也。分韵者九人，学士宋诚夫尝与余同在左司，少监欧阳原功实同年修撰，谢敬德同岁得解、亦皆同时官京师。追念昔时，未尝得此乐也。"[3]这些文士在至顺元年（1330年）同在京城任职，又同在中秋节、重阳节聚会于如舟亭（系私家园林），共同唱和，实为难得一见的文人盛会。

每年的最后一个节日是除夕，也就是这一年的最后一天。对于许多人来说，这一天都是值得回味的。如文臣周伯琦作诗曰："随缘合蜡答年除，桃板新书两两符。久直承明思保障，敢尘郎府列依乌。椒盘遂有邻人送，尊酒还将禄米沽。白发慈亲应远念，庭前诸弟彩衣娱。"[4]身在京城，却思念着故乡的年老父母与诸弟。

这时的皇宫之中，在忙着"驱邪"。"咒师于年近除日，于宫中大明殿牌下，西蕃咒师以扇鼓持咒，供羊、马、牛、酒等物陈设于殿庭。咒师数人动梵乐念咒，两人牵手巾，一人以水置其中，谓之洒净。以诸般肉置于桶中，二人抬而出殿前，一人执黑旗于前，出红墙门外，于各宫绕旋，自隆福宫、兴圣宫出，驰马击鼓举铙奔走，出顺承门外二里头，将所致桶中诸肉抛撒以济人，谓之驱邪。"[5]文中的"咒师"即指蒙古萨满巫师。而"西蕃咒师"则是指藏传佛教高僧，都是参与"驱邪"活动中的主角。

[1]元人王恽:《秋涧集》卷二十二《甲午中秋日宴同签洪公东第宾僚集贤翰林两院而已将暮云阴四合既归月明如昼偶赋此诗且记盛筵三首》。
[2]元人许有壬:《至正集》卷二十六《供峪寄可行弟》。
[3]元人许有壬:《至正集》卷三十二《如舟亭燕饮诗后序》。
[4]元人周伯琦:《近光集》卷二《除夕偶成》。
[5]元人熊梦祥:《析津志辑佚》"岁纪门"。

（二）宗教节日

在大都城的宗教节日中，以佛教和道教的节日影响最大，也是民众参与度最高的娱乐活动。在佛教的节日中，当以每年二月十五的游皇城活动最为热闹。自从元世祖把藏传佛教高僧八思巴封为帝师之后，各种尊崇礼遇就达到了最高水准。帝师从西藏来到大都城，元世祖命令百官要出城迎接，并向帝师行礼；而另一项活动则是帝师游皇城。

这项活动始于至元七年（1270年）。史称："世祖至元七年，以帝师八思巴之言，于大明殿御座上置白伞盖一，顶用素段，泥金书梵字于其上，谓镇伏邪魔、护安国刹。自后每岁二月十五日，于大殿启建白伞盖佛事，用诸色仪仗社直，迎引伞盖，周游皇城内外，云与众生被除不祥，导迎福祉。"[1] 其目的，是为百姓消除灾难。

时人称，自每年二月初八开始，"南北二城，行院、社直、杂戏毕集，恭迎帝坐金牌与寺之大佛游于城外，极其华丽。多是江南富商，海内珍奇无不凑集，此亦年例故事。开酒食肆与江南无异，是亦游皇城之亚者也。过此，则有诏游皇城，世祖之故典也。其例于庆寿寺都会，先是得旨，后中书札下礼部，行移各属所司，默整教坊诸等乐人、社直、鼓板、大乐、北乐、清乐，仪凤司常川提点，各宰辅自办婢子车，凡宝玩珍奇，希罕蕃国之物，与夫百禽异兽诸杂办，献赏贡奇，互相夸耀。于以见京师极天下之壮丽，于以见圣上兆开太平与民同乐之意"。[2] 这项活动除调动了政府掌管的教坊司、仪凤司等乐舞艺人之外，各种仪仗队也全部出动。各种商品也借此促销，确实成为一项政府"与民同乐"的盛会。

时人又称："二月天都初八日，京西镇国迎牌出，鼓乐铿铸侪觱篥。金身佛，善男信女期元吉。白伞帝师尊帝释，皇城望日游宫室。圣主后妃宸览毕，劳宣力，金银缎匹君恩锡。至元丁卯四年，世祖皇帝用帝师班言，置白伞盖于御座之上，以镇邦国。仍置金轮于崇天门之右，铁柱高数丈，以铁缅四系之，以表金转轮王统制天下，皆从帝师之请也。"[3] 据此可知，其一，有时的游皇城活动是在二月初八举行的。其二，这项活动开始的时间是至元四年（1267年），与至元七年之说不同。其三，帝师的建议，除了在御座之上设置白伞盖，还在崇天门的西侧设置有铁柱金转轮。白伞盖和金转轮应该

[1]《元史》卷七十七《祭祀志》。

[2][3] 元人熊梦祥:《析津志辑佚》"岁纪门"。

都是镇灾之物。

不论是二月初八，还是二月十五，游皇城的活动规模都十分可观。如名士虞集称："国家岁以二月八日迎佛于城西高良河，京府尽出富民珠玉、奇玩、狗马、器服，俳优猱杂，子女，百戏，眩鬻以为乐。禁卒外卫、中宫贵人，大家设幕以观，庐帐蔽野，诸王、近侍、贵臣宝饰异服，驰骏盛气，以相先后。国家一日之费巨万，而民间之费称之。"[1]文中"城西高良河"，即指大护国仁王寺。

名士卢挚亦曾描述其事曰："元贞元年二月八日，诏迎佛于京师大镇国寺，遵旧典也。是日，春熙风微，路不扬尘。太后、太妃出驾于郊，施赏金帛，欢沃众心。百辟卿士，扬鞭于道，约其不齐，咸蹈仪轨。士女扶老携幼，轩车接武，耸瞻如林，鸾声扬于觉辇，象步由于梵衢。旌盖幡幢，交罗巍巍，铙鼓箫管，嗷噪淫淫。紫贝之宝流精，明月之珍夺目，妙花天雨于灵域，瑞光智涌于金仪。邈乎象教之玄风，载兴于圣世也。观者踊跃，涤瑕荡垢，启谬畅诚，向风趋善，滂流万邦，化亦洽矣。"[2]由此可知，游皇城在当时又被称为"迎佛会"，是一场上下同庆的大规模娱乐活动。

在道教的节日中，则以白云观的燕九节和东岳庙的东岳大帝生日最为热闹。

燕九节是人们为了纪念全真教领袖丘处机而自发形成的每年一次的活动，地点是在旧南城的白云观。元代文士揭傒斯曾作有《南城怀古四首》诗，其中一首为《长春宫》，诗曰："古树萦纡入，深宫结构牢。凿池通水绕，垒土筑云高。辇路行驯鹤，神霄戴巨鳌。应逢王母使，时此献蟠桃。"[3]诗后注文称："车驾时幸此宫。"车驾指帝王。当时又有文士乃贤作有《南城咏古十六首》诗，其中一首描述长春宫曰："羸骖蹋秋水，迢递谒琳宫。松子花砖落，溪流板阁通。楼台非下土，环佩忆高风。草昧艰难日，神仙第一功。"由此可见，元代后期的长春宫已经被人们作为"古迹"来看待了。

丘处机晚年曾在长春宫东侧隐居，住处称"处顺堂"，他死后的葬礼就是在这里举行的。此后，道士们将这里改建为白云观。再往后，长春宫一名逐渐消失了，而白云观则取而代之，成为全真教的重要活动场所。燕九节的活动起始于何时已经不得而知了，至少在元代后期就形成了一定规模，并一直延续到了明清时期，甚至到今天仍有活动。

[1] 元人虞集：《道园学古录》卷四十二《赵思恭神道碑》。
[2]《天下同文集》卷四《迎佛会歌》。
[3] 元人揭傒斯：《揭傒斯全集·诗集》卷三。

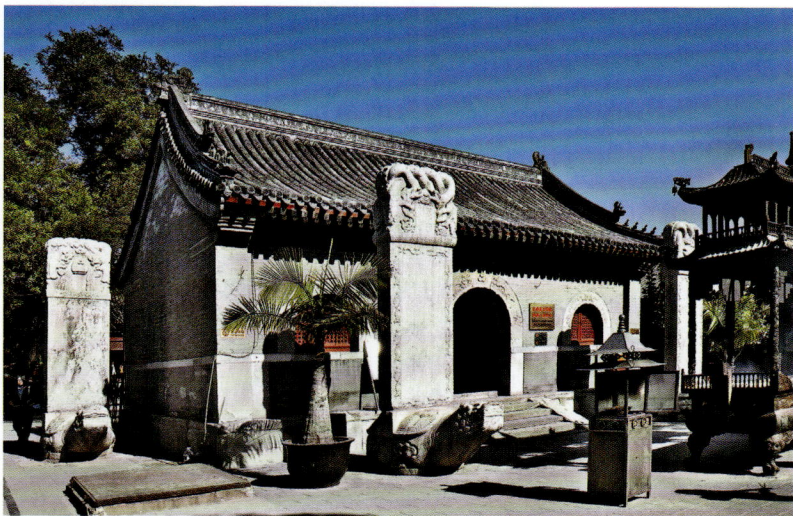

白云观灵官殿　陈宝文 摄影

　　元代后期，曾有记载称："（正月）十六日名烧灯节，市人以柳条挂焦锤于上叫卖之。至十九日，都城人谓之燕九节，倾城士女曳竹杖，俱往南城长春宫、白云观宫观葳扬法事烧香，纵情宴玩以为盛节，犹有昔日风纪。曳竹之说见于纪遗。"[1] 元宵节与燕九节仅相距四天，人们的节日热情尚未消褪，故而成群结队来到长春宫和白云观，观赏道教的各种活动。文中专门提到了"曳竹杖"，应是起源于汉代儿童的骑"竹马"活动。

　　到了明代，文士吴宽曾作有《戊申燕九日》诗，曰："京师胜日称燕九，少年尽向城西走。白云观前作大会，射箭击球人马吼。古祠北与学宫依，箫鼓不来牲醴稀。如何义士文履善，不及道人丘处机。"[2] 诗前注文称："正月十九为元长春丘真人生辰，京师人为会甚盛。"据传，这一天丘处机从天而降，度化有缘人。

　　到了清代，文士张英又作有《燕九》诗，曰："镫月看方残，节序数燕九。白云鸾鹤声，陈迹荒已久。取醉倾都城，相将挈罇甀。一时方外客，幻妄无不有。悬符曲背翁，卖药庞眉叟。诡状惊愚氓，狂啸走村妇。哆口说神仙，诳惑良可丑……"[3] 诗前注文称："京师以正月十九日为燕九节，群之白云观候真人降。"诗中描述的算命者、卖药者等，皆是对清代北京市井生活的真实描述。

　　元大都的另一个道教节日为东岳大帝生日，庆祝的时间是每年的三月二十八，庆祝的场所则是齐化门（今朝阳门）外的东岳庙。

[1] 元人熊梦祥：《析津志辑佚》"岁纪门"。
[2] 明人吴宽：《家藏集》卷十六。
[3] 清人张英：《文端集》卷十二《存诚堂诗集》。

时人称："岳庙:南北二京有四处:一在燕京阳春门,即今朝枝庙,无碑。一在长春宫东,有礼部尚书元明善所撰碑文。一在燕京太庙寺西,有王淡游所撰碑文。一在北城齐化门外二里许。天师宫张上卿创起,后俱是吴宗师闲闲一力完成。有翰林学士赵孟頫子昂奉敕撰《张上卿道行碑》,在街南大园内树立。其庙宇神像,翚飞伟冠,实为都城之具瞻。致其巧思,特出意表,真一代绝艺也。"[1]文中的"南北二京"系指大都的南北二城,当时共有四座东岳庙,其中,尤以齐化门(今朝阳门)外的东岳庙为诸庙之冠。元明善、王淡游(为金朝人)之碑已不存,而四座东岳庙今亦仅存朝外东岳庙,赵孟頫所书之碑,今日依然耸立在此庙中。

大都城的东岳大帝生日,也是以朝外东岳庙的庆祝活动最为热闹。时人称:"齐化门外有东岳行宫,此处昔日香烛酒纸最为利。盖江南直沽海道来自通州者,多于城外居止,趋之者如归。又漕运岁储,多所交易,居民殷实。"[2]元代开通京杭大运河的漕运,江南及各地的商品云集通州,而齐化门是通州进入大都城的必经之地,人流穿梭,货物如潮,为热闹的节日提供了极好的环境。

时人又称:"(三月)廿八日,齐化门内外居民,咸以水流道以迎御香。香自东华门降,遣官函香迎入庙庭,道众乡老甚盛。是日,沿道有诸色妇人,服男子衣,酬步拜,多是年少艳妇。前有二妇人以手帕相牵阑道,以手捧窰炉,或捧茶、酒、渴水之类,男子占煞都城北。数日,诸般小买卖,花朵小儿戏剧之物,比次填道。妇人女子牵挽孩童,以为赛愿之荣。道傍盲瞽老弱列坐,诸般楄丐不一。沿街又有摊地凳盘卖香纸者,不以数计。显官与怯薛官人,行香甚众,车马填街,最为盛都。"[3]因为有帝王降"御香",更增添了节日的气氛。

与燕九节相比,东岳大帝生日更加热闹,因为白云观处于荒郊之中,而东岳庙位于通衢之上,二者自然有较大差距。而这两处的道教节日活动若与佛教的帝师游皇城盛会相比,又逊色一些。游皇城的活动是在都城的核心位置,又有皇家和政府支持的背景,遂成为宗教娱乐活动的最高峰。这种娱乐活动,显然与宗教信仰没有直接的关系,是全民参与的自娱及娱他活动,重在过程而不问结果。

[1][3] 元人熊梦祥:《析津志辑佚》"祠庙门"。
[2] 元人熊梦祥:《析津志辑佚》"古迹门"。

结语

　　元大都是一座伟大的都城，是 13 世纪中叶中华民族在华北平原建造的一座人类城市的典范，代表了当时中华文明发展的最高水准。它的出现，标志着中华民族的大融合达到了一个新的高度，农耕文化、游牧文化和东西文化的交往、交流、交融，在元大都城的建造中得到完美的体现。

　　决策建造大都城的元世祖忽必烈是一位雄才大略的帝王，也是一位杰出的少数民族领袖。在他的指挥下，建立了一个统一新王朝，从此结束了各民族政权长期并立的局面。而新建的大都城，第一次使北京这个地方成为全国的政治、经济和文化中心，从而取代了长安和洛阳的中心地位。与此同时，在这里各民族之间的交往、交流、交融也达到了空前的水准，为统一多民族国家的形成和发展奠定了坚实的基础。

　　元大都城的出现，是顺应历史发展趋势的必然结果。这座新建的都城，充分显示了建造者有着深厚的文化内涵，并应用于都城的规划过程中。都城中的各种重要设施，皆有着合理的空间布局，体现出规划者对自然规律和人类社会发展秩序的深刻理解。新都城的开放性带来了城市经济繁荣的动力，第一次让胡同和四合院成为整个城市中的基本单元，并为都城的进一步发展提供了更加宽阔的空间。此后的明、清北京城，在元大都城的基础上又有了更大的发展。

一、元世祖的历史功绩

　　在中国古代漫长的历史进程中，曾经出现过许多帝王，有的促进了中华文明的创造，如三皇五帝，受到后世千百年来的颂扬；有的建立了丰功伟业，如唐太宗、宋太祖，名垂青史；但也有的在位期间倒行逆施，而元世祖这位建立了丰功伟业的帝王，却很少被人提起，也很少有人知道。

　　在元世祖忽必烈即位前，从元太祖到元宪宗，整个国家的重心是在大草原上的，中原和西域各地都是大蒙古国的支脉。因此，当元宪宗即位后，任命皇弟忽必烈主持中原地区的军政事务。在这种情况下，宗王忽必烈开始接触到更多的农耕文化，并且对农耕文化的核心价值——儒家的政治学说有了较多的认识。这一点对于忽必烈今后的发展产生了重要的影响。

当元宪宗攻伐蜀中阵亡之后，大蒙古国的历史发展到了重要的转折关头。忽必烈依靠中原地区众多政治家和将领的支持，战胜了盘踞在漠北草原上的胞弟阿里不哥，夺得皇权，决定了统一多民族国家的未来走向。而坚持大蒙古国旧俗的阿里不哥的败亡，也是已经注定的了。

为了巩固自己的统治，忽必烈在诸多谋臣的辅佐下，建立了一套完善的政治体制，中书省掌管全国政务，枢密院主持全国军事，御史台监督司法及律令。而在中书省之外，又在全国各地设置行省，以处理各地政务，并与中书省相互联系，形成一个上下协调的管理网络，加强了行政管理功能。这个新的政治体制，忽必烈取《易经》"大哉乾元"之意，将其命名为大元，体现出他的远大政治抱负。

与这个政治体制相配套，元世祖又建立了一套文化体制，如以礼乐为核心的朝仪制度，与宇宙运行规律相配套的《授时历》颁行全国，以及为显示元朝疆域万里而纂修的《元大一统志》，等等。这一套文化体制的建立，标志着元世祖全国大一统进程的初步完成。与此同时，元世祖又把以游牧文化为主体的少数民族文化融入统一的多民族文化体系之中。

在元朝建立的过程中，元世祖对于统治中心也加以调整。大蒙古国的第一个都城是在漠北的和林城，这座都城是由元太宗窝阔台建造的，是整个大草原的统治中心。而忽必烈受元宪宗委托主持中原地区军政事务的时候，则在漠南草原建造了开平府，以加强中原地区和都城和林之间的联系。及忽必烈与阿里不哥争夺皇位时，和林城被阿里不哥占据，忽必烈只得以开平府为都城，此后命名为"上都"。在战胜阿里不哥之后，忽必烈取消了和林的都城地位，而在开平府设置行省。

从整个元朝的发展趋势来看，向南攻灭南宋是必须落实的国家战略。为此，作为统治中心的都城也必须进一步向南迁移。而新的都城迁移到哪里合适，则是元朝君臣必须尽快决定的事情。曾经作为辽南京、金中都的燕京城，无疑是忽必烈的最佳选择。于是，在金中都城的东北郊，一座新都城拔地而起，被命名为"大都"。这种大都与上都并行的两都制度，是元世祖忽必烈对都城制度的一项创举。

在两都并立的制度中，元上都位于大草原上，而元大都已经处于中原地域的北端，这个都城位置的确定，也表现出农耕文化与游牧文化在特定历史时期中的融合特点。每年夏天，元朝帝王要在上都城度过，而到了冬天，又要回到大都城生活。

这与此前汉唐时期的两京制度（西京长安、东都洛阳）是完全不同的都城体制。

大都城的建立，确实是元世祖的一项重要政治决策，对于此后攻灭南宋、统一全国，皆有着重大影响。经过十几年的不懈努力，元世祖终于完成了统一全国的政治抱负。从而使自唐朝以后几百年的南北分裂割据局面终于结束了。新建的元大都也就成为全国唯一的统治中心，它在此后的发展进程中出现不断的飞跃，很快就发展成为全国乃至全球规模最为宏伟的全国大都会、国际化大都会。

在元世祖统一全国之前，各民族之间的相互融合主要是在北方地区，对江南地区的影响还不是很大。但是，在元世祖统一全国之后，民族融合就遍及大江南北的每一个角落。在元世祖的主持下，汉文与新制成的蒙古文、亦思替非文字一起，成为官方通行的三种文字。政府在设置国子学之后，又设置有蒙古国子学和回回国子学，为推行三种不同的文化起到了较大的促进作用。

特别是少数民族的民众，如来自西北的穆斯林群体，在元代遍布全国各地，为民族融合的进一步发展起到重要的作用。在当时的大都城和大都地区，有着许多少数民族的民众定居，并繁衍后代，这里由此成为他们的故乡。而许多少数民族的民众又被安排到全国各地，所谓"元代回回遍天下"就是这种情况的真实写照。遍天下的不仅仅是回回人，还有大量来自西北各地的其他民众，也都在全国各地安家落户，逐步融入各地百姓之中，成为一家人。

二、元大都对后世的巨大影响

在中国古代几千年的文明发展进程中，产生了许多著名的古都，这些古都在当时都是全国或者较大区域的中心城市。其发展规模，更是远远超过了周边的城市，对全国乃至各区域产生了巨大影响。其中有些古都的影响，历久不衰，延绵数百年。如周、秦、汉、唐时期的长安（今陕西西安）与洛阳，元、明、清时期的北京，皆是如此。西安位于全国的中西部偏北，北京位于全国的东部偏北，而洛阳、开封（北宋都城）等皆位于全国的中部，南京（六朝及明初的都城），杭州（南宋都城）则位于全国的东部。由此可见，在中国古代的建都史上，并没有明显的区域限制。

作为大一统王朝的都城，其影响之大，又是割据政权都城无法与之相比的。如西周、西汉、隋唐时期的都城长安，东周、东汉及唐代的都城洛阳，元代、明代及清代的都城北京，均占有极为重要的地位，产生过巨大且深远的影响。就大的都城而言，汉唐都城长安及洛阳，其都城地位是其他城市皆无法比拟的，而元代及其之后的北京亦是如此。

就中国古都变迁的历程来看，可明显划分为两个时期：前期的都城中心是长安和洛阳，后期的都城中心则是北京。在长安和洛阳为都城的中心时代，全国曾经有过两次较长时期的分裂割据时期，即东周之后的春秋战国时期和东汉灭亡之后的魏晋南北朝时期。而在北京成为全国都城之后，再也没有出现过较长时期的分裂割据局面。由此可见，北京在古代历史上乃是最佳的都城所在地。它之所以能够取代长安及洛阳，有着内在的必然规律。

元朝建立大都城，是历史的选择。此前的辽朝建南京（今北京）、金朝建中都，已经显现出都城变迁的轨迹。这个轨迹到元朝建大都而截止。从割据政权的陪都，到割据政权的首都，再到全国一统王朝元朝的首都，北京的政治地位在迅速提升，至元大都时达到顶点。元大都城的建造，是中国都城发展史中的一座重要里程碑。它是一座新的全国的统治中心。

在元大都城建成后，元朝政府采取了两项重大举措：一项是开凿京杭大运河，另一项是开通海运。这两项重大举措都获得成功，从而巩固了大都城作为全国统治中心的地位。此后的明代和清代，虽然政府取消了海运，但是京杭大运河的巨大漕运功能，基本满足对北京城的经济供应。

大都城新城址的选定，也为明、清都城的确立和进一步发展奠定了基础。在大都新城建好之后，并没有立刻废止旧燕京城的使用，许多古老的寺庙、宫观，以及茶楼酒馆、私家园林等，仍然保留在旧城，而且有着与大都新城间的千丝万缕的联系，并为此后明、清南城的发展提供了足够的城市空间。这个新、旧两城并立的格局，是以往许多都城迁徙过程中所没有的，也为明代中期以后南城的拓展留下了便利条件。

新建的元大都城，有着完整的格局规划，形成了一套完备的城市文化系统。这个格局的规划，是以宇宙运行的模式作为基础，再辅之以都城基本功能秩序作为空间分布依据。在这个大的规划格局指导下，许多重要的都城设施，如皇宫、坛庙、衙署、园林、商市、寺观等，皆有了自己合适的空间位置，大街小巷，井然有序。

这座都城在建造过程中，充分体现了农耕文化与游牧文化的有机结合，并将多种文化的融合作为整个都城建设的主旋律。全城的中轴线南起都城南门丽正门，穿越皇宫正殿大明殿，北抵钟鼓楼，辅之以"左祖右社"，是典型的农耕文化的体现。

而以太液池为中心的皇城主体设施，东侧的大明殿及延春阁两组建筑，与西侧的隆福宫及兴圣宫两组建筑遥相呼应，体现了"逐水草而居"的游牧文化。这两个都城规划的主题，正是两种文化完美结合的结晶。

到了此后的明朝，游牧文化式微，形成农耕文化一支独盛的局面，这在重新建造都城的进程中，也有充分的体现。新建的紫禁城整体迁移到太液池东侧，而以太液池为中心建造了"西苑"。皇家宫殿与皇家园林截然分开，以及紫禁城的外朝与内廷的分开，都是农耕文化的突出体现。北京城的中轴线因为代表农耕文化的鲜明主题，得以保留，并有了进一步的发展和完善。

元大都城以胡同和四合院为城市基本单元的开放型城市格局，在明代也进一步得到继承和发展，并且延续到清朝。从坊里制向胡同四合院制的转变，始于宋、金时期，而最终完成于元代的大都城。城市空间的开放，特别是都城空间的开放，对于城市的发展变迁带来了巨大的动力，而这种开放的发展趋势，是历史进程的必然结果。

在新建的元大都城里，最突出的一个文化特征就是多元文化的并存与发展。其显著的表现之一则是宗教文化的多元和并存。在此前的金中都城里，主要的宗教文化是汉传佛教和北方道教，在城市建筑方面则是佛寺和道观的林立。而元大都建成之后，除了原有的宗教建筑外，又增加了一些新的文化因素：其一，是藏传佛教文化，在大都城里出现了藏传佛教的寺院，以大圣寿万安寺为代表。其二，是江南道教文化，元世祖专门为道教的正一教在大都城里建造有道观崇真万寿宫（今已废毁）。其三，天主教及景教建造了多座教堂（今已废毁），这是由教徒和信教民众自己建造的。其四，伊斯兰教的清真寺，到明代发展为四大官寺。这四大类宗教文化，皆是在元大都时期得到发展，并相互撞击与融合的，而且延续到了后来的明清时期。

三、元大都珍贵的文化遗存

明朝初年，太祖朱元璋在推翻元朝统治之后，立刻命北伐大军的统帅徐达把元大都的宫殿建筑全部拆毁，把元朝留在元大都的官员人等押送到南京，并将大都城改称北平府，取消了统治中心的地位。而那些皇家坛庙、政府衙署等也随之废除，繁华一时的大都城瞬间没落。时隔七百多年，今天能够见到的历史遗迹已经寥寥无几，但是人们通过这些散见的历史遗迹仍然可以见到当年大都城的踪影。

首先，当年建造大都城的城墙尚留有一段遗址在今朝阳区至海淀区境内，经过保护和修缮，被称为元大都城垣遗址公园。元代在修建大都城时，全城城墙周长"六十里"，都是用土夯筑而成。及明朝初年大将徐达率大军攻占大都城后，曾经把大都城的北城墙废弃，向南面缩移了五里，新筑北平城北墙。于是大都城北面的城墙原貌得以保留了下来。

在明成祖朱棣定都北京之后，又把原大都城南面的城墙向南推展了三里地，使得大都城的南城墙被拆毁无存。此后，明朝政府把北京城的城墙全部用城砖包砌起来，元代的土城东西两面都被包裹在砖墙里面。元大都北面的土城墙因为已经被弃置在明朝北京城的郊外，得以保留下来。

对于这一段元大都城的城墙，到了明朝中期已经很少有人知道它的历史了，因此，明朝的文人墨客在吟诵"燕京八景"时，往往把这里误认为是金朝以前的古蓟城所在地，并将原来的"蓟门飞雨"一景改称"蓟门烟树"，作诗赋文，以抒怀古之情。到了清代，人们沿袭了明朝人的误解，在乾隆帝书写"燕京八景"石碑时，将"蓟门烟树"的石碑竖立在元大都土城之上，石碑今日仍存，在见证了这段城墙历史变迁的同时，也保留了这样一段历史文化的佳话。

其次，在当年大都城建造完成之后，元世祖忽必烈又命著名科学家郭守敬开凿了一条贯穿大都城、直达通州的人工大运河，并亲自命名为"通惠河"。这条通惠河的开凿，充分展示了元朝水利科技的高超水平。因为大都城的地势比较高，而通州的地势比较低，水是只能从高处往低处流，如何让水流按照人们的需要流动，在当时是一件十分困难的事情。

在此之前的金朝，朝廷为了把暂存通州的漕粮用运河输送到金中都城来，曾经做过一次尝试，开凿了一条人工运河，但是因为没有解决好水源的问题，最终失败了。郭守敬在开凿通惠河的时候，较好地解决了这个问题。他把今京城北面昌平境内的白浮泉水作为源头，向西转南汇聚众多泉水，直达瓮山泊（今昆明湖），然后再向东南开渠，引水穿过京城，直达通州。

郭守敬在开凿这条通惠河之后，又沿河修建了二十多处闸坝，以调节水流的流量和速度，以及为漕船的行驶提供必要的保障。通惠河开凿成功，从江南北上的大批运载粮食和各种商品的漕船，可以一直驶入京城中心的积水潭（元代又称"海子"），有力地促进了大都城都市经济的繁荣发展。以至明清时期，这条运河一直在发挥着至关重要的作用。今天的通惠河，与京杭大运河一起被列入世界物质文化遗产的名录之中。

在存留至今的元大都的珍贵历史遗存中，宗教建筑占有十分重要的位置。共有四处，即白云观，白塔寺，东岳庙，十字寺。

白云观的建造，与道教全真派的领袖人物丘处机有着直接的关系。金朝末年，北方道教的一个派别全真教开始崛起，并且产生了越来越大的影响。作为全真教创始人王重阳七大弟子之一的丘处机在山东境内弘传该教，受到南宋、金朝和新崛起的蒙古的重视，皆派出使臣前来，召请丘处机去传授道法。特别是元太祖铁木真（即成吉思汗），听说丘处机懂得长生不老之术，更是不远万里，在西征之地派使臣前去召请。

面对三方的盛情，丘处机最终决定接受元太祖的召请，带领十八个弟子踏上征程，前往西域，会见元太祖。在经过长途跋涉之后，丘处机见到了元太祖，并且坦言自己不懂长生不老之术，他用道教勤养生、忌杀生的道理劝告元太祖。他的劝言得到了元太祖的赏识。当丘处机回归中原之时，元太祖赐其号为"丘神仙"，并且支持他以燕京为中心弘传全真教。

丘处机到燕京后，以唐代古道观天长观为中心，弘传道法。因为丘处机号称"长春子"，于是，将天长观改名为"长春宫"，成为全真教在整个北方地区的活动中心，并使得该教派成为北方三大道教派别（其他两个道教派别为太一教和真大道）之首。丘处机在长春宫的东侧，又建有一处小道观，作为他清修之地，而他最后也是死在这里。此后，这处小道观香火日盛，长春宫则日渐萧条荒废。这处小道观，就是今天的白云观，香火依然旺盛，是中国道教协会所在地。

白塔寺的建造，是在元世祖至元年间，是当时北京地区建造的规模最大的藏传佛教寺庙。早在大蒙古国崛起之初，西藏各地的藏传佛教领袖人物就开始与大蒙古国建立了联系。及元世祖忽必烈登基称帝，即把藏传佛教高僧八思巴请到燕京，弘传佛法。及元世祖定鼎大都、建立元朝之后，又在皇城西侧选择了一块福地，建造了这座寺庙，当时称"大圣寿万安寺"，以供藏传佛教高僧举行佛事活动。

这座寺庙不仅位置非常显要，规模也极为庞大，据传与新建成的皇家宫城同样宏大。当时在京城中举行的最重大的政治活动为"大朝会"，地点就在皇宫里面，而百官在活动之前要举行"习仪"演练（也就是今天有重大活动前的"彩排"活动），即找一处和皇宫正殿大致相同的空间来让百官练习相应的各种礼仪，而举行"习仪"

活动的地方就是这座大圣寿万安寺。

在这座寺庙中，元世祖命尼泊尔最著名的能工巧匠阿尼哥主持建造了一座规模壮观的藏式大白佛塔。这座佛塔与此前中原佛教各教派建造的佛塔完全不同，遂成为京城一处令人瞩目的地标性建筑。这座大白塔历代不断加以修缮，至今仍然耸立在北京城里，因此民众俗称这座大白塔所在的寺庙为"白塔寺"。藏传佛教传入京城，不仅增添了亮丽的地域文化特色，更为重要的是政治意义。为了对藏传佛教加以管理，元朝政府专门成立宣政院，由帝王和藏传佛教领袖一起任命官员，主持西藏地方的政教事务，从此西藏地方的政教事务完全纳入元朝中央政府管理之下。

东岳庙是道教正一教领袖在京城建造的一座道观，位于今朝阳门外通衢北侧。正一教是江南道教的一个宗派，长期活动在江西龙虎山。在宋、元对峙时期，该宗派的领袖（称为"天师"，世代相传）受到忽必烈的赏识。及忽必烈统一天下、建立元朝之后，就把正一派的领袖召到大都城来，为元朝行法事，祈天福。正一教派的北上，是元朝统一天下之后，南北文化相互融合的一个重要标志。

虽然元朝政府为正一教在京城里面建造有宏伟的道观，为留在京城举行道教活动的人们提供了便利的场所，但是，正一教留在京城的道士们仍然希望在这里建造更多的道观，进一步发展该教派的势力，以扩大其社会影响。因为当时由通州往京城的最主要道路直达齐化门（今朝阳门），故而齐化门外的大道是十分热闹的，正一教的道士们也就把这里定为建造道观的首选之地。

作为正一教常驻京城的领袖人物张留孙，是创建这座道观即东岳庙的首倡者。他虽然已经选购了庙址，但是尚未施工建造便已去世。继任者吴全节秉承他的意志，着手建庙工程，并且完成了道观的建造，命名其为"东岳仁圣宫"（俗称"东岳庙"）。此后，历代统治者和信奉道教的民众不断加以修缮和重建，香火绵延不绝，名气越来越大，至今成为全国重点文物保护单位。

在元代的大都城，基督教（包括来自西亚的景教、也里可温教和来自欧洲的天主教）的发展也第一次出现了高潮。景教早在大蒙古国的势力进入中原地区之前就已经从西亚传入大草原，许多蒙古贵族都成为该教的信奉者，如忽必烈的母亲就是一位虔诚的景教徒。而欧洲的天主教，则是在忽必烈建立元朝之后，派遣传教士前来大都城开展宗教活动的。第一批欧洲传教士在来到大都城时，元世祖忽必烈已经死去，元成宗继位。

但不论是聂斯托利派的景教徒、也里可温教，还是天主教传教士，他们来到大都城后，都在这里建造宏伟的教堂，用以开展宗教活动。据相关文献记载，天主教士还在大都城里收养了一批孤儿，组成唱诗班，在他们举行宗教活动的时候，吟唱《圣经》歌曲。由于这两个基督教派别的教徒不断开展活动，在大都城里信奉基督教的人们不断增加，从数千人增加到数万人。欧洲的罗马教皇甚至在这里设置教区，任命大主教。

然而，随着元朝的灭亡，基督教的势力也随之消亡，曾经建造的宏伟教堂也已不见踪迹。而在京城西南面房山区境内，人们却意外发现了一座十字寺遗址。在这座遗址上，已经没有完好的建筑物了，只留下一块石碑。在石碑的碑额上刻着"敕赐十字寺碑记"七个篆字。与其他寺庙碑额上大多雕刻有龙纹不同，这座碑额上雕刻的是火焰花纹和一个十字。因为基督教的标志就是十字，由此可以断定这处建筑遗址曾经是元朝的基督教堂。

以上四处宗教文物遗迹，充分显示出元代的大都城是一座多元文化并存的国际大都会。各种不同派别的宗教在这里都同样受到尊重，可以自由开展各种宗教活动，而不必受到任何束缚。这种文化上的开放，促进了多种文化元素在大都城落地生根，繁荣发展。在中国古代，这种多种宗教并存的情况是很少能够在都城见到的。因此，这些不同宗教的历史遗迹也就显得格外珍贵。

元大都城，是中国古代建造的最伟大的都城之一。它的建造，标志着中国古代都城发展出现了一个新的里程碑，是中国古代建都理想模式和当时都城最新发展模式的完美结合，是各族人民群众智慧的结晶。其影响范围之大、影响时间之长，是有目共睹的。而这种影响一直延续到今天。

元朝以降，明太祖朱元璋曾下令把这座辉煌的都城里面的最精华部分拆毁，造成了无可挽回的文化损失。但是，明成祖朱棣在夺得皇权以后，又把这里定为都城，并在元大都城的基础上加以进一步的改造和完善，再度出现了北京城的辉煌。这种改造和完善，在文化上是进一步的传承和发展。而溯其源头，元大都城的建设功不可没。

元朝是一个存世较短的朝代，后人对它的评价也多有贬斥之词，但是，它的存在及影响，特别是对中国历史发展产生的重要作用，则是后人无法否定的。元大都城的建造就是很好的证明。虽然此后的明清时期，北京城市发展有了新的飞跃，但是基本上没有脱离大都城的主体模式。

元大都城垣遗址公园 垍松 摄影

Postscript 后记

北京的历史文化，在中华文明的历史进程中占有十分重要的地位。在五千多年的中华文明进程中，北京从一个较为弱小的原始部落发展成为"天子屏藩"的诸侯国，再成为华北地区最重要的军事重镇，这里一直是中原地区汉族民众和北方游牧部落民众相互融合的主要场所。也正是这种民族融合的主旋律，把北京推上了全国首都的重要地位。

从金海陵王自金上京（今黑龙江哈尔滨阿城区）迁都到金中都，到元、明、清三代这里成为全国的统治中心，再到中华人民共和国的首都，北京的历史发展一直在从一个辉煌走向另一个辉煌。正如习近平总书记指出的："北京历史文化是中华文明源远流长的伟大见证。"而在源远流长的中华文明中，北京作为都城的这段历史，正是最好的"伟大见证"。

北京市文史研究馆组织馆员和北京史研究专家合力撰写的"北京文史历史文化专辑定都北京系列"《金中都》《元大都》《明北京》《清北京》，正是用丰富的历史资料和研究成果来展示中华文明的伟大发展历程，凸显北京历史文化的整体价值。研究北京历史文化是北京文史研究馆的主要任务，也是责无旁贷的历史责任。

重视总结历史经验以指导今后发展的方向，是中华民族的优秀传统，也是中华文明传承不绝的一个重要原因。在金、元、明、清八百多年的历史进程中，在北京发生了许多重大历史事件，可以为我们提供许多宝贵的历史经验。而"以史为鉴"，可以使我们少走一些弯路，减少一些不必要的损失。

八百多年的都城发展史，为我们留下了数不清的珍贵历史文物，从紫禁城到颐和园，从大房山金陵到明十三陵，从太庙、社稷坛到天坛、地坛，从八达岭长城到京杭大运河，这些珍贵的历史遗迹大多数被列为世界文化遗产。而"北京文史历史文化专辑定都北京系列"，对于这些文化遗产的产生、发展、变迁过程，都有较为系统的研究和叙述，可以使读者通过阅读增强民族自信、文化自信，为进一步增强爱国主义情怀，起到极大的促进作用。

北京的历史文化太丰富了！限于篇幅，这套丛书只能提纲挈领地加以介绍。其中难免有所疏漏和讹误，敬请各位专家和读者予以指正。

本册《元大都》，由北京市文史馆馆员、北京市社科院历史所王岗研究员撰写。

2020年6月